Efetividade da Ação Executiva e da Execução Trabalhista, e as Novas Competências Constitucionais, em Conformidade com a Lei n. 13.467, de 13 de Julho de 2017

João Carlos de Araújo

Efetividade da Ação Executiva e da Execução Trabalhista, e as Novas Competências Constitucionais, em Conformidade com a Lei n. 13.467, de 13 de Julho de 2017

LTr

EDITORA LTDA.
© Todos os direitos reservados
Rua Jaguaribe, 571
CEP 01224-003
São Paulo, SP — Brasil
Fone: (11) 2167-1101
www.ltr.com.br
Julho, 2018

Projeto Gráfico e Editoração Eletrônica: Peter Fritz Strotbek – The Best Page
Projeto de Capa: Fabio Giglio
Impressão: BOK2

Versão impressa: LTr 6072.5 — ISBN 978-85-361-9692-3
Versão digital: LTr 9424.5 — ISBN 978-85-361-9773-9

Dados Internacionais de Catalogação na Publicação (CIP)
(Câmara Brasileira do Livro, SP, Brasil)

Araújo, João Carlos de

Efetividade da ação executiva e da execução trabalhista, e as novas competências constitucionais, em conformidade com a Lei n. 13.467, de 13 de julho de 2017 / João Carlos de Araújo. — São Paulo : LTr, 2018.

Bibliografia.

1. Direito processual do trabalho — Brasil 2. Execução (Direito do trabalho) — Brasil I. Título.

18 14003   CDU-34:331.109.32

Índice para catálogo sistemático:
1. Brasil : Execução : Processo trabalhista   347.952:331(81)
2. Brasil : Processo de execução : Direito trabalhista   347.952:331(81)

Maria Paula C. Riyuzo — Bibliotecária — CRB-8/7639

Sumário

Nota do Autor 13

I. Introdução 15

II. Execução Trabalhista Definitiva — Cumprimento da Decisão. A Defesa de Mérito do Embargante Devedor 16

III. A Citação e a Intimação para Apresentação de Cálculos. As Obrigações de Dar ou de Pagar. A Liquidação por Cálculo, por Arbitramento e por Artigos. A Taxa Referencial (TR), Art. 879, § 7º. A Nova Redação do Art. 878, da CLT. Obrigações de Fazer e de Não Fazer. O Crédito Previdenciário 19

IV. Obrigações de Fazer e Não Fazer. Multa Pecuniária e Perdas e Danos. A Execução por Prestações Sucessivas. O Art. 100 (Art. 53), Inciso IV, do CPC 22

V. Os Prazos, Natureza Jurídica e Consequências Processuais. Objeto da Execução. Os Prazos e as Perempções Total e Parcial. Os Cálculos de Liquidação, os Modelos Legais. O Art. 879, § 2º da CLT 24

VI. A Competência do Art. 879. § 1º-A da CLT. A Verba Previdenciária. Competência Firmada 28

VII. Emenda Constitucional n. 45/04 e a Nova Redação do Art. 114 da Constituição Federal. O Art. 832, § 6º, da CLT 29

VIII. A Competência Absoluta. A Sentença. A Decisão. O Acordo. A Previdência Atrelada. O Entendimento do Supremo Tribunal Federal Quanto a Verba Previdenciária nos Acordos Trabalhistas. Incompetência e Falta de Prestação Jurisdicional Completa 32

IX. Execução Contra a Fazenda Pública. Expedição de Precatório. A Lei n. 9.494 de 10 de Setembro de 1997. O Art. 100 da Constituição Federal, o Art. 910 do CPC em Vigor, e o Art. 878 da CLT 36

X. As partes. Divisões da Ação Segundo o Processo. Execuções Judiciais e Extrajudiciais 38

XI. Execução do Título Extrajudicial. A Legitimidade. A Defesa de Mérito do Embargante Devedor. Os Arts. 906 e 908 da CLT 41

XII. A Competência e os Títulos Extrajudiciais 42

XIII. Da Execução em Geral 44

XIV. Condições da Ação Executiva. O Art. 877-A da CLT 46

XV. A Citação e a Perempção Intercorrente. Os Embargos à Execução. A Súmula n. 01. Título Judicial e Extrajudicial. Ausência de Condição da Ação Incidente. A Impugnação do Exequente. A Inscrição da Dívida Trabalhista no BNDT — Banco Nacional dos Devedores Trabalhistas 48

XVI. A Quitação e a Prescrição de Título Extrajudicial. O Art. 916 da CLT 52

XVII. Os Direitos Difusos e o Ministério Público do Trabalho. A Lei n. 7.347, de 24 de julho de 1985. A Ação Civil Pública. O Art. 129, III, da Constituição Federal. A Lei n. 8.073, de 30 de julho de 1990. Os Arts. 5º XXI e 8º, III, da Constituição Federal. A Substituição Processual e a Representação Processual. A Lei n. 8.078, de 11 de setembro de 1990 53

XVIII. A Incompetência em Razão da Pessoa e da Matéria na Ação Executiva.......... 58

XIX. Acordos Judiciais e Extrajudiciais. Sentença Declaratória. Natureza da Previdência Social. Impostos Federais.......... 60

XX. Competência. Outros Aspectos. Relações, Acidentárias e Administrativas. Regime Jurídico. A Emenda Constitucional n. 45, de 8 de Dezembro de 2004 65

XXI. A Questão Acidentária – Indenizações. A Taxa SELIC. O IPC^E. A TR. A Lei n. 9.494 67

XXII. A Greve e o Inciso II do Art. 114 da Constituição Federal 69

XXIII. O Inciso III do Art. 114 da Constituição Federal. A Contribuição Sindical... 70

XXIV. O Inciso VI do Art. 114 do Constituição Federal. Os Danos Moral e Patrimonial Decorrentes da Relação de Trabalho 71

XXV. As Ações Relativas às Penalidades Administrativas Impostas aos Empregadores. O inciso VII do Art. 114 da Constituição Federal. A Lei n. 6.830/80. As Relações Jurídicas Acidentárias e as Relações Jurídicas Administrativas.. 75

XXVI. Regimes Jurídicos e a Competência. O Título Executivo Extrajudicial. A Competência Excepcional 83

XXVII. Os Embargos à Execução. Sua Proposição e sua Configuração Jurídica. Os Sujeitos da Ação Incidente. Embargante e Embargado. O § 6º, do Art. 884, da CLT 84

XXVIII. A Sentença de Liquidação. A Citação e o Mandado de Penhora.......... 87

XXIX. O Objeto e os Meios para Desconstituição de Títulos Executórios e Executivos. A Verba Previdenciária. A Repercussão Geral. Os Embargos à Execução e os Embargos à Penhora. O Art. 16, § 3º, da Lei n. 6.830/80.......... 88

XXX. Do Julgamento e dos Trâmites Finais da Execução — Seção IV 92

XXXI. A Penhora e o Depositário. Embargos à Execução. A Súmula n. 25. A Verba Previdenciária e os Títulos Extrajudiciais. A Lei n. 8.866, de 4 de Julho de 1994 e o § 2º, do Art. 5º, da Constituição Federal. O Art. 882 da CLT, com Redação da Lei n. 13.467, de 13 de Julho de 2017, com vigência a partir de 11 de Novembro de 2017 93

XXXII. Execução por Carta 99

XXXIII. Embargos à Arrematação, à Adjudicação e à Remição.......... 100

XXXIV. A Praça 101

XXXV. A Defesa nos Títulos Extrajudiciais. A Prescrição. A Prescrição Intercorrente. Os Direitos Difusos. A Quitação. A Ação Genérica.......... 102

XXXVI. Embargos de Terceiro. Fraude à Execução. Atos Atentatórios à Dignidade da Justiça. A Subsidiariedade Contida nos Arts. 769 e 889, da CLT. A Multa Processual 104

XXXVII. Concurso de Credores e Falência. A Reunião de Processos. A Ordem Preferencial da Penhora 107

XXXVIII. Os Títulos Executivos e a Prelação. A Insolvência do Credor 108

XXXIX. A Praça e o Leilão. O Direito de Preferência. Embargos à Remição. O Bem de Família. O Parágrafo Único do Art. 24 da Lei n. 6.830, de 22 de Setembro de 1980 109

XL. A Falência. A Concorrência de Credores e o Concurso de Credores. A Habilitação Incidente 113

XLI. Competência Material e a Justiça do Trabalho. Lei n. 6.830/80 e a Obrigatoriedade na Cobrança da Dívida Ativa das Entidades Públicas 115

XLII. Os Recursos e suas Interposições. Incidentes Processuais. O Contexto dos Recursos. Seus Efeitos. A Lei Processual n. 5.584, de 26.6.1970. O Agravo de Petição e Depósito da Quantia Controversa como Pressuposto Processual Objetivo. Os Depósitos Recursais... 118

XLIII. Execução Provisória e o Art. 899 da CLT. A Atualização do Cálculo............. 125

XLIV. O Dissídio Coletivo e o Efeito Suspensivo do Recurso — Lei n. 5.584, de 26.6.1970, Lei n. 4.725, de 13.7.1965 e Lei n. 10.192, de 14.2.2001. A Execução Efetiva do Dissídio Individual. O Depósito Recursal 127

XLV. O Art. 899 da CLT e os Efeitos Recursais. Prazos do Art. 775, da CLT.......... 131

XLVI. As Decisões no Agravo de Petição 133

XLVII. O Depósito Recursal em Agravo de Petição. O Art. 40, § 2º da Lei n. 8.177, de 1º de Março de 1991. A Súmula n. 01 do Egrégio TRT – 2ª Região e o Provimento n. 1. A Litigância de Má-fé. O Enunciado n. 161, do Egrégio Tribunal Superior do Trabalho. O Art. 899, da CLT 135

XLVIII. As Instâncias na Execução. O Art. 896, § 2º, da CLT. O Agravo de Petição e o Depósito Recursal. O Art. 897, Alínea "A", da CLT. A Carta de Sentença.. 138

XLIX. A União e a Verba Previdenciária. O Art. 911-A da CLT 141

L. O Agravo de Petição e o Depósito do Valor Controvertido, como Pressuposto Recursal Objetivo. O Agravo de Instrumento. As Contrarrazões. Prazos. A Súmula n. 1 do E. TRT da 2ª Região 142

LI. O Recurso Extraordinário na Execução. Modulação. O Recurso Especial. A Afetação. A Lei n. 9.868/99. A Lei n. 7.701/88. Os Recursos Repetitivos. O "Amicus Curiae". A Repercussão Geral 144

LII. O Duplo Grau de Jurisdição na Execução Trabalhista. Natureza dos Títulos Executórios e Executivos 147

LIII. Recursos de Revista e Extraordinário. Arts. 896, 896-A, B e C 150

LIV. Os Embargos Declaratórios. O Efeito Interruptivo do Prazo 152

LV. Agravo de Instrumento. O Art. 899, §§ 7º e 8º, da CLT 154

LVI. O Recurso Adesivo 156

LVII. Os Recursos. As Súmulas e as Instruções do Colendo Tribunal Superior do Trabalho, do Superior Tribunal de Justiça e do Supremo Tribunal Federal... 157

LVIII. A Extinção da Execução. Precatórios. A Remissão e a Remição 158

LIX. As Custas Processuais na Execução Trabalhista. Decreto-lei n. 779/69. As Formas de Remir a Execução 159

LX. Honorários Advocatícios e Periciais. A Sucumbência Recíproca 161

LXI. Atos Atentatórios a Dignidade da Justiça na Execução. A Reclamação Prevista nos Arts. 985/993 do Novo CPC 163

LXII. O Executivo Fiscal. Seus Recursos. A Lei n. 6.830, de 22.9.1980, Processo de Alçada Trabalhista. A Lei n. 9.099, de 26 de Setembro de 1995. A Prescrição. A Emenda Constitucional n. 45, de 8 de Dezembro de 2004. A Alçada e o Valor Dado à Causa. A Execução de Ofício pelo Juiz Executor 165

LXIII. O Procedimento Sumaríssimo. A Alçada 170

LXIV. Embargos à Execução contra a Fazenda Pública e o Decreto-Lei n. 779, de 21.8.1969. Efeito Suspensivo. A Rejeição Liminar. A Lei n. 6.830, de 22 de Setembro de 1980. Novos Enfoques 171

LXV. A Prescrição e a Decadência. A Prescrição Intercorrente. O Art. 625-G da CLT e a Suspensão da Prescrição 173

LXVI. Os Procedimentos Processuais e as Situações Jurídico-Processuais. Prazos Recursais 176

LXVII. Agravo Retido 179

LXVIII. A Instrução Normativa n. 27 do TST, de 16.2.2005. O Recurso Adesivo 180

LXIX. O Decreto-Lei n. 779, de 21.8.1969. O Código de Processo Civil Vigente e o Art. 96, I, "A", da Constituição Federal 181

LXX. Os Recursos Trabalhistas em Relação à Ordem Jurídica Processual 184

LXXI. A Competência no Título Extrajudicial 186

LXXII. Execuções Definitiva e Provisória. O Art. 195 do Novo CPC e a Eficácia da Decisão. As Ações Conexas. O Rito Sumaríssimo. Efeito dos Recursos. A Fazenda Pública. A Ação Condenatória. O Precatório. O Momento dos Cálculos 188

LXXIII. Embargos à Execução e os Diferentes Prazos para sua Propositura e a Penhora. A Fazenda Pública e as Leis ns. 7.347, de 24 de Julho de 1985 e 9.494, de 10 de Setembro de 1997 e o Decreto-Lei n. 779, de 21 de Agosto de 1969. E suas Divergências Processuais 193

LXXIV. O Acidente do Trabalho. Sua Caracterização. A Súmula Vinculante n. 22 do Supremo Tribunal Federal 197

LXXV. Ação Acidentária e o Rito Processual. Execução Aparelhada. Competência. Procedimento Judicial. A Indenização Acidentária e a Comum. A Súmula n. 229 do Supremo Tribunal Federal 198

LXXVI. O Novo Código de Processo Civil 201

Quadros Sinópticos das Execuções Trabalhistas 205

LXXVII. Quadro Sinóptico da Execução Trabalhista Decorrente de Sentença Transitada em Julgado, ou de Acordo Homologado na Reclamação Trabalhista e Ação Executória de Título Judicial 207

LXXVIII. Quadro Sinóptico da Ação Executiva Trabalhista de Título Extrajudicial, Fiscal, Civil ou Trabalhista 209

Resolução n. 221, de 21 de Junho de 2018, do Tribunal Superior do Trabalho (Secretaria-Geral Judiciária) 211

Apêndice 215

"O conhecimento pleno é inatingível, mas precisamos avançar a cada passo, pois a precariedade na aplicação da lei processual leva à judicialização das questões materiais, observando-se literalmente o disposto no inciso IV do art. 5º da Constituição Federal."

Nota do Autor

Prezado Leitor,

Essa obra, como as outras, levam mais em conta os procedimentos, no dia a dia dos profissionais que lidam com os processos trabalhistas, especialmente na execução de sentença, e agora na execução de títulos extrajudiciais. Já foi assim quando escrevi a obra "Perfil da Execução Trabalhista". Naquele momento, deixei claro que a decisão transitada em julgado em todos os processos sinalizam o final de uma ação, no caso da reclamação trabalhista. Tento agora passar aos leitores uma ideia que me parece bem viva: a de que, quando o processo trabalhista chega a fase de execução de sentença, a batalha terminou. Proponho assim, extrair desse entendimento algumas questões que ainda não foram bem assimiladas pelo leitor, quanto ao meu entendimento sobre a execução de sentença, e também porque não dizer da execução de títulos extrajudiciais trabalhistas, contidos no art. 876 da CLT. Ela não é, portanto, lugar para se debater questões fora dos limites do art. 884 da CLT. Daí podemos afirmar que, após a baixa do processo depois de esgotados os recursos da fase de conhecimento, não há mais lugar para se discutir qualquer coisa, especialmente quando se proferiu a sentença de liquidação. Depois dela ser proferida, o executado deverá incontinente pagar seu débito em 48 horas, a contar da citação. Por conseguinte, agora, com a presente obra, lanço mais alguns fundamentos que demonstram que a lei trabalhista realmente encaminha a execução para esse desiderato. E, quanto a esse entendimento, a implantação legal da cobrança de títulos extrajudiciais em execução aparelhada, nada mudou, ainda resta incólume a interpretação de que os títulos reunidos no art. 876 da CLT, sejam judiciais ou extrajudiciais, não perdem a natureza de créditos líquidos e certos. Por conseguinte, querer contestar sua liquidez com argumentos meramente protelatórios, por certo, não será um bom caminho a percorrer. Nessa obra, como disse, atinjo melhor os argumentos que revelam que esse entendimento jurídico é valido.

E, em face da novidade da cobrança dos títulos extrajudiciais, quero também acrescentar que a ação executiva já estava prevista no art. 606 da CLT, para cobrança de contribuições sindicais, desde a publicação do Decreto-lei n. 925 de 10.10.1969. Portanto, sua implantação para os créditos trabalhistas extrajudiciais dependia apenas da promulgação de um único artigo na CLT, o art. 877-A, acrescentado pela Lei n. 9.958 de 12.1.2000.

Mas, nesta obra, trato de todas as novidades advindas, com a ampliação de sua competência material, com os incisos do art. 114, da Constituição Federal, acrescentados pela Emenda Constitucional n. 45, de 8 de dezembro de 2004.

A obra contém, entre parênteses, os artigos correspondentes ao novo Código de Processo Civil, publicado pela Lei n. 13.105, de 16 de março de 2015.

Em apêndice, estão as leis e os artigos constitucionais manejados no trabalho, conforme se verifica na parte final do índice sistemático.

Antes, porém, existem quadros sinópticos da ação executória de título judicial e a ação executiva de títulos extrajudiciais trabalhistas.

Introdução

Aqui, ouso fazer algumas digressões sobre o que tenho exposto nos dois volumes da obra "Perfil da Execução Trabalhista" – Vols. I e II; o primeiro publiquei no ano de 1996, com Acórdãos de decisões publicadas no correr do ano de 1995, na Seção Especializada, composta por 11 desembargadores togados. Esses Acórdãos ementados foram proferidos à unanimidade, sem que qualquer dos desembargadores, magistrados de alto nível de cultura jurídica deles tivessem divergido, tanto que, em 12 de junho de 2006, o órgão especial, pela comissão de uniformização de jurisprudência, à unanimidade de seus membros, exarou a seguinte ementa, que posteriormente restou definida como Súmula n. 1.

A referência ao Código de Processo Civil será feita pelos artigos previstos tanto no anterior como no atual, implantado pela Lei n. 13.105, de 16 de março de 2015, <u>isto é importante</u>.

II

Execução Trabalhista Definitiva — Cumprimento da Decisão. A Defesa de Mérito do Embargante Devedor

> "O cumprimento da decisão se dará com o pagamento do valor incontroverso em 48 horas, restando assim pendente apenas o contravertido saldo remanescente, e que deverá ser garantido com a penhora."

Na ocasião, era presidente da comissão de uniformização de jurisprudência do Colendo Tribunal Regional da 2ª Região, o Dr. Francisco Antônio de Oliveira. Então, fiquei muito lisonjeado com a valorização do trabalho que venho desempenhando na celeridade da execução, colocando a jurisprudência da execução em seus devidos termos; não é por outra razão que então concluo que estava no caminho certo quando resolvi completar aquele trabalho com o volume II do "Perfil da Execução Trabalhista".

A tese que acabou sendo adotada pelo E. TRT 2ª Região é de uma simplicidade de entendimento que demonstra com todas as letras o pensamento de Charles Mingus (art. 1.922/1979), que abriu honrosamente o 1º volume da obra editada pela LTr Editora, qual seja:

> "Complicar aquilo é simples é lugar comum; tornar simples aquilo que é complicado é criatividade."

E digo mais, por vezes a questão é tão elementar que o exegeta, desavisadamente não tem a coragem de admitir que a coisa seja tão simples quando se acostumou a pensar em uma execução complexa como o é a civil, com duração de anos sem que se a tenha resolvido muitas vezes, a não ser por um acordo imposto pelo processo na busca do direito já devidamente debatido na fase de conhecimento da ação.

E, terminada a fase de conhecimento, com o julgamento da 1ª instância, com o reconhecimento do direito debatido pela 2ª instância, como determina o princípio do 2º grau de jurisdição, constitucionalmente previsto como norma de ordem pública, que decorre do trânsito em julgado, formal e materialmente, a lide já se encontrará resolvida, incumbindo ao devedor inadimplente apresentar o valor do seu débito, quitando-o em questão de dias, e não em meses, por vezes anos a fio numa execução que se torna mais demorada do que o é a "fase de conhecimento".

Em consequência, foi com alegria que, recentemente, pela TV Justiça, mais precisamente no mês de fevereiro de 2016, se não me engano em dois processos, o Supremo Tribunal Federal adotou a tese consoante a qual, com o segundo julgamento, na segunda instância, mantida a condenação, não continuará suspensa a condenação, até porque os recursos não teriam mais efeito suspensivo, ou seja, apenas efeito devolutivo, a vista do duplo grau de jurisdição, que estaria esgotado. Em consequência, determinou-se a prisão dos recorrentes, em ação penal.

Isto se nos apresenta como um avanço a qualquer leigo. Não é, portanto, um milagre a execução em 48 horas, como apontei com apoio na lei consolidada em 1995. É o que desponta como solução natural, art. 880 CLT.

Portanto, se os cálculos forem feitos de forma idônea pelas partes, a execução estará resolvida em 48 horas. Por isso é que entendo que, exceto a Ação Executiva de título extrajudicial, a execução trabalhista é apenas uma fase da ação de conhecimento, embora ambas, aquela e essas, se processem praticamente do mesmo modo, consoante disposto no art. 475 do CPC, art. 876 da CLT.

Na verdade, a cultura e tradição de um povo faz com que o legislador chegue a permitir que o exequente ainda pene, depois de passar por um processo duro e demorado, com execução da sentença que ainda permite ao executado vir a requerer o parcelamento de seu débito sem aquiescência do exequente, e o juízo executor ainda defira o pedido ao seu talante, como se verifica no art. 745-A, do CPC (art. 916-A do CPC), nos parágrafos acrescidos pela Lei n. 11382, de 6.12.2006, a despeito da coisa julgada. Com o devido respeito na hipótese, o que ocorre é violação à coisa material e formalmente julgada, ou então da vontade da parte quando a ação executiva depender de título extrajudicial. Porém deixo a questão que não é trabalhista, ao talante de pronunciamentos dos "experts", na área civil e comercial, e também constitucional, pois a problemática é tão profunda que poderá inspirar questão de inconstitucionalidade. Apenas *"ad argumentandum"*, o devedor de crédito de alto valor, mesmo diante de um título líquido e certo poderá preferir o prosseguimento da ação executiva ou executória, para conseguir o pagamento parcelado, ou redução da dívida, bastando depositar 30% do débito, e o restante em 6 prestações a juros mensais de 1%. O procedimento processual, com certeza, altera a liquidez do título, seja ele judicial, a sentença, ou extrajudicial, os títulos de créditos civis extrajudiciais previstos em lei; mas, senão bastasse a delonga de uma ação de conhecimento, com rito ordinário, o novíssimo Código de Processo Civil, no art. 785, sem correspondência no anterior, dispõe que "a existência de título extrajudicial não impede a parte de optar pelo processo de conhecimento <u>a fim de obter título executivo judicial</u>". (grifo nosso). Aqui, salvo melhor juízo, há, sem dúvida, uma *contradictio in adjecto*, pois a norma, a meu ver, viola o princípio da instrumentalidade, pela presença de duas ações para a mesma finalidade, até pela sua ociosidade, fere de frente, segundo entendo, o inciso LXXVIII, do art. 5º, da Constituição Federal. Na verdade, apenas quando a conexão ou continência de ações de rito sumário com ordinário, haverá, consoante entendo, autorização processual para se recorrer ao processo de conhecimento, segundo a lição praticamente uniforme de nossa jurisprudência, e mesmo pelo bom-senso procedimental. Porém, pelo menos, na execução, seja de título judicial ou extrajudicial, na área trabalhista estamos livres desta questão processual até porque entendo inaplicável na área à disposição do art. 785, do CPC.

O ínclito Ministro José Luis Vasconcellos, de saudosa memória lembra: "Libman no livro 'a Execução' refere que na execução a posição do executado não é aquela posição de igualdade do processo de conhecimento. Ele tem encargos e obrigações exacerbados agora numa alteração do art. 601 do CPC", atual art. 774, parágrafo único.

Então, a política judicial deve seguir nessa direção, simplificando a execução, pelo menos tanto quanto a própria lei processual admite. Assim, o executado já entra na execução consciente que daí por diante deve ficar voltado para a solução imediata do débito consagrado por uma sentença definitiva ou um crédito extrajudicial, por lei líquido e certo.

E, quando se nota que a Consolidação das Leis do Trabalho, pelo Decreto-lei n. 5.542 de 1º de maio de 1943, já continha a limitação do § 1º do art. 884, os exegetas e os profissionais, que militam na esfera trabalhista, não acreditavam no que representaria à imposição do art. 880, em seu § 1º do Diploma Celetista.

Se digladiou inutilmente, para se acreditar nesta possibilidade legal de uma execução em 48 horas. Isto assustava.

Mas agora, como alguns aceitam essa realidade, acreditamos que seria de bom alvitre, tecermos mais alguns comentários sobre temas da execução contidos na Consolidação quanto às suas peculiaridades inclusive pelo advento da ampliação de sua competência pela Emenda Constitucional n. 45/04. Assim, os profissionais que os manejam terão uma dimensão de seu alcance e literalidade, corroborando com o anseio de maior agilidade na execução de título judicial como extrajudicial, conforme passo a demonstrar ao leitor. Porém, repito, é bom que as Varas nomeiem um dos seus funcionários para cálculo e conferência das verbas condenatórias, consoante o art. 879, § 3º, da CLT. Na verdade, como disse, essa providência já deveria ter sido determinada pela Digna Corregedoria, se já não o foi.

É melhor que tomemos essas providências contidas na lei do que ficar concitando mutirões, para um trabalho fatigante que revelaria a inoperância da lei processual trabalhista. As práticas processuais deverão ser melhor resolvidas. Este é o nosso desiderato ao escrever mais esse trabalho onde abordo questões que, acredito serem relevantes. Acredito que, com a leitura dos dois volumes da obra "Perfil da Execução Trabalhista", os leitores já estarão mais abertos para examinarem as questões processuais que aqui serão abordadas.

No entanto, agora observem, principalmente os executados devedores que os cálculos só estarão completos e o pagamento do débito efetivado, para os fins previstos no § 1º do art. 884 da CLT, ou para se agravar de petição quando for o caso, com respaldo no § 1º do art. 897, ambos da CLT, se estes cálculos contiverem também os valores das contribuições previdenciárias, como agora exige o § 1º do art. 897, da CLT. Mas, além de investir contra os cálculos, o executado, em embargos à execução, poderá ainda alegar o cumprimento da decisão ou do acordo (art. 884, § 1º da CLT).

III

A Citação e a Intimação para Apresentação de Cálculos. As Obrigações de Dar ou de Pagar. A Liquidação por Cálculo, por Arbitramento e por Artigos. A Taxa Referencial (TR), Art. 879, § 7º. A Nova Redação do Art. 878, da CLT. Obrigações de Fazer e de Não Fazer. O Crédito Previdenciário

Partindo-se do pressuposto legal de que a execução fundada em título extrajudicial se fará praticamente do mesmo modo que aquela fundamentada em título judicial, ou seja, a sentença condenatória definitiva transitada em julgado, material e formalmente, o juiz executor trabalhista deverá, de plano, determinar a intimação das partes, na forma do art. 879 e seus parágrafos da CLT. Porém, a execução só poderá ser movida pelas partes, caso estejam desacompanhadas de advogado, segundo a nova redação do art. 878, da CLT, e segundo o disposto na Lei n. 13.467/17. As partes serão intimadas para apresentação de cálculos em prazo a ser fixado pelo juiz, e depois terão prazo sucessivo de 10 dias, cada uma, para se manifestarem, ocasião em que a União também terá vista por 10 dias, quanto ao débito previdenciário incidente sobre as verbas trabalhistas. Após, virá a sentença de liquidação, com intimações dos liquidantes e da União, citando-se a seguir a executada para pagar o débito apurado. Isto se dará nas duas espécies de execuções, com certas nuances, pois ambas irão exigir, antes como disse a liquidação do débito nas obrigações de dar ou de pagar, como queiram, para que sejam apurados os juros de mora e a correção monetária. Agora há ainda um elemento novo, ou seja, a necessidade *"ex-officio"* do parágrafo único do art. 876 CLT, ou seja, de, conjuntamente, se apurar o débito pertinente à Previdência Social, consoante o § 1º do art. 879 da CLT. A liquidação por cálculo é muito simples, pois envolve contas aritméticas. Entretanto, em se tratando de título extrajudicial de execução, haverá antes, a petição inicial, cujo modelo é muito simples, podendo ser observado aquele previsto no art. 6º e seus parágrafos, da Lei n. 6830 de 22.9.1980 com amparo no art. 889, CLT. A exordial, segundo entendo, deverá ainda conter os cálculos aritméticos não só dos débitos trabalhistas como dos previdenciários. Interessante notar que a CLT remete a Lei n. 6.830/80, enquanto que, essa ao CPC, pelo art. 1º, nos casos omissos. Então, nessa ordem, iremos executar os créditos trabalhistas sempre que necessário na omissão da CLT, especialmente quanto aos títulos extrajudiciais, que observarão tanto quanto possível à similaridade da execução com os títulos trabalhistas.

O despacho do juiz conterá a ordem de penhora se não for paga a dívida em 48 horas, ou garantida a execução na forma do art. 7º, inciso II da Lei n. 6.830/80, combinado com o art. 880 da CLT.

Se, porém, o executado não concordar com os cálculos, ou seja, com o valor apresentado na exordial, poderá apresentar fundamentadamente o valor que entenda devido também através de cálculos. Esses cálculos obrigatoriamente deverão também conter o valor devido ao INSS. Daí então o juiz executor auxiliado por órgãos especializados da Justiça do Trabalho proferirá a sentença de liquidação, intimando antes as partes e a União, para que se manifestem, querendo, em 10 dias na forma dos §§ 2º e 3º do art. 879 da CLT, pena de preclusão.

Todavia, se o cálculo for mais complexo, o que é raro acontecer, o juiz executor poderá nomear perito de sua confiança para elaborá-lo com fulcro no § 6º do art. 879, da CLT. Essa providência será indispensável quando se tratar de liquidação por arbitramento.

Quero, porém, ressaltar que, como disse, esses casos são muito raros. Durante minha vida profissional, lembro-me de ter determinado uma única vez que a liquidação se desse por arbitramento. Quanto à liquidação por artigos, então é ainda mais rara. Se a instrução da ação for bem-feita será difícil ocorrer liquidação por arbitramento ou por artigos. De qualquer forma há que se observar os §§ 1º e 1º-A, do art. 879 da CLT.

As espécies de liquidação sempre se darão por exclusão. Se houver fatos novos a serem provados, ou seja, quando pela instrução não ficar estipulado, por exemplo, o número de horas extras praticadas por dia ou por mês, a liquidação deverá ser por artigos. Quando não for por artigos ou por cálculos aritméticos, então teremos que nos louvar na experiência de um perito único do juiz executor.

Pedro Nunes, in *"Dicionário Tecnologia Jurídica"*, ensina "arbitramento é a estimativa ou avaliação pecuniária feita por peritos de coisa ou fato submetido à decisão do juiz da causa. Autentica-se por meio de laudo".

É por isso que digo e torno a repetir que se a instrução na fase de conhecimento for bem-feita, não haverá necessidade de liquidação por artigos ou arbitramento para que se nos apresente o valor da sentença de liquidação. Ela se fará obrigatoriamente por cálculos de um simples funcionário da vara ou então, pelas próprias partes. Por isso repito, seria providencial que a Egrégia Corregedoria Regional determinasse que cada vara especializasse um funcionário para esse mister, pois isso ajudaria na celeridade da liquidação. Já fazia isso quando judiquei na 1ª instância.

Mas, voltando-se à liquidação da sentença, devo dizer que os cálculos das partes precisam ser fundamentados e, quando exigido, acompanhados de planilha eletrônica em CD-Room, como acontece nas execuções contra a Fazenda Pública. A atualização dos créditos decorrentes de condenação será feita pela Taxa Referencial (TR), consoante consta no § 7º, do art. 879, da CLT. Observem as partes que o juiz poderá acolher uma das contas ou aquela que melhor espelhar o resultado exigido pela sentença liquidanda, podendo a devedora já adiantar o pagamento da verba previdenciária consoante dos arts. 878-A e 889-A da CLT. Quanto ao arbitramento, consiste na atribuição por perito, ao custo de algo ou de alguns serviços, mas que na sentença definitiva não houve elemento para a sua apuração. Notem, porém, que as partes, em liquidação de sentença, não poderão inovar ou modificar a sentença liquidanda, nem discutir matéria pertinente à causa principal. (art. 879, e § 1º,da CLT), e art. 293 (art. 322, § 1º), combinado com o parágrafo único do art. 786 do novo CPC.

Também quanto à liquidação por artigos, lembro-me de um caso de condenação em horas extras sem que estivessem constando da sentença definitiva o número de horas extras trabalhadas, por dia ou por mês.

Quanto às obrigações de fazer, comportam ainda uma divisão em obrigações fungíveis e infungíveis. As fungíveis podem ser praticadas por terceiro estranho à relação. É difícil ou quase impossível que esse tipo de obrigação exista na área trabalhista, especialmente quando se fala em relação de emprego. Geralmente, as obrigações são infungíveis, ou seja, terão de ser praticadas pelo empregado ou pelo empregador.

As obrigações de não fazer, na área trabalhista, encontram-se no âmago do contrato do trabalho como o comportamento que se espera das partes que deverão observar até com rigor essas regras legais que se encontrarão na lei ou no contrato de trabalho. Essas regras, se violadas, importarão em consequências trabalhistas ou administrativas, como sói acontecer com as multas previstas no art. 729 da CLT.

As obrigações sucessivas estão reguladas pelos arts. 890/892 da CLT, e não nos apresenta qualquer dificuldade de entendimento. São de dar que se resolvem com o pagamento das parcelas combinadas.

As obrigações indivisíveis são raríssimas e, no caso, se resolveriam pelo disposto no art. 291 (art. 328), do CPC, subsidiário.

Por fim, repito uma recomendação importante às partes: se houver um cálculo, correto e confiável na ocasião certa, pouco ou nada restará em pendência. A sentença definitiva transitada em julgado é o sinal de que a ação acabou. Isso acontecerá queiram ou não as partes, através de uma execução justa, eficaz e rápida, como deverá ser, e a lei consolidada determina. Em 48 horas é o que espera-se depois da liquidação de sentença.

IV

Obrigações de Fazer e Não Fazer. Multa Pecuniária e Perdas e Danos. A Execução por Prestações Sucessivas. O Art. 100 (Art. 53), Inciso IV, do CPC

A Lei n. 6.830, de 22.9.1980, cuida das obrigações de pagar, ou seja, cobrança da dívida Ativa da União dos Estados do Distrito Federal dos Municípios e respectivas autarquias. Portanto, na hipótese nos serviremos do CPC.

As obrigações de fazer e não fazer na Justiça do Trabalho como disse alhures são raras. Antes do instituto do FGTS, em geral lidávamos com ações em que os empregados estáveis requeriam a readmissão por despedimento. Nada obstante, devo admitir que na readmissão, ou por outro motivo, poderemos acabar lidando com as obrigações de fazer ou não fazer. Elas estão reguladas no art. 632 (art. 815) do CPC, e seguintes.

Contudo, na Justiça do Trabalho, o mais provável seriam as ações alternativas fulcradas no art. 71 (art. 126) do CPC, ou sujeitas à condição ou termo, estabelecidas no art. 572 (art. 514), do CPC. Elas quando não cumpridas se resolvem em perdas e danos, independentemente do pagamento de multa fixada pelo juiz, "*ex vi*" do disposto no art. 287 (art. 500), combinado com o art. 461 (art. 537), ambos do diploma processual civil. E, sobre o tema, ora podemos citar os arts. 729 e 730 da CLT onde se encontram duas obrigações de fazer. A última se resolve com uma multa judicial ou administrativa, na recusa em servir como testemunha. Porém, nesse trabalho, ora estamos mais ocupados com as obrigações de dar ou pagar, à vista da ampliação da competência da Justiça do Trabalho, no caso de uma sentença condenatória definitiva.

Antes, vamos propor um exemplo esclarecedor de uma obrigação de fazer. Assim: certo sindicato de trabalhadores ingressa contra o sindicato correspondente da categoria dos empregadores, com uma ação coletiva, postulando certo benefício: a cesta básica.

O dissídio coletivo é julgado procedente, conferindo aos empregados o benefício postulado. Porém, certa empresa do ramo não cumpre a decisão coletiva. Então, o sindicato dos trabalhadores ingressará com uma ação de cumprimento forçado da obrigação de fazer, com fundamento no parágrafo único do art. 872 da CLT, postulando ainda o pagamento dos atrasados. A primeira postulação cuida de uma ação coletiva e a segunda de uma reclamação plúrima. Na primeira ação o interesse é abstrato, na segunda, o interesse é concreto, de trabalhadores nomeados e indicados na ação plúrima. A decisão dessa última conterá as obrigações concretas, uma de dar e a outra de fazer, ou seja, ela determina que a empresa passe a fornecer o benefício contido na sentença coletiva já com pena de multa e outras consequências processuais.

Também poderá haver uma obrigação de não fazer, ou seja, que a empresa deixe de obrigar seus empregados a praticarem horário superior ao daquele máximo prescrito em lei, com fixação de multa em caso de desobediência. Igualmente, poder-se-á, como disse, aplicar-se uma multa processual ao recalcitrante empregador, bem como outras medidas. Essas ações podem ser propostas pelo sindicato de classe correspondente como também pelo Ministério Público do Trabalho, e sua competência territorial se encontrará na orientação jurisprudencial do SDI-2 (TST), que abaixo transcrevo:

"Ação civil pública. Competência territorial. Execução do dano causado ou a ser reparado. Aplicação analógica do art. 93 do Código de Defesa do Consumidor."

Para a fixação de competência territorial em sede de ação pública, cumpre tomar em conta a extensão do dano causado ou a ser reparado, pautando-se pela incidência analógica do art. 93 do Código de Defesa do Consumidor. Assim, a extensão do dano a ser reparado limitar-se-á ao âmbito regional, e a competência será de uma das varas da capital do Estado; se for de âmbito supra regional ou nacional, o fôro será, estabelecido segundo as hipóteses do art. 100 (art. 53), inciso IV, do CPC.

O art. 729, da CLT, cuida de algumas obrigações de fazer que poderão ser descumpridas pelo empregador, consoante já expliquei.

A Execução por Prestações Sucessivas está regulada pelos arts. 890/892 da CLT, e não revela nenhuma dificuldade ao leitor. Ela se divide em duas:

a. Por tempo determinado (art. 891 da CLT); e

b. Por tempo indeterminado (art. 892 da CLT).

O art. 890 da CLT, que transcrevo abaixo, dá bem a sua medida, *verbis*:

"Art. 890 – A execução para pagamento de prestações sucessivas far-se-á com observância das normas constantes desta Seção, sem prejuízo das demais estabelecidas neste capítulo."

Sergio Pinto Martins, *in Legislação Previdenciária*, 4. ed., às fls. 246, transcreve o art. 6º da Lei n. 8.620, de 5 de janeiro de 1993, que passo a transcrever pela sua relevância:

"Art. 6º A eficácia de qualquer acordo de parcelamento ficará na dependência da comprovação do recolhimento regular, nas épocas próprias, das parcelas e das contribuições correntes, a partir da competência do mês em que o acordo for assinado."

No particular, encaminho o leitor ao item XIX desta obra, quanto à previdência decorrente de acordo.

As multas por infrações administrativas encontram-se regulamentadas no art. 634 da CLT. Seus valores serão reajustados pelo § 2º do focado artigo.

V

Os Prazos, Natureza Jurídica e Consequências Processuais. Objeto da Execução. Os Prazos e as Perempções Total e Parcial. Os Cálculos de Liquidação, os Modelos Legais. O Art. 879, § 2º da CLT

Os prazos, como sabemos, são dilatórios ou peremptórios, e encontram-se articulados nos arts. 181 e 182 (art. 218 e seguintes), do CPC. Os dilatórios são aqueles que as partes, de comum acordo, ou com autorização do juiz, poderão dilatar ou reduzir, sempre com a chancela do juiz. Já os prazos peremptórios não poderão ser reduzidos, nem prorrogados, mesmo que por iniciativa ou permissão do Magistrado. Podemos então dizer que esses prazos são de ordem pública, desde que o Estado tenha interesse em seu controle.

A execução trabalhista é iminentemente inquisitória, onde, portanto impera *"pleno iuris"*, a vontade do Estado na entrega da prestação jurisdicional correspondente, e que só satisfará com a sentença definitiva (art. 880 CLT). Em razão disso, entendo *"data venia"*, que os prazos contidos nessa fase processual, exceto os dos §§ 1º-B e § 2º do art. 879 da CLT, são todos peremptórios e assim não poderão ser alterados pelas partes mesmo com a aquiescência do Magistrado, como disse a não ser na hipótese do art. 183 (art. 223) e seus parágrafos do CPC. O juiz executor no tocante ao prazo para cada cálculo, deverá avaliar com sua experiência se ele se encontra diante de um cálculo mais simples ou mais complexo, e aí irá fixá-lo para a sua entrega às partes, inclusive quanto à <u>verba previdenciária</u>. Esse prazo do § 2º do art. 879 da CLT é sucessivo e a impugnação deverá ser item por item sobre cada parcela e não em conjunto. Quanto à União, deverá ter prazo obrigatório de 10 dias para se manifestar sobre os mesmos, pena de preclusão. O comportamento judicial está fundado no princípio processual da legalidade.

Pelo que percebo haverá então três oportunidades para concessão de prazo nessa fase. Esses prazos são dos §§ 1º-B, 2º e 3º do art. 879 da CLT. Para isso há um motivo: o legislador pretende que a União se manifeste por último e assim possa avaliar com maior cuidado os argumentos de cada parte na sustentação dos cálculos que apresentarem, bem como incidência da verba previdenciária. E o caráter preclusivo desses prazos bem demonstram sua natureza pública que hoje sabemos provinda do princípio da efetividade do processo, contido no inciso LXXVIII, do art. 5º da Constituição Federal Brasileira, e que trata da efetividade da execução.

Os atos processuais serão praticados harmoniosamente ora pelo juiz, ora pelas partes, com o fito de se realizar a pretensão resistida injustificadamente pela executada, no caso a liquidação da sentença. A execução, portanto, não se traduz num conjunto de atos desordenados, nem tem o fito de prejudicar a executada, que, entretanto, tem que saber que a demora na solução lhe será cada vez mais prejudicial por conta de sua resistência. A sentença definitiva transitada em julgado é o aviso que deverá ser observado na solução do feito, pois os prazos e os atos processuais daí decorrentes irão numa concatenação lógica levando fatalmente a execução sempre a uma solução mais drástica, tanto mais quanto forem as resistências oferecidas pelo executado. Não é o juiz nem o exequente que lhe trarão prejuízos econômicos e processuais, e sim o próprio executado se não agir com prudência. Os prazos fazem a execução andar, e os atos processuais das partes e do juiz vão concatenadamente se desenrolando até o final pagamento. Eles observam uma lógica e uma sistemática que não podem ser simplesmente olvidadas ou resistidas. Então, o juiz, como fiscal do processo deverá fiscalizar a ordem e a forma desses atos processuais de cada uma das partes, verificando se estão conforme modelos legais de cada ato processual. Segue, então, que o prazo tem o significado do ato que deverá ser praticado pela parte. Portanto, a perda do prazo significará a perda do ato e as consequências daí advindas; e não se iludam os operadores do direito porque jamais serão os mutirões que irão resolver as execuções desordenadas e intermináveis. Elas só serão ultimadas a contento se no desenrolar da execução, a forma, o conteúdo e os prazos dos atos processuais forem realizados como determina a lei. Não é preciso ser atrabiliário, mas os cumprimentos das formalidades legais num processo especialmente inquisitório são absolutamente indispensáveis. Não há fórmula mágica. O segredo de uma execução ágil e de qualidade está no cumprimento das formalidades legais inscritas, *"in casu"*, na consolidação das leis do trabalho, e na Lei n. 6.830, de 22.9.1980, em condição subsidiária como se encontra no art. 889 da CLT.

A conciliação sempre foi muito bem-vinda, e o mesmo se diga quanto as comissões de conciliação prévia implantadas pela Lei n. 9.958, de 12.1.2000, conforme estão regulamentadas pelos arts. 625-A e seguintes da CLT. Entretanto, isso não autoriza as partes e o próprio juiz executor dispensarem a atenção devida a uma execução prática como a trabalhista tanto para os títulos judiciais como os extrajudiciais. E os prazos na execução trabalhista são tão importantes que o legislador praticamente não deixou espaço à sua dilação, e, assim todos são peremptórios. Isto significa que se esgotado não haverá mais possibilidade temporal para a prática do ato a destempo. Sua prática extemporânea não os convalidará.

Nessa linha de raciocínio dever-se-á ainda avaliar a correta aplicação da lei, que não possui ordem, obrigação, prazos, ou palavras inúteis, especialmente quanto aos processos inquisitórios, onde as ausências desses requisitos acarretarão a preclusão máxima, ou seja, a perempção total ou parcial da instância judicial, pois, como disse, o que se tinha para discutir já o foi na fase de conhecimento do processo. Agora, o Estado irá exigir a concretização do julgado na forma processual mais prática possível. O título executório, seja judicial ou extrajudicial, deverá ser realizado espontaneamente ou através de uma execução forçada.

Então, diante dessa realidade jurídica temos que observar o trajeto prescrito nos arts. 878 e seguintes da CLT. Aí estão os modelos legais, com fulcro na liquidação da sentença juntamente com a verba previdenciária.

Nessas condições, as partes deverão ser intimadas para apresentarem seus cálculos no prazo judicial sucessivo estabelecido pelo juiz, que estará observando critério de bom senso a sua extensão, segundo as dificuldades avaliadas e conforme dispõe o § 2º B do art. 879 da CLT, *verbis*:

> "§ 2º Elaborada a conta e tornada líquida", o juízo deverá abrir às partes prazo comum de 8 dias para impugnação fundamentada com a indicação dos itens e valores objeto da discordância, sob pena de preclusão. (grifo nosso)

Antes, porém, de sentenciar, é obrigatório que o juiz cumpra a determinação contida no § 3º do art. 879 da CLT, ou seja, "elaboradas as contas pelas partes ou pelos órgãos auxiliares da Justiça do Trabalho, deverá se intimar a União para que se manifeste, querendo, em 10 dias sob pena de preclusão".

Outro modelo legal obrigatório é notificar a União que se manifestará por último, segundo o § 3º do art. 879 da CLT.

Por fim, se os cálculos forem complexos, então o juiz executor poderá nomear perito contábil, conforme está estabelecido no § 6º do indigitado artigo.

E, na sentença de liquidação, o juiz executor fixará ainda os honorários periciais, que ficarão a cargo da executada, porque o exequente dificilmente será vencido no objeto da perícia, bem como as custas processuais que deverão ser fixadas na sentença de liquidação nos termos do § 2º do art. 879 da CLT. Porém, volto a afirmar que o perito só deverá ser nomeado, caso haja complexidade na conta a ser elaborada, tendo-se em conta os princípios processuais de economia e celeridade que deverão ser observados. Além do mais, são simples cálculos aritméticos.

Em seguida, na forma do art. 880 da CLT, o juiz executor determinará a expedição de mandado de citação do executado, para pagamento em 48 horas, ou para que "cumpra a decisão ou acordo no prazo". Em se tratando de obrigação de dar, pagar, o executado terá que fazê-lo nessas 48 horas, que é o modelo legal, fazer o pagamento ao menos da quantia incontroversa, seguindo a Súmula n. 1 do Egrégio TRT da 2ª Região. Não o fazendo, haverá preclusão parcial da instância, e assim ficará impedido legalmente de se louvar no § 1º do art. 884 da CLT. Quanto a rigidez dos prazos peremptórios e suas consequências eram bem retratadas no art. 182 do CPC, que dispunha:

> "É defeso às partes ainda que todas estejam em acordo, reduzir ou prorrogar os prazos peremptórios..."

E mais, o art. 473 (art. 507) desse diploma processual ainda proclama:

> "É vedado à parte discutir no curso do processo as questões já decididas a cujo respeito se operou a preclusão". Então aconselho que as partes observem, com rigor, os prazos para a prática desses atos processuais."

Doutro lado, não há que se confundir o prazo de 48 horas para pagar a contar da citação, com o prazo de 5 dias para ingressar com embargos à execução a contar da penhora. São prazos legais distintos para modelos legais distintos, cada qual com sua preclusão inexorável e imutável quanto ao objeto do prazo.

Mas, se a obrigação contida na condenação for de fazer ou não fazer, a citação se dará "para o fim de que cumpra a decisão ou o acordo no prazo, pelo modo e cominações estabelecidos". Como é sabido, as obrigações de fazer ou não fazer quase sempre trazem no bojo uma obrigação de dar, ou seja, de pagar. Melhor explicando aquela obrigação de fazer ou não fazer pode se convolar em obrigação de dar ou pagar. Então, a liquidação será fatal também nesse caso. Pode-se também deixar por conta de terceiro o cumprimento da obrigação, mas com responsabilidade financeira do devedor.

E, observe-se, por importante, que, como venho repetindo, a execução trabalhista tem natureza inquisitória e seus prazos, por isso mesmo são sempre peremptórios, ou seja, com preclusão máxima, que leva a perda de atos processuais importantes, segundo se conclui da disposição do art. 182 (art. 507) do CPC. A perempção total, com a perda do interesse de agir, pode levar a extinção do processo, consoante se lê no inciso II do art. 267 (art. 485), do CPC, sem que haja apreciação do mérito. É o que, pelo Código de Processo Civil anterior, se denominava absolvição da instância. Hoje, esses casos são também enumerados no art. 295 (art. 330) do CPC, para indeferimento da petição inicial. Há que se ficar atento, pois os embargos à execução constituem uma ação incidente dessa fase processual, e com prazo para ser proposta.

Ressalta-se quanto ao parágrafo único do art. 8º da CLT: "o direito comum será fonte subsidiária do direito do trabalho, naquilo que não for incompatível com os princípios fundamentais deste". E, por oportuno, transcrevo ainda o art. 9º da CLT, *in verbis*.

"Serão nulos, de pleno direito os atos praticados com objetivo de desvirtuar, impedir ou fraudar a aplicação dos preceitos contidos na presente consolidação."

E isso no tocante ao direito material como no processual.

Por fim, pelo art. 878-A da CLT faculta-se ao devedor o pagamento da verba previdenciária que entender devida, mas sem prejuízo da diferença que poderá surgir no cálculo efetuado na forma do § 4º do art. 879 da CLT.

Os prazos serão contados na forma do art. 775 da CLT, *verbis*:

Art. 775 – Os prazos estabelecidos neste Título serão contados em dias úteis, com exclusão do dia do começo e inclusão do dia do vencimento. (Redação dada pela Lei n. 13.467, de 2017)

§ 1º Os prazos podem ser prorrogados, pelo tempo estritamente necessário, nas seguintes hipóteses: (Redação dada pela Lei n. 13.467, de 2017)

I – quando o juízo entender necessário; (Redação dada pela Lei n. 13.467, de 2017)

II – em virtude de força maior, devidamente comprovada. (Redação dada pela Lei n. 13.467, de 2017)

§ 2º Ao juízo incumbe dilatar os prazos processuais e alterar a ordem de produção dos meios de prova, adequando-os às necessidades do conflito de modo a conferir maior efetividade à tutela do direito. (Redação dada pela Lei n. 13.467, de 2017)

Art. 775-A – Suspende-se o curso do prazo processual nos dias compreendidos entre 20 de dezembro e 20 de janeiro, inclusive. (Redação dada pela Lei n. 13.545, de 2017)

§ 1º Ressalvadas as férias individuais e os feriados instituídos por lei, os juízes, os membros do Ministério Público, da Defensoria Pública e da Advocacia Pública e os auxiliares da Justiça exercerão suas atribuições durante o período previsto no *caput* deste artigo. (Redação dada pela Lei n. 13.545, de 2017)

§ 2º Durante a suspensão do prazo, não se realizarão audiências nem sessões de julgamento. (Redação dada pela Lei n. 13.545, de 2017)

Art. 776 – O vencimento dos prazos será certificado nos processos pelos escrivães ou secretários.

VI

A Competência do Art. 879. § 1º-A da CLT. A Verba Previdenciária. Competência Firmada

Aqui como alhures já observamos, se trata de um exemplo de competência funcional estendida, ou competência firmada do art. 109, inciso I da Constituição Federal, em que a União possui interesse material no desfecho da demanda de terceiros porquanto o INSS é uma entidade autárquica Federal.

Pedro Nunes, *in Dicionário de Tecnologia Jurídica*, explica: "competência firmada existe quando o juiz por prevenção ou prorrogação de jurisdição, toma definitivamente conhecimento legítimo da causa". Então, é evidente que, quando a lei pelo § 1º do art. 879 da CLT, implantou na Justiça do Trabalho a cobrança da verba previdenciária no preceito acima mencionado através da Lei n. 10.035 de 25.10.2000, ocorreu, de pronto, à indigitada extensão, porém limitada as cobranças da previdência, fulcradas apenas nas verbas condenatórias, que se encontrem em execução, circunstâncias que, depois veio ser confirmada pela Lei n. 11.457, de 16 de março de 2007, agora em decorrência e respaldo na Emenda Constitucional n. 45/04.

Mas, daí, ocorreria uma dúvida no tempo quanto às ações em andamento, se teriam sido abrangidas pela extensão, posto que as leis entram em vigor na data de sua promulgação, especialmente aquelas de natureza processual; demais o processo caminha para frente em busca do seu desiderato, a sentença condenatória definitiva e sua execução. Então, numa interpretação lógica, essa norma deverá ser aplicada a todos os processos que não tenham ainda ultrapassado o início da fase de cálculo de liquidação com a intimação das partes, para os fins previstos no § 1º, do art. 879 da CLT. Isto para que inocorra a figura *"do retrocedere"*. Nada impede, porém, que a executada querendo, a qualquer tempo, faça uso da faculdade prevista no art. 878-A, combinado com o § 4º do art. 879, ambos da CLT, sem prejuízo de eventuais diferenças previdenciárias encontradas na execução, conforme está disposto na parte final do art. 878-A, da CLT.

VII

Emenda Constitucional n. 45/04 e a Nova Redação do Art. 114 da Constituição Federal. O Art. 832, § 6º, da CLT

A nova redação do art. 114 da CF, com suas alíneas e parágrafos, nos parece que causou certa celeuma no meio daqueles que militam na Justiça do Trabalho, tanto aos juízes quanto aos promotores, como aos advogados trabalhistas. Contudo, há que se ter um tempo para refletir quanto ao alcance das alterações que foram implantadas. Na verdade, ela não alterou tanto assim quanto se pensa. É verdade que houve ampliação da sua competência nos incisos deste artigo. Porém, o *caput* e o inciso IX, juntos repetem o que já continha a Constituição Federal promulgada em 05.10.1988. O art. 114 dizia:

> "Art. 114 – Compete a Justiça do Trabalho conciliar e julgar os dissídios individuais e coletivos entre trabalhadores e empregadores, abrangidos os entes de direito público externo e da administração pública direta e indireta, dos Municípios, do Distrito Federal, dos Estados e da União, e, na forma da lei ou outras controvérsias decorrentes da relação de trabalho, bem como os litígios que tenham origem no cumprimento de suas próprias sentenças, inclusive Coletivas."

Como se disse, o *caput* anterior, realmente foi repetido no *caput* atual juntamente com o inciso IX da atual Carta Magna. Portanto, no particular, nada mudou. Até mesmo a expressão "relação de trabalho" já existia não só no corpo do art. 114 da CF, como naquela contida no inciso IX, ou seja, decorrentes de relações de trabalho reguladas por leis esparsas. Então, a novidade presente, ao nosso entender, encontra-se na ampliação da competência contida nos demais incisos do art. 114, para os empregados regidos pela CLT, e dessume a relação empregatícia de todos já conhecida. Contudo, há que se observar, o disposto no art. 593 do Código Civil atual Brasileiro, que dispõe:

> "Art. 593 – a prestação de serviços, que não estiver sujeita às leis trabalhistas ou a lei especial reger-se-á pelas disposições deste capítulo."

Destarte, conclui-se que a competência material da Justiça Civil deve ser conferida por exclusão. Assim, todas as relações de trabalho que não estiverem reguladas pela CLT e pelas leis especiais ficarão a cargo do juízo civil, para seu deslinde. Segue então, que outras relações de trabalho deverão ser disciplinadas por leis especiais para que sejam resolvidas na Justiça do Trabalho, sempre que for o caso.

Observe-se, por importante, a definição de empregador, contida no art. 2º da CLT especialmente quanto aos §§ 1º e 2º, onde há a despersonalização do empregador até equiparando-o, muitas vezes, às instituições de beneficência, às associações recreativas ou outras instituições sem fins lucrativos que admitem trabalhadores como empregados, e no § 2º empresas com personalidade jurídica própria, que constituem um conglomerado, sob a direção de uma delas, também são empregadoras. Faço essa menção para que o leitor assinale com cuidado, as figuras do empregado e do empregador diante do disposto no art. 593 do atual Código Civil Brasileiro, que ficará com a sobra das relações jurídicas, como se deduz do que ficou explicado.

A Justiça do Trabalho passou a examinar outras matérias, ainda que em quantidade inferior, ou até mínima em alguns casos, como a questão pertinente a contribuição previdenciária, a partir das verbas condenatórias. Aqui abro parênteses para relatar que nas ilustres decisões do Egrégio Supremo Tribunal Federal, através do canal de televisão TV Justiça, tive oportunidade de assistir verdadeira aula sobre a modulação, terminologia ainda nova, criada pela Excelsa Corte para em certos julgamentos dos cultos ministros, ouvir que, na qualidade de relator, irão modular o voto vencedor, ou seja, afinar esse voto ao modelo legal julgado, ou seja, ajustá-lo para que se aproxime o mais possível do voto vencedor consoante o que restou decidido por aquela Egrégia Corte, em julgamentos com repercussão geral, segundo o art. 543-A (art. 1.035) do CPC.

É que na cobrança da verba previdenciária perante a Justiça do Trabalho, a União comparece apenas como interessada. Ela não está promovendo ação de cobrança perante a Justiça do Trabalho, apenas a liquidação abrangerá também o cálculo das contribuições previdenciárias pertinentes, consoante está escrito no § 1º do art. 879 da CLT. Mesmo que a reclamação termine por acordo, segundo o parágrafo único do art. 831 da CLT, a providência deverá ser tomada. A questão do acordo é resolvida outrossim pelos §§ 6º e 7º do art. 832 da CLT. Observe-se, por importante, que aqui estamos tratando agora de um acordo formulado após a sentença condenatória, transitada em julgado, porque há que se respeitar a parte final do inciso VIII do art. 114 da Constituição Federal.

Os recolhimentos previdenciários se darão na forma dos arts. 878-A e 889-A, da Consolidação. Todavia, promover ação de cobrança deste título perante a Justiça do Trabalho, não poderá acontecer, porque a incompetência *"in casu"* é absoluta. A verba previdenciária, no particular, apenas se insere nos títulos configurados dentre os consectários legais da condenação, como acontece nas custas, nos honorários etc. Por isso, já dissemos alhures que os créditos apurados na liquidação a esse título caminharão interligados intimamente com os créditos trabalhistas condenatórios, numa união umbilical. Só assim não se comprometerá a competência da Justiça Federal como disposto no inciso I do art. 109 da Carta Magna. Em consequência, o § 1º do art. 643 da CLT, deverá se harmonizar obrigatoriamente as disposições constitucionais referidas, pena de ser proclamada sua inconstitucionalidade. Quanto à União, deverá ser classificada como assistente tão somente. Pedro Nunes, *in Dicionário de Tecnologia Jurídica*, define a figura do interessado "como qualquer das partes litigantes ou outra pessoa que tenha interesse próprio a defender na causa": "o representante do MP ou fisco, ou o arrematante, o fiador, o confrontante, o terceiro prejudicado, o credor no concurso de preferência e etc.".

A União, tendo interesse no pagamento da verba previdenciária, será intimada para se manifestar sobre as contas consoante a possibilidade contida no § 3º do art. 859, da CLT, e mais quando o juiz executor determinar sua manifestação.

Como interessada, a União se fará representar na reclamação trabalhista pela procuradoria segundo o inciso I do art. 12 (art. 75), do CPC. Essa é a participação que harmoniza o inciso I, do art. 109 com o inciso VIII do art. 114, ambos da Constituição Federal. É que na cobrança de verba previdenciária, a União comparece na Justiça do Trabalho apenas como interessada, como disse. Ela não está promovendo ação de cobrança na Justiça do Trabalho, apenas "a liquidação abrangerá também o cálculo das contribuições previdenciárias devidas", consoante está escrito no § 1º-A do art. 879, mesmo que a reclamação trabalhista termine por acordo, segundo o parágrafo único do art. 831 da CLT, e § 6º do art. 832 do mesmo diploma legal. Aqui, observe-se o acordo é posterior à decisão contida no art. 831 da CLT.

Seus recolhimentos se darão na forma dos arts. 878-A e 889-A da CLT. Promover ação de cobrança deste título perante a Justiça Especializada, o interessado não poderá, porque a incompetência é absoluta conforme foi dito.

Portanto, a inclusão da verba previdenciária na condenação ocorrerá sem o "*retrocedere*", repudiado até pelos interpretes mais tolerantes, especialmente nos processos em que prevalece o princípio do inquisitório onde o Estado tem interesse direto no andamento célere do processo. Porém, se houver recomeço, pelo acolhimento de nulidade, então nessa oportunidade poder-se-á incluir a verba porque as duas verbas, a trabalhista e a previdenciária deverão caminhar juntas na execução, consoante se deduz da leitura do § 1º B do art. 879, da CLT. No particular, a "Lei de Introdução ao Código Civil Brasileiro", Decreto-lei n. 4.657 de 4.9.1942, no art. 6º dispõe:

"A lei em vigor terá efeito imediato e geral, respeitado o ato jurídico perfeito, o direito adquirido e a coisa julgada".

E no § 1º, o artigo supra ainda define:

"Reputa-se ato jurídico perfeito já consumado segundo a lei vigente ao tempo que se efetuou."

Portanto, se a época dos cálculos ainda não existia legalmente essa obrigação, então ocorreu automaticamente a preclusão.

Quanto a União, deverá ser classificada como assistente com os benefícios e o ônus do encargo, como delineado nos arts. 50 a 55 (arts. 119 a 124), do CPC. É que, consoante ensina Pedro Nunes, na obra já citada: "O assistente é aquele que pretende auxiliar o autor ou o réu por um interesse comum e direto, ou defender um interesse jurídico próprio e provido contra um deles". Demais o parágrafo único, do art. 50 do CPC dispõe:

"Parágrafo único: A assistência tem lugar em qualquer dos tipos de procedimentos e em todos os graus de jurisdição; mas o assistente recebe o processo no estado em que se encontre."

Então, a União poderá compor a ação a partir da intimação de sentença condenatória, na fase recursal, como ilustram os §§ 4º e 5º do art. 832, da CLT, interpondo recurso ordinário, no prazo, ao Colendo TRT. Porém, o mais comum é ela comparecer a juízo na fase de liquidação como exposto no § 3º do art. 879, da CLT. Entretanto, o assistente, quanto à parte final do art. 50 (parágrafo único do art. 119), do CPC, "recebe o processo no estado em que se encontra", e com ônus previsto no art. 55 (art. 123) do CPC.

VIII

A Competência Absoluta. A Sentença. A Decisão. O Acordo. A Previdência Atrelada. O Entendimento do Supremo Tribunal Federal Quanto a Verba Previdenciária nos Acordos Trabalhistas. Incompetência e Falta de Prestação Jurisdicional Completa

A questão é delicada. Toda a questão que envolva competência, deveria ser estudada com muito cuidado, especialmente quando se trata de competência material, atribuída pela Constituição Federal. É que as exceções deverão conter uma interpretação restritiva, até gramatical, em sendo o caso. Como dissemos, a contribuição previdenciária incidente sobre títulos trabalhistas condenatórios é uma exceção, e como tal deverá ser interpretada. O inciso VIII do art. 114 da Carta Magna se refere às contribuições previdenciárias decorrentes das sentenças trabalhistas que proferir. Sentenças são aquelas que não se confundem com decisão. Decisão pode ter outra configuração terminológica, enquanto que "sentença" não. A decisão é gênero de que a sentença é espécie: a sentença deverá sempre conter os requisitos exigidos pelo art. 832 da CLT e art. 458 (art. 489) do CPC, sob pena de nulidade. A decisão e o acordo não possuem essas mesmas exigências, ainda que no art. 475 (art. 515), do CPC, haja menção à decisão homologatória e sentença arbitral dos incisos III, IV e VII do mencionado artigo.

Doutro lado, declarada a incompetência, o juiz deverá encaminhar os autos ao juiz competente, conforme resulta da leitura do art. 113, § 2º (art. 64, § 3º) do CPC. Portanto, não basta o juiz se declarar incompetente, pena de nulidade do julgado por ausência de prestação jurisdicional completa. Caso típico para embargos de declaração, que poderá ser interposto, no prazo, por quaisquer das partes.

A decisão homologatória mencionada no art. 331 (art. 334, parágrafos e incisos) do CPC, se refere a um ato jurisdicional bem simples, ao juiz cabendo apenas mencionar que para se validar a vontade das partes precisa haver a homologaçao do ato praticado. Na Justiça do Trabalho, o parágrafo único do art. 831 da CLT dispõe que a conciliação equivalerá a uma decisão irrecorrível, salvo para a previdência social. O inciso VIII do art. 114 da Constituição Federal cuida de uma sentença definitiva transitada em julgado material e formalmente, na qual estarão especificadas cada uma das verbas condenatórias, uma a uma, como exigem as leis trabalhistas e previdenciárias. Já o acordo judicial ou extrajudicial, não contém esses elementos especificados exigidos pela lei, para que se possa aplicar corretamente a incidência da verba previdenciária. Por isso, a parte final do parágrafo único do art. 831, da CLT. O INSS é uma entidade autárquica Federal, mas o art. 109 da Carta Magna dispõe: "que a competência para apreciar as ações judiciais afetas a ela, como autora ou ré, é a justiça federal, que, excepcionalmente não terá competência material para as ações falimentares, acidentárias e as sujeitas à justiça eleitoral, <u>bem como as destinadas à Justiça do Trabalho.</u> Assim, por óbvio a "Instrução Normativa SRP — Previdência Social n. 3 de 14.7.2005", não poderá, *"data maxima venia"*, ser aplicada livremente na Justiça do Trabalho. É que o § 3º art. 832 da CLT também possui certa eiva de inconstitucionalidade. Igualmente, pela mesma razão, parte do parágrafo único do art. 876 da CLT também nos parece possuir a mesma eiva de inconstitucionalidade, porque todos estão indo além do que permite o inciso VIII do art. 114 da Constituição Federal. Realmente, o legislador derivado pretende cobrar a previdência além do montante recebido pelo empregado no acordo judicial, ou extrajudicial, o que é além de ilegal, imoral a pretensão. Na verdade, a Justiça do Trabalho pela sua natureza, possui, como autores, praticamente os empregados em uma reclamação trabalhista, ou agora numa ação executiva de um título extrajudicial. O ordenamento jurídico está preparado para apreciar esses tipos de ação, onde o autor geralmente é o empregado e a empresa a ré. O objeto da ação quase sempre decorre da relação empregatícia entre ambos. Por isso, o INSS está impedindo, pela incompetência absoluta, para figurar como autor de uma ação trabalhista, ainda que seja apenas executiva. Se por ventura ele não concordar com a solução das partes, deverá ingressar com ação no juízo competente e não impedir a prática do ato na Justiça do Trabalho.

Há necessidade da carona na ação proposta pelo empregado e que nela se prolate uma sentença condenatória de mérito para que o INSS possa surgir, depois do trânsito em julgado da sentença definitiva na quase totalidade das vezes, para que, como interessado possa se manifestar na sentença de liquidação, na forma do § 3º do art. 879 da CLT, sempre se tendo como ré, a empresa. Na verdade, como matéria de defesa, a CLT no art. 767, só permite a compensação e a retenção, arguidas na defesa. A reconvenção é duvidosa mesmo para o empregador. Se, nessas considerações, nem a reconvenção é possível, o que se dirá então de uma ação promovida contra o empregado. A exceção será o inquérito para a apuração de falta grave por empregado estável com o escrito no art. 494 da CLT. Talvez aceite-se uma ação de prestação de contas contra o empregado que tenha manipulado dinheiro da empresa. É sabido que a lei não possui palavras inúteis, principalmente quando se expressa em termos jurídicos usuais. Portanto, homologar acordo não é a mesma coisa que proferir uma sentença condenatória definitiva. Depois, os acordos ainda que judiciais, com certeza não são bem aceitos pela Previdência Social Brasileira, especialmente quando se trata de pagamentos de benefícios como aposentadoria, por exemplo, porque o INSS se baseia no número de contribuições recolhidas à época certa, questão que será especialmente examinada pela autarquia em se tratando de benefício maior, qual seja a aposentadoria do empregado. Observe-se, a respeito, a disposição constitucional do inciso I, do § 7º do art. 201, *in verbis*:

> "§ 7º É assegurada a aposentadoria no regime geral da previdência social, nos termos da lei, obedecidas as seguintes condições:
>
> I – 35 Anos de contribuição do homem e 30 anos de contribuição da mulher."

No art. 831 da CLT, observe-se aqui mais uma vez a parte final, do parágrafo único.

Então, não há como através do acordo judicial ou extrajudicial se estabelecer condições e valores de recolhimentos, ainda quando o interessado seja o agente previdenciário. Ele, o INSS, não está firmando acordo entre as partes e muito menos nas condições ali expostas. Tenho receio que a previdência, por si só, não tenha poder para aceitar esse tipo de arranjo. Ao meu tempo, tive que comprovar advocacia e recolher os atrasados em prestações, porém no total calculado pela própria previdência. Recebi um carnê, e esgotei as prestações para fazer jus à contagem recíproca de tempo de serviço público e privado, e assim conquistar a vantagem prevista no § 9º do citado artigo de lei. A lei foi sábia ao permitir o ingresso da União em causa trabalhista praticamente apenas na fase de liquidação da sentença condenatória definitiva, transitada em julgado formal e materialmente, portanto exarada em ação contenciosa e não em acordo judicial ou extrajudicial. Além do mais entendo que na forma como foi permitido o ingresso da União nas reclamações trabalhistas para cobrança da verba previdenciária, como consta do inciso VIII do art. 114 da Constituição Federal, com certeza, não legitima a mesma União a ingressar com recursos ordinários, previstos nos §§ 4º e 5º do art. 832 da CLT. O próprio § 6º destrói, segundo entendo, essa pretensão recursal. Repito, a União só possui permissão constitucional para reclamar verba previdenciária atrelada às verbas condenatórias transitadas em julgado. A competência material expunge, de plano, essa pretensão pela incompetência absoluta do foro trabalhista, e assim o legislador derivado está proibido de ampliar essa competência; como disse, a competência material é absoluta e não permite essas invasões, porque, na verdade, mesmo que a Justiça do Trabalho decida além do permitido, o INSS não poderá aceitar, mesmo com eventual prejuízo econômico às partes. Assim, o legislador derivado não poderá legislar ordinariamente a indigitada questão, porque, como disse, a Previdência Social só irá ser cogitada no processo trabalhista quando for iniciado à execução como está escrito ao abrir o inciso VIII do art. 114 da Constituição Federal.

E, veja mais uma vez, a propósito o disposto no art. 831 e seu parágrafo único da CLT; a rigor, então, o INSS tem que ser oficiado a cada conciliação, que poderá acabar se transformando em contencioso entre as partes conciliadas e o INSS. Isso, ao meu entender só leva a um absoluto tumulto processual. Para se dizer o menos. E as conciliações firmadas perante as comissões de Conciliação Prévia como ficarão, pergunta-se, poderão acabar desencadeando uma ação previdenciária. Isto acontece porque se avançou materialmente ao se interpretar uma exceção contida no inciso VIII do art. 114 da Constituição Federal. Respeitosamente, submeto esse entendimento ao aguçado conhecimento dos jus laboristas, que militam na Justiça do Trabalho, como os juízes e advogados, com os quais muito aprendi no decorrer da minha vida profissional. Sei que é uma situação jurídica difícil, mas onde ela acabará nos levando, pergunto. Com certeza à insegurança de todos e ao desrespeito frontal da Norma Constitucional de competência absoluta, como expliquei.

Mas como o art. 43 da Lei n. 8.213/91, prevê a pena de responsabilidade pelo não recolhimento da verba previdenciária, ainda que por acordo, o Magistrado zeloso e mesmo as partes deverão colaborar até que a questão acabe melhor resolvida e entendida em graus de recursos de revista e extraordinário.

Na verdade, os juízes trabalhistas habilidosamente encontraram uma saída, qual seja, determinar que as partes ao acordarem, indiquem os valores exatos e as parcelas que se encontram embutidas naquele acordo. É uma saída habilidosa, mas "*data venia*" não resolve a questão a nível de cobrança da verba previdenciária, devida no todo, segundo já explicamos neste título.

Doutro lado, entendo não ser plausível que as partes desembolsem verba pecuniária destinada ao INSS, mas que terá um futuro duvidoso lá na frente quando for melhor analisada pela autarquia Federal. É que mesmo com o beneplácito do seu representante, o restante da verba ainda poderá ser questionado no futuro.

Mas, se o objetivo é arrecadar sem que se observe, com rigor, os ditames legais sobre interpretação de competência material, o legislador derivado "*data venia*" cometeu excesso ainda na disposição final do parágrafo único, do Art. 876 da CLT, ao exigir o pagamento da previdência incidente sobre os salários durante o período contratual reconhecido em, ação declaratória, onde verbas trabalhistas podem não ter sido objeto da ação trabalhista, pois isso só seria possível, como é óbvio, caso houvesse pedido acolhido na decisão, à qual se atrelaria a verba previdenciária. Portanto, nesta parte, o dispositivo legal analisado deborda § 1º-B, do art. 879, da CLT, onde se verifica que o cálculo da previdência exige a condenação do título trabalhista. Observe-se, por importante, que o reconhecimento da relação trabalhista em outros encargos, como disse, se resume a uma ação apenas declaratória.

Porém, no dia 18.6.2015, atentamente assisti a sessão levada na TV Justiça do Egrégio pleno do STF que, a despeito de tudo quanto disse, entendeu que a contribuição previdenciária deve incidir sobre os acordos judiciais na Justiça do Trabalho, além, é óbvio, quanto às sentenças condenatórias. Na ocasião ainda aquela Egrégia Corte ficou de baixar uma Súmula Vinculante quanto à matéria. Esta é mais uma informação que devo respeitar e passar aos leitores, que, com o aval do órgão supremo da Justiça, trará por certo a segurança jurídica esperada.

IX

Execução Contra a Fazenda Pública. Expedição de Precatório. A Lei n. 9.494 de 10 de Setembro de 1997. O Art. 100 da Constituição Federal, o Art. 910 do CPC em Vigor, e o Art. 878 da CLT

Mas, diante de uma ação contra a Fazenda Pública, há que se observar outros benefícios processuais concedidos pela Lei n. 9.494, de 10 de setembro de 1997, tais como a dispensa do depósito prévio para interposição de recurso (art. 1ºA). O prazo para se embargar a execução previsto nos art. n. 730 (art. 535) do CPC e 884 da CLT, serão de 30 dias (art. 1ºB); à prescrição se dará em cinco anos do direto de indenização por danos (art. 1ºC); isenção de honorários advocatícios nas execuções não embargadas (art. 1ºD); alteração da redação do art. 16 da Lei n. 7347, de 24 de julho de 1985; Ação Civil Pública (arts. 2º e 2ºA e seu parágrafo único); liberação do recurso das obrigações contidas no art. 2ºB na forma ali descrita, ou seja, nas hipóteses de "inclusão em folha de pagamento, reclassificação, equiparação, concessão de aumento ou extensão de vantagens a servidores públicos, em geral, que só poderão ser executadas após o trânsito em julgado", inclusive em relação às autarquias e fundações (art. 2ºB), da Lei n. 9494, de 10 de setembro de 1997. A par destas disposições, existe ainda as contidas no Decreto-lei n. 779, de 21 de agosto de 1969.

Por fim, os beneficiários em ações coletivas serão apenas aqueles que, na data da propositura da ação, tenham domicílio no âmbito de competência territorial do órgão prolator da sentença civil (*Caput* do art. 2ºA, da Lei n. 9494/97). Os benefícios discriminados decorreram da Medida Provisória n. 2.180-35, de 24 de agosto de 2001.

Entretanto, existe ainda a questão da atualização desse débito que, em princípio, não deverá ser inferior ao que a Fazenda cobra de seus devedores, em obediência ao princípio da paridade de tratamento entre débito e crédito. Destarte, precatórios serão atualizados em dois momentos, e não em uma única vez, de sentença até a expedição do precatório pelo IPCA e, daí em diante, TR até a data do pagamento. É o que decidiu o Supremo Tribunal Federal em julgamento de recurso extraordinário, intentado pelo INSS contra réu beneficiário, em julgamento reprisado na TV Justiça do dia 29 de janeiro de 2016. Naquele momento, o Egrégio Tribunal firmou sua decisão nos arts. 100, § 12º da Constituição Federal, art. 219 do CPC e 406 do Código Civil.

Achei legal e coerente o entendimento da Suprema Corte, pois o indigitado art. 406, do Código Civil, proclama:

"Art. 406 – Quando os juros moratórios não forem convencionados, ou o forem sem taxa estipulada, ou quando provierem de determinação de lei, serão fixados segundo a taxa que estiver em vigor, para a mora de pagamento de impostos devidos à Fazenda Nacional."

É, a meu ver, aplicação do princípio da equidade.

Assim, conforme escrevi no Volume II da obra "Perfil da Execução Trabalhista", contas não foram aceitas para elaboração do precatório e refeitas várias vezes, com fundamento no provimento assinado pela Presidência e Corregedoria, o que se encontra na seção XXI, subseção I da Constituição das Normas da Corregedoria, exatamente nos arts. 114 e 115.

Esse procedimento está também amparado nos arts. 833 e 897-A, parágrafo único da CLT.

A providência deverá ser tomada ainda que a sentença esteja fundada em laudo pericial. Caso necessário, dever-se-á determinar que os cálculos sejam refeitos, caso haja manifestação de desacordo do serviço socioeconômico do Tribunal, que manifestará sua discordância fundamentada como já ocorreu quando fui Corregedor Regional do TRT 2ª Região.

Quando houver interesse da União, dos Estados ou dos Municípios na condição de réus, mesmo que seja autarquia que explore atividade econômica antes da expedição do precatório, dever-se-á com rigor e com apoio no setor socioeconômico do tribunal cumprir o disposto no art. 1º-E, da Lei n. 9.494, de 10.9.1999 que dispõe:

"São passíveis de revisão pelo Presidente do Tribunal de Ofício ou a requerimento das partes as contas elaboradas para aferir o valor dos precatórios, antes de seu pagamento."

X

As partes. Divisões da Ação Segundo o Processo. Execuções Judiciais e Extrajudiciais

Segundo o processo, a ação pode ser dispositiva ou inquisitória. Dispositiva é aquela em que a instauração e movimentação da ação necessita da iniciativa das partes unicamente, ou de seu representante legal. É a aplicação do princípio legal proclamado no art. 3º (art. 17), do CPC, segundo o qual "para propor ou contestar ação é necessário ter interesse e legitimidade". O art. 6º (art. 18), desse diploma legal, então, é mais contundente ao impor com todas as letras o seguinte: "ninguém poderá pleitear em nome próprio direito alheio, salvo quando autorizado por lei".

Trata-se de condição de ação que, se não respeitada, poderá levar à extinção do processo, segundo se lê no inciso V, do art. 267 (art. 485, V) do CPC.

Este, pois, é o princípio prevalecente. Ninguém é obrigado a provocar a instauração de processo perante o judiciário. É o direito de petição protegido constitucionalmente pelo inciso XXXIV, alínea "a", do art. 5º da Carta Magna. Este é o princípio prevalecente. Porém existem casos em que o Estado, visando à manutenção da ordem pública, chama para si esse poder de instaurar um processo ou uma medida processual em favor da garantia da paz social ou no interesse de alguém, substituindo algumas vezes o próprio interessado. Em certas leis penais, por exemplo. Existem ainda, outras situações em que o Estado prefere atuar juntamente com o prejudicado ou a despeito dele. É o que ocorre no processo trabalhista, especialmente na execução. A esse fenômeno chamamos de procedimento "*ex officio*" ou inquisitório. Não é por outra razão que, nesses casos, se diz que o Estado está legitimado para agir por si próprio, para realizar direito alheio. Enquadra-se aqui em uma das condições da ação, a "*legitimatio ad causam*". Essas condições estão sempre ativas no processo para que ele possa progredir na consecução de um objetivo maior, ou seja, a entrega da prestação jurídico processual, são as condições da ação, ou seja, a existência do direito e o interesse de agir pelo legitimado.

Na ausência de qualquer delas se decretará a carência da ação com a extinção do processo. Porém, como disse, há casos em que o Estado poderá agir independentemente na defesa do direito alheio. São aqueles casos em que o Estado, visando proteção da paz social, toma frente na defesa do interesse alheio ou da própria sociedade. Uma das hipóteses encontra-se na justiça do trabalho, na ação trabalhista de alçada onde o Estado poderá maneja-la logo depois de proposta, segundo art. 4º da Lei n. 5.584, de 26.6.1970. E no art. 8º a Lei permite que em dissídios coletivos, a União possa recorrer com efeito suspensivo quanto à parte que ultrapassar os limites salariais fixados pela Política Salarial do Governo. Observem aqui o interesse da sociedade além do individual, ainda o coletivo.

Entretanto, é preciso deixar assentado que o Estado em algumas ações só poderá manejá-las por si ou acompanhado da parte interessada, conforme vimos anteriormente, ou seja, ele não poderá instaurar a ação, mas, depois de proposta em certas fases do processo, poderá manejá-la até para prover a inércia do favorecido.

Isto, como é sabido, acontece nos dissídios individuais do trabalho. Ele não poderá instaurá-lo, mas na fase de execução, poderá realizar os direitos contidos na sentença condenatória definitiva. É o que se lê no art. 878 da CLT. Ele está unido umbilicalmente nos arts. 877 e 877-A do indigitado diploma legal, que proclamam, *in verbis*:

> Art. 877 – É competente para a execução das decisões o juiz ou presidente do tribunal que tiver conciliado ou julgado originariamente o dissídio.

> Art. 877-A – É competente para a execução de título executivo extrajudicial o juiz que teria competência para o processo de conhecimento relativo à matéria.

Os arts. 877 e 877-A da CLT cuidam dos dissídios individuais, enquanto que o art. 878 dos dissídios coletivos, dentre outros de competência de alçada da 2ª instância, os Tribunais Regionais.

O grifo supra é para alertar o leitor que apenas quando conciliar ou julgar o dissídio, o juiz poderá atuar "*ex officio*", o que não acontece no caso do título executivo extrajudicial, previsto no art. 877-A da CLT, que regula tão somente a competência funcional para a instauração da ação executiva, que, "*in casu*", deverá ser proposta por aquele que detiver o interesse de agir. Porém, depois de instaurada a ação executiva o Estado "*ex officio*", poderá manejá-la como ocorre na execução da sentença, provinda de uma reclamação trabalhista, observado o disposto no art. 878 da CLT. Esse é o nosso entendimento. Contudo, quero agora alertar o leitor no caso em que não haja uma sentença condenatória transitada em julgado material e formalmente. Há apenas um título extrajudicial. Portanto, entendo que aqui "*data maxima venia*", não haverá como se agregar ao título extrajudicial aquele "*quid*" referente à verba previdenciária a despeito dele ser considerado legalmente líquido e certo. Digo isso, em face do disposto no inciso VIII, do Art. 114 da Constituição Federal, porque execuções "*ex ofício*" só acontecem com títulos judiciais, onde o juiz executor goza da prerrogativa legal, por se tratar de simples fase da ação de conhecimento que é a reclamação trabalhista. Volto a repetir, exceção deve ser interpretada restritivamente tão somente. Por isso, denomina-se exceção à regra, muito embora a CLT tenha se referido que a ação executiva deverá se processar do mesmo modo. Interessante aqui notar que, enquanto a CLT avançou para executar os títulos extrajudiciais, o CPC, a meu ver, como que retrocedeu ao dispor no art. 785 do novo CPC o seguinte:

> "A existência de título executivo extrajudicial não impede a parte de optar pelo processo de conhecimento, afim de obter título executivo judicial. Porém, se formos seguir esta regra, teríamos duas ações para o mesmo fim, o que, por certo, não iríamos avançar no tocante à modernidade de um processo célere, pois o título é, ou não é, executivo."

Porém, para os títulos extrajudiciais, como foi dito, o juiz não tem o poder de instaurar a ação executiva, mas apenas na fase da execução de sentença poderá instaurá-la. É a exegese que se extrai do cotejo dos arts. 877 e 878 da CLT. Não fosse assim, seria por óbvio desnecessário a redação do art. 877-A da CLT.

Doutro lado, a locução "a execução promovida por qualquer interessado", quer dizer, alguém que preencha a condição da ação pertinente "*legitimatio ad causam*", que deverá ser provada nos autos, na maioria das vezes através de um documento submetido à apreciação do Juiz executor, ou depois da habilitação em caso de morte do titular.

Segundo M. V. Russomano, *in Comentário a Consolidação do Trabalho*, comentando o art. 878 e seu parágrafo único, este revogado pela Lei n. 13.467/17, reverbera às fls. 1.518:

> "Se a decisão for do Tribunal Regional, a execução poderá ser determinada tanto pelo seu presidente como pela procuradoria da Justiça do Trabalho."

E prossegue:

> "'Como vimos nos comentários ao artigo anterior, a Justiça do Trabalho tem ampla iniciativa processual, amplo poder diretivo da causa.'" Não fica inerte esperando o impulso que a vontade das partes lhe dá. Pode, de *per si* tomar alento e pôr em marcha o processo, inclusive na execução e isso é uma de suas linhas marcantes e características."

Quando exerci o cargo de vice-presidente judicial, assisti a esse fenômeno jurídico várias vezes em dissídio coletivo, especialmente quando se tratava de atividade essencial, como o transporte coletivo. Bastava que a notícia saísse nos jornais e o proficiente Ministério Público do Trabalho já requeria a instauração do dissídio coletivo. E quase na totalidade das vezes, 48 horas depois, ele já estava julgado pela Colenda Corte. Antes, portanto da deflagração da greve. Aqui caberia ainda menção do art. 898 da CLT, que, *in verbis*, dispõe:

> "Art. 898- Das decisões proferidas em dissídio coletivo que afete empresa de serviço público, ou em qualquer caso, das preferidas em revisão poderão recorrer além dos interessados o Presidente do Tribunal e a Procuradoria da Justiça do Trabalho."

Mas, repisando, devo dizer: qualquer interessado, porém com legitimidade "*ad causam*" e interesse de agir. O interesse legítimo, cuja legitimidade há de ser avaliada pelo juiz em momento próprio, pena de ocorrer à carência da ação, como já explicamos.

XI

Execução do Título Extrajudicial. A Legitimidade. A Defesa de Mérito do Embargante Devedor. Os Arts. 906 e 908 da CLT

Inicialmente, levo o leitor ao exame de quanto está escrito no artigo a seguir sobre a questão, e que foi acrescido a CLT pela Lei n 9.958, de 12.1.2000. Ele dispõe, *in verbis*.

"Art. 877-A – É competente para a execução de título executivo extrajudicial o juiz que teria competência para o processo de conhecimento relativo à matéria."

Alhures, já demonstramos que a matéria indica competência absoluta do juiz. Neste caso, não há dúvida que o juiz competente seria aquele que, em tese, examinaria a questão, se ela dependesse de reclamação trabalhista. É bom aqui que se abra outra questão que merece ser abordada por todos aqueles que militam ou já militaram mais tempo na Justiça do Trabalho. É outro ponto que está a merecer sua devida atenção pelo tempo que se discutiu em processo de conhecimento a questão, exatamente por falta da existência do artigo supratranscrito que veio, por fim, compor o direito trabalhista. E no tocante a execução de título extrajudicial cabe aqui à lembrança do art. 672 (art. 856) e seus parágrafos do CPC, no caso de nos defrontarmos perante cheque ou outros títulos trabalhistas que envolvam terceiros na execução forçada.

O Juiz não poderá promover por iniciativa própria nenhuma ação executiva de título extrajudicial, como alhures já dissemos. A lei deixava a cargo do Ministério Público quando fosse o caso, ou então a parte interessada, porém o parágrafo único do art. 878 da CLT foi revogado; mas a execução de título extrajudicial só poderá ser promovida pela parte interessada, o empregado, ou seu sindicato de classe. Em tese, só o empregado poderá mover ação executiva contra o empregador quando a origem do título decorrer da relação de trabalho. O Juiz trabalhista no particular, atua isoladamente na execução quando se tratar de mera fase de processo de conhecimento, ou então, nos termos de conciliação firmados perante as Comissões de Conciliação Prévia (arts. 625-E e 876, da CLT). Este é título executivo extrajudicial. Ninguém pode ser forçado a instaurar processo, quando o interesse é individual, a não ser com sua autorização por meio de procuração *"ad juditia"*, consoante o art. 301, VIII (art. 337, IX) do CPC.

Como defesa dos títulos extrajudiciais, o executado devedor, na condição de embargante, poderá alegar a quitação ou a prescrição da dívida (art. 884, § 1º, In Fini, da CLT). As partes, inclusive a União, poderão investir contra os cálculos até mesmo da Previdência Social, se esse constar expressamente do título extrajudicial, já que a ele nada poderá ser acrescentado, por ser líquido e certo.

XII

A Competência e os Títulos Extrajudiciais

No tocante à competência nos títulos extrajudiciais, é importante que se alerte ao leitor mais uma vez que existe diferença fundamental entre a situação de competência para a promoção da execução, como se infere da leitura dos arts. 877 e 877-A, da CLT e a faculdade de promover a execução "*ex officio*" contida no art. 878, do diploma legal "*sub examine*". As primeiras deverão ser promovidas pelos interessados, as partes.

O objeto das execuções são, no primeiro caso, os títulos judiciais, e no segundo, extrajudiciais. Serão também executadas "*ex officio*", as contribuições sociais devidas em decorrência da sentença condenatória, consoante se lê no parágrafo único do art. 876 da CLT. No corpo do art. 876 da CLT, estão enumerados os títulos executivos trabalhistas, tanto judiciais como extrajudiciais. Interessante lembrar, que o art. 876 e seu parágrafo e o art. 877-A, ambos da CLT, o primeiro alterado e o segundo imposto pela Lei n. 9.958 de 2.1.2002, foram suficientes para que a execução de títulos extrajudiciais fosse possível através da ação executiva na Justiça do Trabalho. Não precisou de outras providências. Observem os militantes na área de trabalhista, o tempo que se perdeu em processo, onde a fase de conhecimento fosse totalmente dispensável e mesmo inútil. Isso já poderia ter acontecido a época em que se permitiu a cobrança da contribuição sindical, por ação executiva, com a proclamação do Decreto-lei n. 925 de 10.10.1969, que alterou o *caput* do art. 606 da CLT. Notem, porém, os leitores, por importante, que os títulos extrajudiciais dependem de previsões legais, até porque eles exigem o reconhecimento público, contido na lei, de sua certeza e liquidez. Apenas os títulos legais possuem esta certeza de liquidez conforme está descrito no art. 586 (art. 783), do CPC, *in verbis*.

> "Art. 586 (art. 783) – A execução para cobrança de crédito fundar-se-á sempre em título de obrigação certa, líquida e exigível."

Veja-se, como exemplo, o parágrafo único do Art. 625-E da CLT. Ele dispõe:

> "625 E – Parágrafo único. O termo de conciliação é título executivo extrajudicial e tem eficácia liberatória geral, exceto quanto às parcelas expressamente ressalvadas."

Outra questão que nos parece merecer a atenção de todos quantos já militaram e militam na Justiça do trabalho. Trata-se da execução de título extrajudicial se caberá a lembrança do disposto no art. 672 (art. 856) e parágrafos do CPC, quando se tratar de cheque ou outros títulos trabalhistas que envolvam terceiro em execução forçada. O juiz não poderá promover por iniciativa própria nenhuma ação executiva de título extrajudicial. A lei deixa a cargo de seu representante, quando for o caso, ou da parte interessada a iniciativa da execução do título extrajudicial, pois conforme está dito, a ação executiva só poderá ser promovida pela parte interessada, o empregado acompanhado de seu sindicato de classe ou de advogado particular. Na verdade, o empregador poderá, em tese, mover ação executiva contra o empregado para cobrança de outros títulos que não se refira à relação do trabalho, mas em juízo próprio. Na relação de trabalho pelo seu horizonte mais restrito, a jurisprudência terá que se manifestar quanto a cada uma delas, em momento próprio, ainda que sua competência tenha sido ampliada pelo art. 114 da Constituição Federal. Conforme já foi amplamente discutido neste trabalho, o juiz trabalhista no particular, só poderá ter a iniciativa de promover a execução quando se tratar de uma reclamação trabalhista, portanto, quando a execução for mera fase do processo. Em tese ninguém pode ser forçado a instaurar processo onde o interesse for individual. Os títulos extrajudiciais, como já vimos demonstrando, dependem de previsões legais, até porque eles exigem o reconhecimento público de suas certeza e liquidez, conforme está dito. Portanto, os títulos legais possuem essa certeza, conforme está escrito no art. 586 (art. 783) do CPC, *in verbis*.

> "Art. 586 (art. 783) – A execução para cobrança de crédito fundar-se-á sempre em título de obrigação certa, líquida e exigível."

Veja-se, como exemplo, na área trabalhista o parágrafo único do art. 625-E da CLT. Alguns dos títulos executórios, encontrados mais a miúde, se encontram no art. 876 da CLT. Alguns são judiciais e outros extrajudiciais. Então, os sujeitos passivos são os executados da reclamação trabalhista com condenação e sentença transitada formal e materialmente em julgado, ou o devedor de título extrajudicial apontado na lei, como o cheque por exemplo, embora esteja enumerada no art. 585 (art. 784) do CPC. Mas, reexaminando-se a matéria, segundo dispõe o item VIII do art. 585 (item XII do art. 784), do CPC, os títulos executórios ou executivos na área civil são esses e "os demais que, em disposição expressa, a lei atribuir-lhes força executiva". É interessante ainda a albergação pela Justiça do Trabalho, da parte final do disposto no § 2º do art. 585 (art. 784) do CPC, pela sua abrangência na Justiça do Trabalho, *in verbis*:

> "Não dependem de homologação pelo STF, para serem executados, os títulos executivos extrajudiciais, oriundos de País estrangeiro...".

A relevância está no fato de empregados brasileiros em multinacionais e, nesse caso, valerá o disposto na parte final do focado parágrafo, que proclama:

> "O título, para ter eficácia executiva, há de satisfazer aos requisitos de formação exigidos pela lei do lugar de sua celebração e indicar o Brasil como lugar de cumprimento da obrigação."

Portanto, concluo que a relação contida no art. 876, da CLT, não poderá ser taxativa. Nos §§ 1º, 3º e 4º do art. 477 da CLT encontrávamos, consoante entendo, mais alguns desses títulos, inclusive passados perante o Ministério Público, pelo defensor público ou pelo juiz de paz, nessa sequência legal. Contudo, a Lei n. 13.467/17, revogou, a meu ver mal, os §§ 1º e 3º.

As multas processuais impostas às partes ou testemunhas no bojo da ação trabalhista, enquanto que a no art. 908, a penalidade administrativa advinda dos fiscais do trabalho. Essas são cobradas através de "Executivo Fiscal perante o juiz competente para a cobrança da Dívida Ativa da Fazenda Pública Federal", que, diante da disposição do art. 114, VII, da Constituição Federal, se dará perante a Justiça do Trabalho, conforme já aludimos no item LXIV. A meu ver, são as penalidades estabelecidas no Título VIII, da CLT, que inicia a partir do art. 643 do focado diploma.

XIII

Da Execução em Geral

No Livro II, do Título I do CPC encontramos sugestiva nomenclatura sobre o título "Da Execução em Geral", ou seja, as execuções judiciais e extrajudiciais articuladas do mesmo modo. A relação dos títulos extrajudiciais civis está nomeado, um a um no art. 585 (art. 784) do Diploma Processual Civil. O cheque no inciso I, não precisa ser visado. É título legal líquido e certo. A formalidade do cheque visado na Justiça do Trabalho está perdendo força. Enquanto judiquei na 1ª Instância, naquela época, nos acordos e também no pagamento de salários devidos, nunca exigi que fossem em dinheiro. O pagamento era sempre feito através de cheques nominais. Por vezes, eram preenchidos e assinados em audiência. Entendo que assim agindo há maior segurança diante da criminalidade que graça em nosso país. Hoje não pode ser diferente. O art. 463 e seu parágrafo da CLT exigem o pagamento do salário em dinheiro. Porém isso já está ultrapassado em nome da praticidade e segurança. Hoje já se permite o pagamento por holerite em praticamente todas as empresas de certo porte; ademais, a Portaria n. 3.281 de 7.12.1984, já permite o pagamento de salário e férias por meio de cheque comum. Então o cheque simples também é crédito extrajudicial trabalhista líquido e certo. Porém é preciso que o cheque seja nominal, pois, a meu ver, o cheque ao portador perde aquela certeza que é imprescindível nesses casos. Com a evolução poder-se-á admitir outros títulos executivos extrajudiciais como já dissemos. O tempo e a evolução do direito dirão oportunamente. Vamos aguardar os pronunciamentos de nossas cortes trabalhistas. Temos que avançar processualmente, mas não podemos esquecer de questões relevantes, como as contidas no art. 618 (art. 803), do CPC. Essas são condições para se declarar nula a execução, a par das contidas no art. 572 (art. 514), do CPC. Entendo que essas condições poderão ser aplicadas na Justiça do Trabalho, que, em execução de títulos extrajudiciais está iniciando a sua caminhada. Por isso, precisamos ter em mente o inciso VIII (XII) do Art. 585 (art. 784), do CPC que dispõe, *in verbis*.

"Art. 585 (art. 784) – São títulos executivos extrajudiciais;

VIII (XII) – todos os demais títulos a que por disposição expressa de lei atribuir força executiva."

Esse inciso foi acrescentado pela Lei n. 11.382, de 6.12.2006, e foi um avanço providencial do legislador comum, tanto para a justiça comum como para a especializada.

Agora uma curiosidade: aparentemente a ação executiva só teria acontecido na Justiça do Trabalho com o art. 877-A da CLT, acrescentado pela Lei n. 9.958 de 12.1.2000. Contudo, para a cobrança de contribuição sindical, ela já existia com fomento no art. 606 da CLT, com a redação que lhe foi dada pelo Decreto-lei n. 925 de 10.10.1969. Porém o foro para sua cobrança era da justiça comum, conforme Súmulas ns. 87 do Tribunal Regional Federal e 222 do Superior Tribunal de Justiça. Hoje o foro é a Justiça do Trabalho, porque decorre da relação de trabalho que assim a inclui. Por fim, a cobrança de cheques emitidos para o pagamento de débitos trabalhistas se fará igualmente em ação executiva perante a Justiça do Trabalho, por competência firmada, como já analisamos no caso de cobrança de verbas previdenciárias acopladas a títulos condenatórios trabalhistas. Aqui também a cobrança do cheque por inadimplemento se fará perante a Justiça do Trabalho, em competência material firmada contida no inciso I do art. 114 do CF. Assim, volto a definir a competência firmada, que, segundo Deocleciano Tourieri Guimarães, in *Dicionário Técnico Jurídico*, a define às fls. 182 nos seguintes termos:

> "Competência firmada ocorre quando o juiz toma conhecimento legítimo da causa em definitivo, por prevenção ou prorrogação de jurisdição."

XIV

Condições da Ação Executiva. O Art. 877-A da CLT

Já vimos as duas primeiras condições da ação: *"a legitimatio ad causam"* e o interesse de agir.

Agora passaremos e examinar ainda que perfunctoriamente a possibilidade jurídica do pedido, ou seja, que o interesse esteja amparado juridicamente por uma lei. Alguns autores entendem que, com a presença dessas três condições, a ação já deveria ser inelutavelmente procedente. Mas é uma questão que ainda vai merecer muito debate, porque outros juristas, também de renome, defendem outra linha de entendimento. Já fizemos antes uma digressão sobre os pressupostos processuais e as condições da ação, e as várias posições de entendimento de outros doutrinadores. Muitos afirmam que as condições da ação se confundem com os pressupostos processuais objetivos e subjetivos. Contudo, o legislador processual brasileiro resolveu diferenciá-los conforme se conclui da leitura dos incisos IV e VI, do art. 267 (art. 485), do CPC.

Porém, a inserção do art. 877-A na Consolidação das Leis do Trabalho já foi um grande avanço, porque para as questões mais simples, como a cobrança de um cheque ter-se-ia que requerer em reclamação trabalhista comum, percorrendo-se todas as etapas do processo de conhecimento desnecessariamente. Hoje, todavia há possibilidade jurídica da propositura da ação executiva de título extrajudicial.

É preciso nessa matéria transcrevermos as fls. 227 da obra. *"Ampliação da Competência da Justiça do Trabalho"*, onde está escrito:

> "Esse ponto de vista, entretanto, ficou fragilizado por decisões do Superior Tribunal Federal, em especial a proferida com repercussão geral e que assentou o entendimento de que "a competência da Justiça do Trabalho previsto no art. 114, VIII da CF alcança apenas a execução das contribuições previdenciárias relativas ao objetivo da condenação constante das sentenças que proferir." (STF, pleno RE n. 569-056-3, Ministro Menezes Direito. 11.9.2009 do DJE 12.12.2008). Esse entendimento revela a tendência dos Tribunais Superiores inclusive o TST, (símbolo 368, item I)

Todavia, no particular, parece-nos que o Supremo Tribunal Federal alterou seu entendimento, como se poderá ler no item VIII, final desta obra.

Por fim, quero deixar mais uma vez estabelecido que nas execuções de títulos extrajudiciais, a verba previdenciária está fora, porque, como já explicamos a CF no art. 114, inciso

VIII, no particular se refere expressamente às verbas trabalhistas decorrentes de sentenças proferidas em ações trabalhistas litigiosas. Então quanto à verba previdenciária, ficam excluídos todos os atos processuais graciosos como homologações e aquelas contidas em recibos passados perante os sindicatos ou autoridades públicas, em geral, segundo entendo.

XV

A Citação e a Perempção Intercorrente. Os Embargos à Execução. A Súmula n. 01. Título Judicial e Extrajudicial. Ausência de Condição da Ação Incidente. A Impugnação do Exequente. A Inscrição da Dívida Trabalhista no BNDT — Banco Nacional dos Devedores Trabalhistas

Inicialmente far-se-á a citação do executado como previsto no art. 880 do CLT, para que cumpra a decisão ou o acordo em 48 horas, ou então, para que, em ação executiva, pague o valor do título extrajudicial. Este também deverá passar pela fase de atualização de cálculo, aplicando-lhe a Súmula n. 01, porque embora decorra de título líquido e certo, o fato é que ele também não escapa da necessária atualização. Nesse caso, porém não haverá cobrança de contribuição previdenciária, porque os títulos executados extrajudiciais possuem qualidade e quantidade que não terão a equivalência e certeza de uma sentença condenatória transitada em julgado como exige o inciso VIII do art. 114, do CF.

O prazo, contudo, na citação é fatal, para se cumprir a obrigação contida no título tanto judicial como extrajudicial, conforme já expliquei. Se não o fizer, ocorrerá a perempção da instância da execução. Será o juiz executor que examinará, com rigor, o cumprimento desse prazo, bem como a forma e o conteúdo do ato processual, que como já explicamos alhures, deverá seguir o modelo legal. O rigor é tão grande que o prazo é estabelecido em horas, equivalendo dizer que para o desenrolar da execução, o pagamento da quantia incontroversa, como apresentado na liquidação, terá de ser cumprido na forma estabelecida, inclusive para garantir os atos processuais posteriores como os embargos à execução, cuja ação, poderá ficar perempta total ou parcialmente, ou seja, a ação incidente desconstitutiva do título executório, os embargos à execução, não propostos em prazo estabelecido no art. 884 da CLT, combinado com o art. 267, V (art. 485), do CPC. O prazo para os embargos à execução, poderá se dar a partir do seguro de garantia judicial, previsto no art. 882, da CLT. Mas não é só, a ordem preferencial da penhora se dará na forma do art. 835 do CPC, e segundo o art. 883-A, acrescido pela Lei n. 13.467, de 13 de julho de 2017; assim o débito, transitado em julgado, só poderá ser levantado a protesto, ou gerar inscrição no Banco Nacional dos Devedores

Trabalhistas (BNDT), após o transcurso do prazo de 45 dias a contar da citação do executado, caso não haja garantia do juízo.

Deocleciano Tourieri Guimarães, *in Dicionário Técnico Jurídico*, às fls. 439, preleciona no verbete competente:

> "A extinção do processo sem julgamento do mérito, não impede que o autor proponha a ação de novo, no caso de perempção, litispendência ou coisa julgada."

Porém, como os embargos à execução, embora sejam uma ação incidente, configuram, de *"pleno iure"*, a defesa do executado, então a perda do prazo para sua propositura equivale à preclusão fatal, tanto na execução de sentença como na ação executiva de título extrajudicial. É que a quantia incontroversa, atualizada na liquidação, terá que ser acertada com o credor conforme discrimina a Súmula n. 1 do Colendo TRT-2ª Região, configuraria, consoante entendo, a condição da ação incidente, encerrada na possibilidade jurídica do pedido. Realmente, passo aqui a demonstrar que essa condição da ação, tanto para a ação executória quanto para a ação executiva, encontra-se no § 1º do art. 884 da CLT. Assim, para a ação executória o cumprimento da ação ou do acordo; e para a ação executiva de título extrajudicial trabalhista, a quitação ou a prescrição da dívida.

De seu lado, como defesa nesta ação incidente, o credor apresentará em 5 dias, sua impugnação aos embargos à execução, conforme está previsto na parte final do *caput* do art. 884, da CLT, impugnando inclusive o cálculo de liquidação, sentenciado pelo juiz executor, quando for o caso.

Realmente, não é aceitável que o pagamento intempestivo de custas proporcione várias consequências processuais, dentre outras a deserção do recurso, e, no caso de falta de pagamento da quantia liquidada, o executado possa prosseguir incólume na ação, sem que sofra as consequências pelo inadimplemento do contido na Súmula n. 01 do E TRT da 2ª Região. O prazo, como disse, é fatal, e nesse caso, haverá perda da instância, que poderá ser alegada em preliminar arguida nos embargos à penhora, com fulcro no § 3º do art. 884, da CLT. Aqui a perempção é da ação incidente de embargos à execução, de forma que, no particular, não se ajusta ao modelo descrito no parágrafo único do art. 267 (art. 484) inciso V, § 2º, do CPC, porque se trata de condição da ação incidente de embargos à execução no por falta de pagamento da quantia incontroversa, pois seria curioso aceitar os indigitados embargos com as disposições contidas no § 1º do art. 884 da CLT. Neste caso, configuraria um contrassenso de quem quer que seja. Observe-se que essa interpretação se coaduna com os pressupostos contidos no § 1º do art. 897 da CLT, no caso de interposição de agravo de petição. Notem agora os leitores, que no Art. 884, da CLT, existem duas ações incidentes:

1. Embargos à execução da executada; e

2. Embargos à penhora do exequente.

Portanto, o pagamento da quantia incontroversa em 48 horas é imprescindível, porque só aí poderá embasar a regularidade dos embargos à execução. Observe o disposto da Súmula n. 01 do TRT da 2ª Região, *in verbis*:

> "Execução trabalhista definitiva. Cumprimento da decisão. O cumprimento da decisão se fará com o pagamento do valor incontroverso em 48 horas, restando assim pendente o controvertido saldo remanescente e que deverá ser garantido com a penhora".

Voltando-se a questão da competência, a ação executiva será proposta em uma Vara Trabalhista. Porém se o título emitido ao empregado for em decorrência de algum negócio, estranho à relação empregatícia, ou não decorrer da relação de trabalho, então, por certo, o endereço para a ação executiva será a Justiça comum. Por exemplo: se o empregado vende ao seu empregador uma porção de terra, um automóvel ou qualquer objeto, e receba em pagamento um cheque, isto não é difícil de acontecer, por óbvio na ocorrência de inadimplemento do devedor, o credor, mesmo que em paralelo exista uma relação de trabalho ou emprego, ele terá que movimentar a Justiça comum e não a do Trabalho. Porém, se o cheque for emitido num acordo "inter partes", em razão de débitos trabalhistas, por óbvio a ação executiva se dará numa das varas trabalhistas. Se a relação jurídica se der com o fisco, o título executivo será fiscal e a ação será promovida com base na Lei n. 6.830/80. Assim, vimos que tudo depende da natureza do crédito, ou seja, do ato jurídico praticado pelas partes, porque nada impede que elas possuam outras relações entre si, civil ou comercial além da trabalhista. Doutro lado, a prescrição, como foi dito, deverá ser arguida quanto ao título trabalhista reclamado, configurando uma daquelas verbas que conhecemos como: aviso prévio, fundo de garantia por tempo de serviço, 13º salário etc., que por comportarem uma prova ampla, com uma defesa adequada de mérito, serão apresentadas em uma petição inicial, como defesa a uma reclamação trabalhista proposta; ou, então em documento com força executiva como descrito no art. 876, da CLT.

Portanto, essa prescrição jamais poderá ser confundida com aquela alegada em execução de sentença, tanto de título judicial como extrajudicial, pena de afrontarmos o princípio da eventualidade, e principalmente porque em sendo inquisitório, jamais poderá admitir a prescrição intercorrente. Anteriormente, já mencionamos que, no art. 884 da CLT, nos defrontamos com ações constitutivas dúplices, a da executada contida no §§ 1º e 3º, denominada embargos à execução, e a proposta pelo exequente no § 3º, denominada embargos a penhora, muito embora ele irá se insurgir tão somente quanto ao cálculo inferior contido na sentença de liquidação.

Por fim, temos a questão da competência das ações executivas. A ação executiva não se confunde com execução de sentença muito embora se processem do mesmo modo, especialmente na Justiça do Trabalho. Uma trata dos títulos advindos de uma sentença condenatória definitiva, transitada em julgado, formal e materialmente, ou de acordo homologado; enquanto que a outra, essa que ora cuidamos como ação executiva, terá respaldo no título extrajudicial, aquele a que já nos referimos alhures.

Assim proclama o Art. 877-A da CLT:

"Art. 877-A. É competente para execução de título extrajudicial, o juiz <u>que teria competência para o processo de conhecimento relativo a matéria.</u>" (grifo nosso)

Analisando-se a mensagem contida nesse artigo, me parece que o legislador quis aqui distinguir a origem do título extrajudicial. A origem do título pode decorrer de uma relação de trabalho em vigor ou extinta como por exemplo, o pagamento de verbas trabalhistas pela rescisão de contrato de trabalho.

O juiz do trabalho hoje precisa ter um sentido muito apurado das relações praticadas pelas partes, visto como a relação de trabalho abrange muitas situações, algumas até forjadas para que apresentem outras características, como já acontecia com empresas de representação, onde, na verdade, muitas delas se tratavam de simples relação empregatícia. O que vai em última análise contar, será a situação jurídica, se comercial ou trabalhista, o poder econômico das partes, bem como a dependência jurídica ou econômica de uma delas.

Todavia, pela importância do tema relativo à perempção, temos que enfrentar ainda a questão com maior profundidade. É que a perempção exsurge da inatividade da parte ou do Estado, e é diferente em cada ramo do direito. No direito penal, por exemplo, ela está regulada no Código de Processo Penal, no art. 107, IV e se refere à extinção da punibilidade, pela inatividade do Estado, na ação pública, e do particular, quando dele depender a queixa formal, para instauração da ação penal privada.

Na ação civil, ela decorre da inatividade da autora que acaba por permitir a extinção da ação, por três vezes, sem julgamento do mérito, consoante se lê, no inciso V, do art. 267 (art. 485-V), combinado com o art. 268, parágrafo único (art. 486, § 3º), ambos do CPC.

Já na Justiça do Trabalho, por conformação processual, de certa forma paternalista com o hipossuficiente, a perempção é acenada, ao nosso entendimento, como uma espécie de castigo processual inserido nos arts. 731 e 732 da CLT.

Por fim, enfrentaremos agora a questão da perempção parcial na área civil. Ela poderá ser alegada na contestação, segundo o art. 301, IV (art. 337, V) do CPC. Cada pedido, em tese, corresponde a uma ação ou reclamação trabalhista. Supondo-se que a autora dê margem à absolvição de instância por três vezes quanto a um determinado pedido, dentre outros que compõem o objeto do processo, então, no julgamento, o juiz irá examinar tudo que diga a respeito a cada um dos pedidos, podendo declarar perempto aquele que já possua sobre si três absolvições de instância, sem julgamento do mérito, por inatividade da autora no curso da ação, deixando injustificadamente de movimentá-la no momento próprio. A situação processual aqui tratada não se confunde com a do art. 732 da CLT, nem com a descrita no art. 884, também da CLT.

Por fim, devo dizer que o juiz da causa a conhecerá de ofício, consoante se lê no § 3º do art. 267 (art. 485) do CPC.

XVI

A Quitação e a Prescrição de Título Extrajudicial. O Art. 916 da CLT

Na prescrição de título extrajudicial dever-se-á também observar a disposição do inciso XXIX do art. 7º da Constituição Federal.

Prosseguindo-se no tocante aos títulos extrajudiciais, a quitação poderá ser alegada em embargos à execução em ação executiva. Na verdade, a quitação de verba decorrente de relação de trabalho deverá acontecer perante as autoridades administrativas competentes na forma dos arts. 145, parágrafo único, 439, 477, § 2º, 601, 607 e 608, todos da CLT. Há que se observar ainda as Súmulas ns. 41/TST e 330/TST. Em execução de sentença, ao invés de quitação, teremos o cumprimento da decisão ou do acordo, consoante o § 1º do art. 884, da CLT.

Em consequência, as quitações devem observar as formalidades legais, para que surtam os efeitos esperados. É mais seguro. Então, entendo que tanto a prescrição como a quitação serão alegações de fatos ocorridos fora de uma reclamação trabalhista em execução. Elas serão fruto de fatos ocorridos fora da reclamação trabalhista. Então terão que ser alegadas em outras ações de competência da Justiça do Trabalho, a ação executiva ou a ação civil pública, quando for o caso, que foi implantada pelo inciso III do art. 129 da Constituição Federal.

M. V. Russomano, in *Comentários à Consolidação das Leis do Trabalho*, às fls. 1.534, afirma:

"A quitação e a prescrição devem ser supervenientes à sentença que se executa."

Hoje, porém, a compreensão da matéria está mais explícita com a implantação da ação executiva de título extrajudicial.

Neste item, devo transcrever o art. 916 da CLT, que dispõe:

Art. 916 – "Os prazos de prescrição fixados pela presente consolidação começarão a correr da data da vigência desta, quando menores do que os prescritos pela legislação anterior." (grifo nosso)

XVII

Os Direitos Difusos e o Ministério Público do Trabalho. A Lei n. 7.347, de 24 de julho de 1985. A Ação Civil Pública. O Art. 129, III, da Constituição Federal. A Lei n. 8.073, de 30 de julho de 1990. Os Arts. 5º XXI e 8º, III, da Constituição Federal. A Substituição Processual e a Representação Processual. A Lei n. 8.078, de 11 de setembro de 1990

A ação civil pública foi implantada pelo Inciso III do art. 129 da Constituição Federal e regulada pela Lei n. 7.347, de 24 de julho de 1985. Por importante, transcrevo aqui o art. 21 dessa lei, *in verbis*:

"Art. 21 – Aplicam-se a defesa dos direitos e interesses difusos coletivos e individuais no que for cabível os dispositivos do título III da Lei que instituiu o Código de Defesa do Consumidor."

Gianpaolo Poggio Smanio, na obra *Interesses Difusos e Coletivos*, as folhas 121, define: "Ação Civil Pública é aquela que tem por objeto os interesses transindividuais ou metaindividuais", sendo "legitimado para agir o Ministério Público, na defesa e prestação constantes do art. I, da Lei n. 7.347/85."

Todavia, não se deve olvidar que outras entidades poderão intentá-la, consoante o disposto no § 1º, IX, do art. 128 da Constituição Federal. Em consequência, *vide* o art. 5º da Lei n. 7.347, de 24 de julho de 1985.

Então, temos que observar que os direitos e interesses difusos podem ser individuais ou coletivos, e permitem assim a ação civil pública.

E mais sobre a matéria fundada em ações genéricas, poderemos encontrar as fls. 46 e seguintes da obra *Perfil de Execução Trabalhista*, volume 1. E diante do que ficou estabelecido da leitura do que se diz sobre a Ação Civil Pública, os direitos difusos previstos no art. 1º da Lei n. 7.347/85, demonstram que alguns não permitem a habilitação, nem mesmo de seus interessados, ou sua individualidade como se lê no parágrafo único deste artigo. Esses são os direitos difusos próprios. Já os difusos impróprios permitirão sua individualização e habilitação na liquidação de sentença, segundo entendo, respeitado o disposto no parágrafo único, do art. 1º, da Lei n. 7.347/85. Todavia, pelo disposto no art. 97, da Lei n. 8.078/90, resta a possibilidade de o beneficiário habilitar-se, na liquidação e na execução de sentença, com o permissivo do art. 21 da Lei n. 7.347/85.

Essa distinção é de suma importância, como se vê, especialmente no âmbito do processo trabalhista.

Na verdade, três são as classes de direitos e interesses difusos previstas no art. 81 da Lei n. 8.078/90. Porém, no direito do trabalho ficaremos apenas com as duas últimas, incisos II e III do parágrafo único, do art. 81, da Lei n. 8.078, de 11 de setembro de 1990, (Código de Defesa do Consumidor), pois as do n. I referem-se aos direitos difusos, nas quais ocorrerá extrema dificuldade na identificação de seus beneficiários, como soe acontecer com a proteção do meio ambiente. A legitimação para promovê-la seria concorrente com o substituto natural dos empregados, seu sindicato de classe, como se lê no art. 3º da Lei n. 8.073 de 30 de julho de 1990, subsidiária, que trata da substituição processual nas ações trabalhistas individual ou plúrima. Já as entidades associativas, nos termos do inciso XXI, do art. 5º da Constituição Federal, quando expressamente autorizadas, poderão representar seus filiados judicial e extrajudicialmente.

Conclui-se então que a ação civil pública pode ser individual por uma entidade ou plúrima por várias entidades em liticonsórcios, bem como estão legitimados a propor as entidades arroladas no art. 5º da Lei n. 7347/85, o que inclui o sindicato de classe obviamente. Na legitimação concorrente não há prioridade de uma sobre outra. Vale aquela ação que foi proposta antes.

O art. 81 da Lei n. 8078/90, no inciso III a propósito dispõe:

"Inciso III – interesses ou direitos individuais homogêneos, assim entendidos os decorrentes de uma origem comum."

Isto quer dizer que na hipótese do inciso III do art. 81, cada empresa poderá ser ré em processo próprio por violação de direitos trabalhistas individuais e inalienáveis após, se for o caso, segundo entendo, os interessados ingressarão com a habilitação na fase de execução de sentença, ocasião em que serão individualizados. Assim, não se retira dos empregados o direito de promover a cobrança isolada de seus direitos individuais quando for o caso. Em algumas hipóteses poderão se valer da reclamação trabalhista como ocorre na hipótese do art. 840 da CLT. Essa ação poderá ser proposta na forma plúrima em litisconsórcio ativo. Porém, a ação civil pública deverá ser promovida pelo Ministério Público ou pelo sindicato da classe, como nos dissídios coletivos, quanto a esse último.

Destarte, é forçoso concluir que o Procurador Regional do Trabalho, além da atribuição insta na alinea "f" do art. 750 da CLT, na primeira instância da Justiça do Trabalho, haverá também por atribuição, propor ação civil pública regulada pela Lei n. 7.347, de 24.7.1998, quando for o caso.

A discriminação dos direitos difusos atingidos é absolutamente necessária para que, na execução, se evite o tumulto processual, se várias forem as empresas do mesmo grupo, com personalidades jurídicas distintas; demais o inciso III do art. 81 da Lei n. 8.078/90, cuida de interesse concreto do titular do direito individual, desafiando para sua realização forçada, por vezes uma reclamação trabalhista. Verifica-se, portanto que nessa ação civil pública tanto o Ministério Público do Trabalho como o próprio juiz do trabalho deverão agir com presteza e sabedoria que lhes são peculiares, para que, como exemplo, os danos morais possam ser muitas vezes revertidos em danos coletivos a favor do FAT (Fundo de Amparo ao Trabalhador). Na Revista Jurídica da Escola da Associação dos Magistrados da Justiça do Trabalho da 2ª Região — ano 2 — n. 4, às fls. 98/102, existe uma sentença de 1ª instância, bem lançada, em ação civil pública promovida pelo Ministério Público que pleiteou danos morais coletivos por falta de concessão pela empresa a seus empregados dos intervalos intrajornadas, para refeição e descanso, bem como pelo trabalho aos domingos e feriados. Os danos causados, neste caso, foram revertidos ao FAT. Quanto aos outros temas da ação, podem ter características abstratas e se encaixariam bem na disposição do inciso II do art. 81 da Lei n. 8.078/90. Fiz questão de fazer essa diferença, porque nas atribuições do culto do Ministério Público do Trabalho ela também existe como se denota do cotejo entre os incisos III do art. 83 e II do art. 84 da Lei complementar n. 75 de 20.5.1993, que dispõe sobre a Organização, as Atribuições e o Estatuto do Ministério Público da União, capítulo pertinente ao Ministério Público do Trabalho.

A ação civil pública então se caracteriza não só por quem a propõe, mas também pela causa de pedir e pelo pedido, segundo defluem do art. 1º da Lei n. 7.347/85. Enfim pela sua finalidade especialmente pública e social daqueles que sofreram dano moral ou patrimonial coletivo nas situações indicadas nos artigos retro referidos. Nesta ação há, por óbvio, que se indicar os elementos de convicção do art. 6º da Lei n. 7.347/85. Os legitimados a propô--la estão previstos nos incisos do art. 5º desta Lei, tanto para a ação principal como para a cautelar, e diga-se, por importante, que qualquer pessoa poderá e o servidor público deverá provocar o Ministério Público fornecendo-lhe informações sobre fatos que constituam objeto da Ação Civil Pública, como elemento de convicção expresso no já mencionado art. 6º da Lei n. 7.347/85.

Agora, questão interessante se instalará a partir do momento em que entrar em vigor o novo Código de Processo Civil, que, em face do disposto do art. 19 da Lei n. 7.347/85, tem como subsidiária a Lei n. 5.869, de 11 de janeiro de 1973, do antigo CPC, que poderá ter efeito repristinatório diante daquele.

Entretanto, a ação civil pública não é cabível nas hipóteses do parágrafo único do art. 1º da Lei n. 7.347/85, *in verbis*:

"Não será cabível a ação civil pública para veicular pretensões que envolvam tributos, contribuições previdenciárias, fundo de garantia por tempo de serviço (FGTS), <u>ou outros Fundos de natureza institucional cujos beneficiários podem ser individualmente determinados.</u>" (grifo nosso)

Esses casos, segundo entendo, não estarão previstos nos direitos difusos próprios mencionados no item 1 do art. 81 da Lei n. 8.078/90. É que os difusos impróprios, do inciso II, e os homogêneos no inciso III, segundo entendo, poderão admitir a habilitação incidente dos beneficiários, muitas vezes na própria ação civil pública. Leia-se a propósito, o disposto nos arts. 82, IV e 97 da Lei supra aludida. É o que penso e concluo. Basta que sejam identificáveis os prejudicados e o objeto do pedido. Observem que o dispositivo legal exclui apenas o FGTS como objeto da Ação Civil Pública quanto aos direitos trabalhistas (parágrafo único do art. 1º, da Lei n. 7.347/85).

A ação de cumprimento prevista no art. 872 e parágrafo da CLT é uma forma de identificação dos beneficiários de uma ação genérica com substituição processual, como por exemplo, o dissídio coletivo ou convenção coletiva de trabalho. Pela leitura da Súmula n. 246 do E.TST concluo que os direitos difusos dos incisos II e III do art. 81 da Lei n. 8.078/90, em coisa julgada formal, já admite a ação de cumprimento do julgado como ocorre na ação coletiva do trabalho, *verbis*:

"Ação de Cumprimento. Trânsito em Julgado da Sentença Normativa.

É dispensável o trânsito em julgado de sentença normativa para a propositura da ação de cumprimento." (Res. n. 15/1985. D.J. 9.12.1985, LTr-2015).

Cabe ainda esclarecer que nos interesses difusos impróprios, os indivíduos entram e saem do seu alcance à sua vontade, enquanto que no interesse coletivo nem entram nem saem aleatoriamente do alcance dos seus limites, pelo menos em tese. Porém, é preciso não confundi-lo com interesse da ação reclamatória plúrima, o litisconsórcio ativo ou passivo, em que o interesse é concreto e individual de cada empregado.

É preciso, ainda, por importante, observar os efeitos da coisa julgada, nas ações genéricas, segundo se lê nos arts. 103 e 104 da Lei n. 8.078/11 de 11.9.1990, bem como no art. 2º-A, da Lei n. 9.494, de 1º de setembro de 1997, quanto ao limite subjetivo da ação coletiva, demais, o art. 21 da Lei n. 7.913/89, na defesa dos direitos difusos, coletivos e individuais, remete aos dispositivos do Título III, do Código de Defesa do Consumidor (Lei n. 8.078/90), onde no inciso IV, do art. 82, dispõe:

"Art. 82...

IV – As associações legalmente constituídas há pelo menos 1 ano e que incluam entre seus fins institucionais a defesa dos interesses e direitos protegidos por esse código, dispensada a autorização assemblear." (grifo nosso)

Trata-se aqui da substituição processual, que, então, dispensa autorização prévia para promover a ação necessária. É a denominada legitimação extraordinária.

Cabe agora esclarecer que no RE n. 612.043, o Supremo Tribunal federal fixou o alcance da decisão prolatada em ação coletiva quanto aos associados da Asserjur PR em ação coletiva contra a União, assentando com repercussão geral, que o inciso XXI, do art. 5º da Constituição Federal, tal como ocorre no art. 2º-A, da Lei n. 9.494, de 10 de setembro de 1997, o substituto processual dos associados, na ocasião da propositura da ação coletiva deverá apresentar as autorizações dos substituídos, unilateralmente ou através de assembleia geral, instalada para essa finalidade, antes de propor a ação. É que, na fase de execução, alguns oportunistas poderão tentar habilitar-se para o recebimento do benefício, a devolução de imposto de renda indevido, sem que constassem seus nomes na relação contida da exordial.

Outra questão que restou bastante realçada nesse julgamento, foi o alcance da decisão, que se limitaria ao domicílio do substituído dentro dos limites territoriais do órgão prolator da decisão de primeira instância, "*ex vi*" do disposto na parte final do art. 2º-A da Lei n. 9.494/97.

Na Justiça do Trabalho esta ação coletiva leva o nome de Ação Plúrima, visto ser o interesse concreto. Interesse abstrato encontraremos nos dissídios coletivos das categorias profissionais e econômicas, e também na Ação Civil Pública, como já demonstramos.

Ainda, no art. 5º da Constituição Federal, o inciso XXI cuida da representação processual, e o art. 8º, III, deste supremo diploma, de substituição processual pelo Sindicato de Classe. Dois temas que abordamos neste item.

Transcrevo agora, acordão da SDI n. 0601/95-P, em que fui relator, e que consta as folhas 69/70, da obra *Perfil da Execução Trabalhista, in verbis*:

"EMENTA: Ação Recisória — Improcedência — Diferenças Salariais — Sindicato — Interesse Difuso Individual e Homogêneo — Individualização dos Empregados — Substituição Processual. Admite-se na Justiça do Trabalho a propositura de ação genérica, sem a individualização dos empregados, pelo sindicato profissional, em defesa dos interesses concretos difusos da categoria, sem que ocorra violação aos arts. 452 do CPC, 818 e 832 da CLT. Inteligência e aplicação dos arts. 872, parágrafo único, da CLT e 8º, III, Constituição Federal, que ampliou esse benefício processual aos não associados."

XVIII

A Incompetência em Razão da Pessoa e da Matéria na Ação Executiva

Aqui, para podermos entender a questão com maior profundidade, teremos que fazer alguma digressão de tudo quanto já foi dito nesse trabalho.

Assim, a ação executiva será proposta em uma Vara Trabalhista quando for o caso. Porém, se o título emitido pelo empregador ao empregado for em decorrência de algum negócio estranho à relação empregatícia, então, por certo, o endereço para propositura da ação executiva será o da Justiça Comum. Tudo dependerá da natureza do crédito para se identificar a competência absoluta para se propor a ação executiva, ou seja, do ato jurídico que as partes realizaram. Nada impede que as partes possuam em comum outras relações jurídicas quais sejam: civis, comerciais ou mesmo trabalhista. E se dessas relações houver paralelamente a incidência fiscal, a ação executiva será fiscal. No caso do descumprimento de uma obrigação líquida e certa pelo empregador, teremos a execução desta verba através de uma ação executiva na justiça do trabalho, sempre levando-se em conta que exista legalmente um título executivo. Mas, o descumprimento poderá decorrer de uma verba previdenciária acoplada ao salário do obreiro. Então, com o acréscimo da alínea VIII no art. 114 da Constituição Federal, houve, como dissemos e definimos, uma competência firmada para cobrança desse título na Justiça do Trabalho. A relação jurídica material indicará as partes e o juiz autorizado constitucionalmente a julgar o objeto da ação na relação jurídico material e sempre se levará em conta duas condições da ação, quais sejam:

— A causa de pedir, e

— O pedido.

Então, podemos afirmar que a incompetência em razão da matéria deve incluir a incompetência em razão da pessoa. Ambas as incompetências são absolutas e podem como devem ser apreciadas a qualquer tempo, e na primeira vez que as partes forem falar no processo. Essa circunstância deverá ser apontada tanto pelo juiz como pelas partes, consoante se ressalta da leitura do art. 113 (art. 64), do CPC, no qual consta também o que pode e deve ser feito de ofício pelo juiz. Mas, se se alterar ainda que em parte a relação jurídica, a matéria deverá ser apreciada por outro julgador, no tocante a parte alterada.

Vamos agora a outra situação, aquela em que a relação jurídica principal poderá conter relações jurídicas acessórias ou secundárias, como acontece na contratação de um empregado. A relação jurídica principal é a relação de emprego ou de trabalho que, por sua vez, poderá provocar o surgimento de relações jurídicas secundárias como ocorre com a Previdência

Social e Fiscal, propriamente dita com a Receita Federal. Tudo em razão da matéria e da pessoa. Essas competências terão cada qual sua jurisdição apropriada. Entretanto, se por uma Emenda Constitucional se altera ainda que parcialmente a competência de uma delas, quanto a uma determinada fatia de sua competência absoluta, então, nesse caso, a alteração parcial será válida e hígida. Mas, daí, precisaremos entender corretamente a extensão dessa modificação no interesse da ordem pública judicial.

A Carta Magna poderá regular as competências material e pessoal como lhe aprouver. E foi assim que se deu o acréscimo dos incisos VII e VIII da Constituição Federal no art. 114, pela Emenda Constitucional n. 45, de 8.12.2004. Daí surgem legalmente acréscimos legais de competência à Consolidação das Leis do Trabalho, pelas Leis ns. 11.457, de 16.3.2007; 10.035, de 22.10.2000; 8.212 e 8.213, de 24.7.1991; 7.494, de 17.6.1986 e a Medida Provisória n. 2.164/41 de 24.8.2001. Mas as alterações à Consolidação do Trabalho, efetuadas por lei no tocante a sua competência material e pessoal, mas que não estão previstas na Emenda, são inconstitucionais como se deduz do que foi dito, e não só podem como devem ser assim declaradas a qualquer tempo. E mais, a Justiça do Trabalho teve a sua competência material ampliada, mas o intérprete não poderá ir além da alteração constitucionalmente permitida, porque, como exceção, deverá ser interpretada restritivamente. O imposto de renda por exemplo, fica fora do âmbito trabalhista e a Previdência Social estará engajada à Justiça do Trabalho apenas quanto às sentenças condenatórias transitadas em julgado, como disciplina o inciso VIII do art. 114 da Constituição Federal. O legislador ordinário, porém, pretendeu incluir a reboque outras alterações na competência material da Justiça do Trabalho. Em consequência, em alguns artigos consolidacionais inadvertidamente se substituiu a palavra INSS por União. Então, a União e não o INSS será intimada conforme § 4º do art. 832 e § 3º do art. 879 ambos da CLT. Porém, isso não é suficiente para justificar a mudança da competência material contida nos arts. 109, especialmente no tocante ao § 3º e 114 da Constituição Federal, como é obvio e ululante. Em consequência, a Instrução Normativa (S.R.P), Previdência Social n. 3, de 14.7.2005, *data venia*, não será aplicável naquilo que delirar dos termos restritos dos incisos VII e VIII do art. 114 da Constituição Federal, que estabelece os limites da alteração permitida pela Emenda Constitucional.

Há também um acréscimo substancioso no art. 114 da Constituição Federal no inciso I, como se poderá verificar pela Emenda Constitucional n. 45 de 8.12.2004. Agora, então, a Justiça do Trabalho irá apreciar "todas as ações oriundas da relação de trabalho e não apenas da relação de emprego".

XIX

Acordos Judiciais e Extrajudiciais. Sentença Declaratória. Natureza da Previdência Social. Impostos Federais

Resumindo o que vimos, sustentando neste trabalho quanto a Previdência Social cobrada no âmbito trabalhista, ficam de fora os acordos mesmo que judiciais e as sentenças que não forem condenatórias. As sentenças declaratórias que reconheçam a relação de emprego, sem verba condenatória, ficam também de fora, o que exacerba, pois se não há condenação de títulos trabalhistas, não há como haver liquidação de sentença, e o consequente atrelamento da Contribuição Previdenciária.

Assim, tanto os acordos judiciais como as conciliações extrajudiciais não contêm verbas condenatórias, até porque a prestação jurisdicional nesses casos é graciosa ou administrativa. Observem a propósito as disposições contidas no § 2º do art. 764 e art. 625-A, ambos da CLT. Portanto, esses acordos não possuem natureza de sentença, lhes faltando, com certeza, a relação dos temas condenatórios e a sua natureza. Destarte, o § 3º do art. 832 da CLT, não se amolda parcialmente à exigência do inciso VIII do art. 114 da Constituição Federal. Na excelente obra "*A Constituição Consolidada*", apresentada pelo jurista e coordenador Marcelo Alckmin, e da qual participaram vários outros juristas de renome às fls. 20, André Portella ensina:

> "... os valores devido a títulos de contribuição previdenciária não tinham natureza trabalhista, mas tributária, e portanto matéria estranha a Justiça do Trabalho."

Por seu lado, o art. 2º § 5º da Lei n. 6.830/80 dispõe sobre o conteúdo do termo de inscrição do Título da Dívida Ativa. E a Dívida Ativa da União tem como juízo competente, a Justiça Federal, exceto no caso do inciso VIII, do art. 114 da Constituição Federal.

Demais, ainda ensina as fls. 31:

> "Ainda com relação aos possíveis acordos, quando supervenientes ao trânsito em julgado da sentença ou após a elaboração dos cálculos de liquidação não prejudicam os créditos já constituídos em favor da União." (CLT, art. 832, § 6º, acrescentado pela Lei n. 11.457/07)

Esse artigo de lei demonstra que os créditos previdenciários são devidos e não podem, em consequência, seus valores serem acordados pelas partes, ao se conciliarem. Para que haja acessório, a contribuição previdenciária, deve conter o principal, isto é, as verbas trabalhistas condenatórias. Notem, que o acordo ou a conciliação não terão força de coisa julgada para o INSS; portanto, a Previdência fica resguardada para cobrar qualquer diferença que entender devida, numa ação executiva fiscal, perante autoridade judiciária competente. É o princípio legal, segundo o qual, o acessório, deverá seguir o principal, pois na conciliação nunca haverá, pelo menos em tese, o montante devido, e muitas vezes o próprio pedido, configurado na verba trabalhista.

E, ao final da palestra, afirma às fls. 33 desse livro:

> "'Por outro lado apenas as Contribuições Sociais, decorrentes da decisão trabalhista condenatória deverão ser objeto da execução "*ex officio*" na própria jurisdição laboral.' A determinação é salutar, na medida em que impede que sejam aprofundadas as discussões estritamente tributárias, nessa jurisdição, o que comprometeria a agilidade que caracteriza o juízo especial bem como a qualidade técnica da análise.'

E, sinaliza ainda:

> "'Na verdade, a imposição do amplo dever de julgamento de demandas tributárias pela Justiça do Trabalho, viria de contra a um relevante processo de especialização jurisdicional, garantidor das suas mais comemoradas virtudes.' Não se perca de vista que tem sido justamente a promoção do maior grau de especialização que vem possibilitando maior agilidade e segurança jurídica as decisões deste Foro."

Diante do meritório ensinamento supra, temos obrigação de qualificar o jurista André Portella, Doutor em Direito Financeiro e Tributário pela Universidade de Madri, professor da UFBA e de mestrado em Direito Público da Universidade Católica de Salvador, coordenador do núcleo de estudos em tributação e finanças públicas (NEF) e advogado.

Em síntese, face ao estabelecido, por tudo que se disse, podemos concluir que qualquer outro título fiscal só poderá ser cobrado na Justiça do Trabalho se constar do art. 114 da Constituição Federal. Com essa permissão expressa, como ocorreu com a Previdência Social e as penalidades administrativas do inciso VII do art. 114 da Carta Magna. Portanto, se torna despiciendo insistir com Leis ordinárias, tanto que as fls. 29 da obra citada existe ainda o seguinte ensinamento:

> "Compreender de forma distinta a modificação legislativa efetuada, seria corroborar com a insensata premissa segundo a qual a partir da Lei n. 11.457/07 a competência da Justiça Trabalhista teria sido ampliada de forma a também albergar a possibilidade de execução de ofício de todos os demais tributos a cargo da União oriundos da sentença condenatória, originada pela reclamação trabalhista. Importante, portanto, não perder de vista que, embora a titularidade da ação tenha sido transferida à União, objeto da mesma, continua sendo especificamente a dívida decorrente da Contribuição Previdenciária. A jurisdição laboral continua sendo absolutamente incompetente para julgar dividas de outros tributos incidentes sobre a remuneração do trabalho, como por exemplo, aquelas oriundas do imposto sobre a renda, proveniente da remuneração."

Mas, como se trata de matéria que desperta séria controvérsia até em relação a juristas renomados, com fulcro nas Leis ordinárias "*ad cautelam*", a União deverá ser sempre intimada pessoalmente das sentenças cognitivas ou de decisões homologatórias em cumprimento ao disposto nos §§ 3º, 4º e 5º do art. 832 da CLT, até para que ela possa tomar as providências legais que entender de direito consoante ao entendimento expressado pelo juiz do trabalho que exarou a sentença cognitiva, ou homologou o acordo entre as partes. É também a hipótese no parágrafo único do art. 831 da CLT; e para aqueles que entendem da mesma forma, o § 1º do art. 643 da CLT estaria valendo quanto às sentenças condenatórias com trânsito em julgado, conforme vimos demonstrando nesse trabalho. E, como mesmo nesses casos, poderá ocorrer de a União não ficar satisfeita com os cálculos apresentados pelas partes, poderá ocorrer então à hipótese prevista no § 8º do art. 897 da CLT, agravando de petição em autos apartados quanto ao cálculo previdenciário, quando for o caso. É curioso, todavia que na hipótese do § 2º do art. 477 da CLT, não se encontre essa obrigação ainda que se trate de mera entidade administrativa, presidindo o ato.

Toda vez que a relação jurídica secundária tiver que ser apreciada perante o foro da relação jurídica principal, deve haver autorização constitucional expressa como soe acontecer com relação à verba previdenciária. É que o inciso I apenas regulamenta a relação jurídica principal, isto é, a relação de trabalho. Tanto é verdade, que para cobrança por danos moral ou patrimonial decorrentes da relação de trabalho com autorização contida no inciso VI, poderão agora ser cobrados na Justiça do Trabalho consoante inciso 6º do art. 114 da Carta Magna. Então, como dissemos anteriormente, o imposto de renda por ora está desautorizado pela Constituição Federal, pela omissão contida na Emenda votada no Congresso Nacional. Por curiosidade, o rito da Emenda a ser observado, está contido no art. 60 e parágrafos da Constituição Federal. Portanto, não se poderá alcançar o mesmo fim através de uma Lei ordinária, mesmo que originada do Congresso Nacional, pois será considerada inconstitucional.

Outra coisa, o credor previdenciário na condição de assistente deverá ser intimado da penhora para que possa impugnar o cálculo de liquidação de sentença, consoante se deduz do § 4º do art. 884 da CLT. O credor previdenciário terá também cinco dias a partir daí para ingressar com a impugnação a esse cálculo quando for o caso, por embargos à penhora. Esse é o termo jurídico usado, embora a meu ver impropriamente.

A relação jurídica substantiva ou material em juízo transforma-se em relação jurídica adjetiva, ou formal e consorcial, ainda que o credor previdenciário seja um mero assistente, como já expliquei. Leia-se o disposto no art. 54 (art. 124), do CPC. Digamos o litisconsórcio necessário especial inscrito no inciso II do art. 46 (art. 43) do CPC. A decisão homologatória não se confunde com a sentença condenatória, conforme já explicamos. O legislador ordinário, na sofreguidão da cobrança fiscal, no § 4º do art. 832 da CLT, usa a expressão facultada a interposição do recurso <u>relativo a tributos que lhe forem devidos</u>. Assim demonstra insofismavelmente que pretende ir além da cobrança da contribuição previdenciária. Ademais, a União pretende recorrer de acordo, convertendo o juízo conciliatório contido no § 2º do art. 764 da CLT, em arbitral, ou seja, contencioso. No caso de acordo, ainda impõe que as partes especifiquem a natureza jurídica das parcelas constantes do acordo. Essa exigência é ilegal por retirar a própria natureza da conciliação, interferindo abusivamente na prática da jurisdição pelo juiz da causa, retirando-lhe muitas vezes a liberdade de aplicar o princípio dos bons ofícios e persuasão na solução conciliatória dos conflitos como inscrito no parágrafo primeiro do art. 764 da CLT. Isto irá não só dificultar, como até mesmo em alguns casos acabar impedindo a solução conciliatória da demanda em benefício da cobrança dos tributos, ficando a cobrança dos títulos trabalhistas penduricalhos de dívidas tributárias, numa relação de trabalho.

Segundo Pedro Nunes, já citado algumas vezes nesse trabalho: "Na jurisdição graciosa, o juiz apenas homologa simples declaração das partes, ato de vontade delas", não se podendo em consequência interferir no negócio jurídico entre as partes, a não ser que haja alguma manifestação contrária a ordem pública e aos bons costumes". Aqui ele não profere decisão nem sentença. Na verdade, seria o mesmo que colocar a conciliação na dependência da cobrança de tributos e não no interesse da paz social. Destarte, coloco séria dúvida quanto à constitucionalidade parcial do parágrafo único do art. 43 da Lei n. 8.212 de 24.7.1991, que dispõe sobre a cobrança da previdência nos acordos judiciais perante a Justiça do Trabalho, tanto que restou revogado pela Lei n. 9624, de 2 de abril de 1998. Porém, transcrevo abaixo para revelar a voracidade da cobrança fiscal em detrimento da própria competência material da justiça do trabalho, *in verbis*:

> "Parágrafo único: "Das sentenças judiciais ou nos acordos homologados em que não configurem discriminadamente, as parcelas legais relativas à Contribuição Previdenciária, esta incidirá sobre o valor total apurado em liquidação de sentença ou sobre o valor do acordo homologado." (grifo nosso)

Porém, pelas Leis ns. 8.620, de 5 de janeiro de 1993, e 11.941, de 27 de maio de 2009, o *caput* do art. 43 e seu § 1º voltaram com maior rigor, com pena de responsabilidade, caso o juiz deixe de resolver a questão previdenciária no acordo ou na sentença.

Diante dessa redação, não há muito o que se dizer e no atendimento dessa regra e cumprindo o disposto no art. 44 dessa lei, o juiz do trabalho, em solução criativa tem determinado que as partes apontem no acordo as parcelas acordadas relativas à incidência da Contribuição Previdenciária). Porém, é preciso saber se quando as partes não indicarem as parcelas, se poderemos deixar de homologar o acordo ou inserir atabalhoadamente a verba previdenciária sobre o total. "*Data venia*", entendo que nem uma situação, nem outra podem ser consideradas juridicamente legais ou que estejam amparadas pelo arcabouço legal brasileiro. A situação é tão grave que a autoridade administrativa poderá na ocasião própria, recusar-se a aceitar o acordo ainda que homologado pelo juiz, até porque não participou da avença, violando até mesmo segundo entendo, o art. 835 da CLT. A propósito, corroborando a tese ora defendida, transcrevo abaixo o § 6º do art. 832 da CLT. Ele fala por si mesmo, *in verbis*:

> "§ 6º O acordo celebrado após o trânsito em julgado da sentença, ou após a elaboração dos cálculos de liquidação de sentença não prejudicará os créditos da União."

Assim, apesar dos esforços do legislador trabalhista os créditos da União ainda poderão ser cobrados a qualquer momento no lugar e nas condições próprios, definidas na Lei ordinária e na Constituição Federal.

A despeito de nosso entendimento, mas pensando sempre em esclarecer o leitor, a Instrução Normativa (SRP) Previdência Social n. 3º de 14.7.2005, publicada no diário oficial de 14.7.2005 "dispõe sobre as Normas Gerais de Tributação Previdenciária e de Arrecadação de Contribuições Sociais Administrativas pela Secretaria da Receita Previdenciária — SRP e dá outras providências". *Vide* CF, art. 114, § 8º, e CLT, arts. 879, 880, 884, 887 e 889-A.

É só consultar aqueles que pretendam entender o modo de cálculo de Recolhimento da Previdência Social, nos autos dos processos trabalhistas. Além do recolhimento decorrente da reclamação individual, esta instrução normativa cuida ainda dos recolhimentos da Previdência decorrentes da Convenção, Acordo e Dissídios Coletivos. (Acrescentado pela

INM PS-S RP n. 20 de 11.1.2007, DOU de 16.1.2007). Existe, ainda, a portaria n. 516 do GM MPS, de 7.5.2003 que "dispõe sobre contribuição previdenciária por meio de execução judicial (Justiça do Trabalho).

O *caput* do art. 10 dessa portaria dispõe;

"Art. 10 – A existência de débito, implicará após o procedimento liquidatórios a inibição de fornecimento de certidão negativa ou positiva com efeito de negativa de débito (arts. 205 a 208 do Código Tributário Nacional, art. 47 da Lei n. 8212 de 24.7.1991 conforme as seguintes hipóteses:

I – Em regra geral a partir da data do vencimento assinada na respectiva GPS;

II – Em caso de acordo trabalhista para pagamento em parcela § 5º do art. 13 a partir das datas judicialmente aprazadas

Parágrafo único – Não haverá inibição se existir penhora suficiente, bem como assim se a exigibilidade do crédito estiver suspensa."

Agora, tratando-se da Contribuição Previdenciária incidindo nas ações coletivas, será uma questão curiosa já que depende de ação de cumprimento, conforme se lê no art. 872, parágrafo único da CLT.

Nada obstante diante dos termos do parágrafo único do art. 831 da CLT e do art. 449 do CPC, "o têrmo de acordo homologado tem valor de sentença", e assim nada resta senão aceitar as disposições legais analisadas, até porque a Suprema Corte Trabalhista pela Súmula n. 259 esclarece que "O Termo de Conciliação só é impugnado por Ação Rescisória".

Demais, o art. 85 da Consolidação dos Provimentos da Corregedoria Geral dispõe, *in verbis*:

"Homologado o acordo ou cálculo de liquidação, o juiz determinará a intimação do executado para comprovar nos autos, haver feito o recolhimento dos valores devidos pelo empregado à Previdência Social."

Em continuidade, ainda temos que mencionar o disposto no art. 276, da Lei n. 9.983 de 14.7.2000 que dispõe:

"Art. 276 – Nas ações trabalhistas de que resultar o pagamento de direito sujeitos à incidência da Contribuição Previdenciária, o recolhimento das importâncias devidas à Seguridade Social será feita no dia 2 (dois) do mês seguinte ao da liquidação da sentença.

§ 1º No caso de pagamento parcelado, as contribuições devidas à Seguridade Social serão recolhidas na mesma data e proporcionalmente ao valor de cada parcela.

§ 2º Nos acordos homologados em que não figurarem discriminadamente as parcelas legais de incidência de Contribuição Previdenciária, essa incidirá sobre o valor total do acordo homologado."

Este artigo possui sete parágrafos que se referem ao assunto ou seja, sobre o recolhimento das Contribuições Previdenciárias nas verbas trabalhistas. Coloquei apenas os dois que interessam à tese ora defendida nesse tópico. Portanto, seria conveniente que o leitor consultasse os demais, que poderão inclusive já ter sofrido alguma alteração.

Faço a distinção entre sentença condenatória e decisão de homologação de acordo, mas me sinto na obrigação de transcrever aqui a Súmula n. 259 do TST, *in verbis*:

"Termo de conciliação. Ação rescisória. Só por ação rescisória é impugnável o têrmo de conciliação previsto no parágrafo único do art. 831 da CLT."

Aqui, remeto o leitor ao julgado do STF, parte final do item VIII deste trabalho.

XX

Competência. Outros Aspectos. Relações, Acidentárias e Administrativas. Regime Jurídico. A Emenda Constitucional n. 45, de 8 de Dezembro de 2004

Hoje, a Justiça do Trabalho julga também as execuções de títulos extrajudiciais e a relação jurídica de trabalho, e não só de emprego. A relação jurídica de trabalho é mais ampla e envolve a relação de emprego. Esta é espécie da outra que é gênero. Tudo isso em função dos incisos I e IX do art. 114 da CF. É que a relação de emprego já fora introduzida pelo Decreto-lei n. 5.452 de 1º.5.1943. Aqui encontra-se a grande massa de trabalhadores do parque econômico da nação. Para caracterizá-la, bastam as definições das figuras do empregador e do empregado, contidas respectivamente nos arts. 2º e 3º da Consolidação das Leis do Trabalho. Então com os incisos acrescentados ao art. 114 da CF, a Lei Maior quis ampliar mais a competência da Justiça do Trabalho com matérias cuja competência não fora de todo expungida de outras esferas do direito. Agora a Justiça do Trabalho examina também outras controvérsias que independem da figura da relação empregatícia, nem precisa que haja a exploração econômica. Há que se aguardar, como nossos tribunais irão delimitar o alcance da expansão da competência material da Justiça do Trabalho, mas, posso adiantar que na teoria, aqueles trabalhadores, ainda que eventuais, poderão recorrer à Justiça do trabalho, quando da ocorrência de algum dano material ou moral sofridos, no exercício do trabalho executado, mesmo no caso da terceirização como hoje já acontece nas atividades meio. Outros trabalhadores que ficavam fora da cobertura trabalhista, como aqueles que prestam serviço em igrejas e templos e agora estão garantidos e poderão apresentar reclamações na Justiça do Trabalho, quando for o caso. A competência, como se vê, é abstrata na sua configuração e por isso agora evidentemente não poderá rejeitar direitos oriundos de uma relação de trabalho. Então no inciso IX do art. 114 da CF, temos inscrita a relação de "outras controvérsias decorrentes da relação de trabalho na forma da Lei". Aqui temos, dentre outros, o trabalho rural regido pela Lei n. 6.376/76, o trabalho temporário regido pela Lei n. 6.019/74, o trabalho autônomo pela Lei n. 7.290, o trabalho e atividades petrolíferas pela Lei n. 5.811/72, o trabalho avulso, pela Lei n. 8.630/93, dentre outros existentes, ou que possam vir a ser regulados por Lei.

Assim, descritas outras relações de trabalho, entendo "*data maxima venia*", que a competência material está definida e completa, e não se limita apenas às relações de emprego, inclusive no tocante a greve regulada pela Lei n. 7.783/89, bem como multas trabalhistas, cuja competência vai além daquela.

Assim a competência material da Justiça do Trabalho avançou para alcançar outras relações jurídicas materiais ainda que sejam apenas quanto a algum aspecto delas. Para isso, houve necessidade da Emenda Constitucional n. 45, de 8.12.2004. Por essa emenda foram acrescentadas, ainda que parcialmente, outras competências materiais contidas nos incisos II, III, IV, VI, VII e VIII. Sobre o n. VIII, já nos alongamos alhures. Então, agora, vamos enfrentar as outras competências alinhadas no art. 114 da CF. Isto não quer dizer que ignoramos "a liminar com efeito *ex-tunc*, concedida na Ação Direta de Inconstitucionalidade n. 3.395-6 de 27.1.2005, que em síntese suspendeu *ad referendum*, toda e qualquer interpretação que se dê ao inciso I do art. 114 da CF, introduzida pela Emenda Constitucional n. 45/04", quanto aos servidores públicos que detêm relação jurídica — administrativa com o Estado, até porque para eles existe regime jurídico próprio estabelecido em lei, o "Estatuto dos Funcionários Públicos". Os servidores públicos civis da União, das Autarquias e das Fundações Federais, que são regidos pela Lei n. 8.112, de 11.12.1990. Mas voltando ao tema sobre as questões apreciadas, até pelo STF, observem que não estamos comentando as situações de funcionários com relação jurídico-administrativa com o Estado. Porém, o Estado, na administração direta e indireta, poderá ter também empregados admitidos pelo regime da CLT, ou trabalhadores com outras formas de relação de trabalho que não seja aquele de funcionário admitido por concurso público, com quadro de carreira. Esses terão seus processos analisados e julgados pela Justiça Comum, como já acontecia antes da Emenda Constitucional n. 45 de 8.12.2004. A situação jurídica deles permanece então a mesma. Serão processados e julgados na Justiça Estadual no foro do domicílio dos segurados ou dos beneficiários as causas em que forem partes Instituição de Previdência Social e Segurado, sempre que a comarca não seja sede de Vara do Juízo Federal, e se verificada essa condição, a Lei não poderá permitir que outras causas sejam também processadas e julgadas pela Justiça Estadual. (§ 3º, do art. 109, da CF)

E o § 2º do art. 643 da CLT em vigor dispõe:

"As questões referentes a acidente do trabalho continuam sujeitas à justiça ordinária na forma do Decreto-lei n. 24.637 de 10.7.1934, e legislação vigente." (grifo nosso)

Porém, agora teremos que lidar com a Súmula Vinculante n. 22 do STF e as Súmulas dessa Egrégia Corte n. 229 e, especialmente, a de n. 235. Existe então aparente discordância da Súmula Vinculante com dispositivo de lei e as duas súmulas da mesma Corte, ambas em sentido contrário. Me parece que, então, no caso, a competência ainda irá render no particular maiores discussões, eis que a competência quanto à matéria e à pessoa são absolutas, como se sabe.

Contudo, cabe aqui realçar uma situação jurídica que se me apresenta como um norte a ser observado, com as devidas cautelas, especialmente após a promulgação da Emenda Constitucional n. 45, de 8 de dezembro de 2004. É que, em princípio, quanto aos servidores públicos estatutário, terão por foro a Justiça Comum, enquanto que os servidores públicos celetistas, a Justiça do Trabalho.

XXI

A Questão Acidentária – Indenizações. A Taxa SELIC. O IPC^E. A TR. A Lei n. 9.494

É importante enfatizar a divergência aparente entre as indenizações acidentárias se fossemos examinar as Ementas do Supremo Tribunal Federal. O leitor, contudo, a princípio, deverá ler com atenção a Súmula Vinculante n. 22. Por ela, aparentemente a indenização por acidente, teria que ficar a cargo do empregador. Contudo, existe divergência meramente aparente, segundo entendo, porque essa indenização, que se processa perante a Justiça do Trabalho é aquela indenização que resulta de um acidente do trabalho, em que o empregador teria por ação ou omissão, agido com culpa grave ou dolo. Entendo que, nessa hipótese nem sempre essa indenização seria possível caso o comportamento do empregador não se enquadre na culpa grave ou dolo. A outra indenização é aquela que sempre existiu e que é de responsabilidade do INSS cuja ação judicial, quando for o caso, se processa em conformidade com o § 2º do art. 643 da CLT, agora perante a Justiça do Trabalho.

E, para melhor compreensão, sentimo-nos confortáveis ao transcrever as Súmulas do STF:

Súmula Vinculante n. 22 – A Justiça do Trabalho é competente para processar e julgar as ações de indenização por danos morais e materiais decorrentes de acidente do trabalho propostas por empregado contra empregador, inclusive aquelas que ainda não possuíam sentença de mérito em 1º grau quando da promulgação da Emenda Constitucional n. 45/2004 (D.J.E – 11.12.2009).

Súmula n. 229 – Acidente. Indenização – A indenização acidentária não exclui a do direito comum, em caso de dolo ou culpa grave do empregador.

Súmula n. 235 – Acidente – Competência – Autarquia Seguradora – É competente para ação de acidente do trabalho a justiça civil comum, inclusive em 2ª instância, ainda que seja parte Autarquia Seguradora.

Súmula n. 236 – Acidentes – Custas – Autarquia Seguradora – Em ação de acidente de trabalho a autarquia seguradora, não tem isenção de custas.

Quanto à Súmula n. 232 do STF, ilustra bem as espécies decorrentes dessas questões quanto aos direitos dos empregados.

Súmula n. 232 – Em caso de acidente do trabalho são devidas diárias até 12 meses as quais não se confundem com a indenização acidentária nem com o auxílio enfermidade.

E, nesse capítulo, bem como nos demais em que a União Federal, Estados, Municípios, Distrito Federal, Autarquias ou Fundações que não explorem atividades econômicas, há que se ter em conta sempre as normas processuais trabalhistas contidas no Decreto-lei n. 779 de 21.8.1969. Nele estão contidos benefícios processuais que não podem ser inobservados, quando essas entidades estiverem no polo passivo da ação. É o que se dessume do art. 1º do mencionado Decreto-lei. Porém, em princípio, segundo entendo, nos executivos, para cobrança judicial de dívida da Fazenda Pública há que se aplicar as disposições legais contidos na Lei n. 6.830, de 22.9.1980, até porque, em sendo lei, é hierarquicamente superior e posterior ao Decreto-lei n. 779 de 21.8.1969. Portanto, não há como se alterar a lei por esse Decreto-lei.

Recentemente, no recuso extraordinário n. 870.947, em julgamento do dia 1º de dezembro de 2015, o Supremo tribunal Federal decidiu que o INSS deverá pagar ao trabalhador acidentado verba a ser atualizada pelo IPC^E, que mede a inflação com maior fidelidade. Nesse julgamento, ficou ainda assentado pela DD Corte que a TR não refletia, com fidelidade, a verdadeira inflação, com perda ao beneficiário que fica ao redor de 35%. Assim, tanto credor público como privado deverão ter tratamento igualitário em obediência ao princípio isonômico, que decorre da leitura do art. 406 do Código Civil Brasileiro. Ficou, então, sinalizado, na ocasião, que a TR não captura, com exatidão, a variação da economia nacional, ficando-se assim com o IPCA calculado pelo IBGE. E com esse julgamento restou realçada a inconstitucionalidade do art. 1º-F da Lei n. 9.494, de 10 de setembro de 1997, porque a TR não é índice de correção monetária. Essa é, consoante entendo, a filosofia financeira do STF no tocante aos créditos tributários como não tributários. Esse entendimento se deu por arrastamento de inconstitucionalidade do § 12 do art. 100 da Constituição Federal. Assim, como se vê, os indexadores não podem ser diferentes, em quaisquer cálculos de quaisquer credores. Ficou admitido também que, se não houver a reposição completa, ocorrerá a redução do patrimônio do credor, e isso não configura situação agasalhada por lei. Portanto, o crédito por alimentos é igual ao tributário, quanto ao tratamento legal, pena de incidência do princípio do enriquecimento sem causa, também vedado por lei, consoante os arts. 884/886, do Código Civil. Foi dentro desta filosofia financeira que o poder público encampou a Taxa Selic para cobrança e restituição de créditos tributários, consoante a Lei n. 9.250, de 26 de dezembro de 1995.

Por fim, de certa forma, a questão ora analisada se aglutina aquela do item XXIV.

XXII

A Greve e o Inciso II do Art. 114 da Constituição Federal

Nesse trabalho, temos examinado outras competências materiais quando resultantes da relação de trabalho. No caso do inciso II do art. 114 da Carta Magna que dispõe sobre as ações que envolvem o exercício do direito de greve. Evidentemente que havendo lei sobre o exercício da greve, Lei n. 7.783 de 2.8.1989, parecia ocioso esse inciso já que se encaixaria no inciso IX do mesmo artigo constitucional; porém, temos a Súmula n. 83/STJ, na qual a matéria é a seguinte:

> "O caso em análise é de ação de interdito proibitório, intentada por um banco, porque poderá ter a posse de suas agencias turbadas por um movimento grevista. Matéria eminentemente de cunho civil." (Agravo regimental A-G 801.134/DF– relator Sidney Benetti – 3ª turma – julgado em 25.11.2008, DJE – 19.12.2008)

Há outro interdito proibitório, num conflito de competência entre a Justiça do Trabalho e a Justiça comum, sendo relatora a E. Ministra Carmem Lúcia perante o STF, em que a natureza da demanda determinou a competência em razão da matéria, ou seja, segundo o pedido e a causa de pedir. Esse conflito foi julgado pelo Tribunal Pleno em 10.9.2008, com repercussão geral – mérito JCO 43 – Divulgado 5.3.2009 – Publicado 6.3.2009 – volume 02351 – 0 SPP – 01534. Entretanto, em boa hora, o E.STF, baixou a Súmula Vinculante n. 23, que dispõe, *in verbis*:

> "Súmula n. 23 – A Justiça do Trabalho é competente para processar e julgar ação possessória ajuizada em decorrência do exercício do direito de greve pelos trabalhadores da iniciativa privada." (DJ. 11.12.2009)

Na verdade, a greve envolve muitos indivíduos e por vezes estabelecimentos, e poderá eventualmente acabar por incidir em outras infrações, que não necessariamente penais, mas que atentem contra outras relações jurídicas, que só o tempo e as circunstâncias poderão revelar, mas, que por resultarem dessa paralização deverão ser resolvidas perante o foro trabalhista com fulcro no inciso II do art. 114 do Constituição Federal. Os militares e os vigilantes, por portarem armas de fogo, estão excluídos do direito de greve (art. 142, § 3º, inciso IV da CF), consoante ficou decidido no RE n. 654.432, julgado em 5 de abril de 2017 pelo STF.

XXIII

O Inciso III do Art. 114 da Constituição Federal. A Contribuição Sindical

Já disse, em algum momento, que a ação executiva já constava da CLT, como se verifica no art. 606 da CLT, mas, o § 2º à época excluía seu conhecimento pela Justiça do Trabalho. Hoje, porém, entendo que como a contribuição sindical decorre da relação de trabalho, então a ação executiva deverá ser processada e julgada pela Justiça Especializada com os privilégios da Fazenda Pública, para cobrança de dívida púbica. Então, a ação executiva, nesse caso, deverá observar as formalidades contidas na Lei n. 6.830 de 22.9.1980. Retiro essa ilação da leitura do § 2º, do art. 606 da CLT, que proclama:

"Art. 606 (...)

§ 2º Para os fins da cobrança judicial da contribuição sindical são extensivos às entidades sindicais, com exceção do foro especial, os privilégios da Fazenda Pública, para cobrança da dívida ativa." (grifo nosso)

Outrossim, as ações onde se discutiam a representação sindical, eram processadas na Justiça Comum. A disputa sindical é constante e agora mais apropriadamente será dirimida pela Justiça do Trabalho. E, aproveitando o empuxo, quanto à contribuição sindical, a competência também se dará perante a Justiça Especializada, porque sempre envolverá as relações de trabalho ou de emprego, por óbvio.

XXIV

O Inciso VI do Art. 114 do Constituição Federal. Os Danos Moral e Patrimonial Decorrentes da Relação de Trabalho

Aqui já deixo claro que vamos tratar da execução de sentença decorrente de ação movida contra o empregador por culpa grave ou dolo, independentemente da ação acidentária contra o INSS.

Esses não apresentam qualquer dificuldade de interpretação por cuidarem de matéria velha, amplamente discutida por nossos Tribunais Trabalhistas.

O dano moral já foi visitado em várias reclamações trabalhistas. Não é assunto que mereça maiores comentários. É o dano moral ocorrido contra o empregado no exercício do trabalho ou em locomoção para o trabalho. Não há necessidade de que ocorra no estabelecimento da empresa, basta que seja em decorrência do exercício de sua função na relação de trabalho ou "*in itinere*". O dano moral também poderá ser coletivo na hipótese do inciso V do art. 1º da Lei n. 7.347, de 24.7.1985.

A maior dificuldade interpretativa encontraremos no alcance do dano moral no exercício da função. É que o dano patrimonial, como define Pedro Nunes, in "*Dicionário de Tecnologia Jurídica*", afeta fisicamente a pessoa ou seus bens corpóreos ou interesses econômicos, e será de fácil quantificação e identificação.

Na verdade, o dano material, na Justiça do Trabalho, já era reconhecido nas hipóteses de o empregado agir com dolo ou culpa, quando essa última estivesse prevista no contrato de trabalho, consoante se lê no art. 462 e seu § 1º, da CLT, e também o dano moral praticado pelo empregado contra seu empregador, segundo alínea "k", do art. 482 da CLT, motivo para rescisão do contrato de trabalho por justa causa. Estas, na Consolidação das Leis do Trabalho, seriam as hipóteses em que o empregado responderia pelos danos materiais e morais causados ao seu empregador. O desgaste emocional causado por dolo ou culpa nas considerações expostas ou com o correspondente despedimento por justa causa. E, neste ponto, nada mudou, até porque o limite de desconto em razão de rescisão contratual se encontra no § 5º, do art. 477 da CLT, que proclama:

> "§ 5º: qualquer compensação no pagamento de que trata o parágrafo anterior, não poderá exceder o equivalente a um mês de remuneração do empregado."

Então, se conclui que as indenizações por danos moral ou patrimonial, previstos no inciso VI do art. 114 da CF, poderão ser cobrados do empregador pelo empregado e vice-versa. É que, como disse, as ações fundadas no inciso VI, do art. 114 da Constituição

Federal, indenização por dano moral ou material, possuem mão-dupla porque o legislador constituinte, na Emenda Constitucional n. 45, de 8 de dezembro de 2004, publicada no DO de 31 de dezembro de 2004, se refere a conflitos decorrentes das relações de trabalho, e o empregador, especialmente aquele proprietário de uma pequena empresa, assim como o empregador doméstico, podem sim sofrer dano moral ou físico partido de seu empregado. Demais, nem sempre o empregado é hipossuficiente, como o empregador pode, de seu lado, não ser hiperssuficiente. Ademais, essas qualificações não são dirimentes nem atenuantes do fato ilegal praticado, que poderá também constituir delito previsto no Código Penal. E aqui, não poderíamos esquecer especialmente os danos resultantes na responsabilidade objetiva do empregador na relação de trabalho, mas sempre com vistas à culpa grave ou dolo, como, por exemplo, o descumprimento de uma regra importante, de uma lei administrativa de proteção ao trabalho, e da qual resulte grave prejuízo ao empregado no tocante a seu patrimônio que, sob a ótica de Pedro Nunes, "afeta a pessoa ou seus bens corpóreos, ou interesses econômicos" e, "o moral que atinge um bem jurídico de ordem moral ou subjetiva, como a honra, a dignidade, a liberdade pessoal, a consideração pessoal, a boa fama, a reputação, o crédito, e etc". Doutro lado, a figura retratada no § 1º do art. 462, da CLT, é diversa da descrita no § 5º, do art. 477 da CLT. São duas situações diferentes, sendo que o inciso IX do art. 114 da Constituição Federal não alterou estes benefícios ao empregado, entendendo-se que o empregador continua necessitando dessa autorização escrita do empregado por ocasião de sua contratação. A indenização aqui é outra, não se confundindo inclusive com aquela devida pela Previdência Social.

Então, caso exceda a hipótese do § 1º, do art. 462 da CLT, a indenização terá relação íntima às disposições contidas no inciso X, do art. 5º da Constituição Federal. Nesse passo, acredito que se ampliou subjetiva e objetivamente a responsabilidade dos autores da relação de trabalho, no tocante às disposições nos arts. 462, alínea "k", e 483, e alíneas da CLT. Assim, acredito que se não estiverem plenamente ressarcidos os danos moral e material ao empregado pelas indenizações do art. 483 da CLT, por certo entraremos na figura descrita no inciso VI do art. 114 da Constituição Federal, especialmente quanto ao dano moral cuja aferição irá depender muito da avaliação quanto as qualidades da vítima no meio social, no tocante à educação, cultura e outros predicados inerentes a sua pessoa, que o distingue moral e materialmente em relação aos demais empregados. Essas qualidades serão avaliadas pelo juiz no momento de fixar a indenização pelo dano moral ou material à vítima. É que o dano moral e mesmo material varia de pessoa a pessoa, tendo-se em conta a profissão exercida e o meio social que frequente. Porém, devo dizer que o dano material será de mais fácil avaliação, consoante entendo, até porque se levará em conta uma tabela ou a experiência do juiz que poderá se louvar em laudo pericial, mas sempre considerando aqueles predicados assentados. Ambos, material ou moral, fazem parte integrante do patrimônio do indivíduo.

Doutro lado, o empregado poderá ser vitimado pelos dois danos decorrentes de único fato.

A cobrança do dano material ou moral deverá guardar certa imediatidade com o ato do qual provem, pena de poder se configurar o perdão tácito com o passar do tempo.

Observe o leitor que, como disse, apenas nas hipóteses das alíneas "d" e "g" do art. 483 da CLT, o empregado poderia rescindir o contrato de trabalho. Mas agora com a disposição do art. 114, VI da Carta Magna, esses danos poderão ser cobrados com o contrato de trabalho em vigor, quando não houver uma indisposição intransponível entre as partes contratantes. Tudo isso deverá ser avaliado pelo juiz ao decidir a ação.

Prosseguindo, vamos agora atentar para duas relações jurídicas estranhas a relação de trabalho por ter competência material própria e que, "*data maxima venia*", não foram alteradas pela Emenda Constitucional n. 45/04. Exato. Se a Justiça do Trabalho precisou do acréscimo previsto expressamente no inciso VIII do art. 114 da CF e também do inciso VI, o primeiro para as contribuições previdenciárias, e o segundo para os interditos proibitórios ou talvez outras questões decorrentes da greve, para que pudessem passar à competência da Justiça do Trabalho, não há como incluir na competência especializada, como é óbvio, relações jurídicas penais e acidentárias, que exigem juízo próprio para suas apreciações. Já expliquei que a interpretação quanto a essas extensões deve ser restritiva, ressaltando-se, naturalmente, a competência quanto a outras relações de trabalho contidas no inciso IX. Portanto, não há como aceitar alteração na competência absoluta quando há dúvida. A propósito, a Súmula n. 366 do STJ por razões semelhantes no tocante à acidente do trabalho em que herdeiras postularam indenização pela morte de empregado, já foi cancelada por essa razão. Esse também é meu entendimento, no particular.

A alteração da competência material, ainda que em parte, deve ser clara como sói acontecer nos incisos I, II e VIII, do art. 114 da Constituição Federal. Aliás, como se poderá em sã consciência admitir a ação de acidente do trabalho, em quaisquer dos incisos do art. 114 da Constituição Federal, até porque não se sabe ao certo "*data venia*" se seria no VI ou no IX. A pergunta remanesce até agora e ficará sem resposta confiável. Na dúvida, dever-se-á, no momento próprio, arguir o conflito de jurisdição positivo ou negativo. Então, para questão atinente a acidente do trabalho e doença profissional remanesce a competência da justiça comum. Um ato lesivo penal, também não há como ser encaminhado à Justiça do Trabalho mesmo que se trate de infração penal especialmente se dolosa. A competência será do juízo criminal, mas restam outras consequências materiais ou morais que poderão também constituir outra relação jurídica da qual poderá defluir essa responsabilidade civil ou trabalhista. É por isso que a esfera de cobrança do prejuízo material causado ao empregado, quanto à segunda indenização, será buscada na relação de trabalho. Aqui o dano material, antes se referia a uma indenização civil e que era reclamada na Justiça comum. Todavia agora cabe aqui a transcrição da Súmula n. 392 do E. TST, *in verbis*:

> "392 – Dano moral e material. Relação de trabalho. Competência da Justiça do Trabalho (nova RS n. 193/13 DJT divulgado em 13, 16, e 17.12.2013). Nos termos do art. 114, inciso VI da CF, a Justiça do Trabalho é competente para processar e julgar as ações de indenização por dano moral e material, decorrente da relação de trabalho, inclusive as oriundas de acidente do trabalho e doença a ele equiparados."

Na verdade, a relação acidentária é a que acontece com maior frequência dentro da relação de trabalho entre as partes. Nesse passo, ora existe a Súmula Vinculante n. 22 do STF, *in verbis*:

> "A Justiça do Trabalho é competente para processar e julgar as ações de indenização por danos morais e patrimoniais decorrentes de acidente de trabalho, proposta por empregado contra empregador, inclusive aquele que ainda não possua sentença de mérito em 1º grau quando da promulgação da Emenda Constitucional n. 45/04."

Aqui, no tocante às indenizações tanto da Súmula Vinculante n. 22 do STF quanto a Súmula n. 392 do TST, poder-se-á apurar a responsabilidade numa reclamação trabalhista individual, ou plúrima consoante a amplitude do fato gerador do infausto, se envolve, ou não, mais de um empregado e em que proporção foi o gravame, para envolver o empregador em responsabilidade além da afeta ao INSS.

Nesse caso, é possível que admitamos que a Súmula n. 335 do STF, tenha perdido, pelo menos em parte, seu alcance, pois ela dispõe, *in verbis*:

> "É competente para ação de acidente de trabalho, a Justiça comum, inclusive em 2º instância ainda que seja parte autarquia seguradora."

Mas, a segunda indenização, conforme vimos afirmando necessitará da prova de culpa grave ou dolo do empregador na configuração do evento quanto ao acidente do trabalho. A responsabilidade objetiva aqui alcança a situação, da indenização expressa na Súmula n. 229 do STF

Questão curiosa seria a da diarista doméstica, com relação à competência no conflito de jurisdição. Como a relação é de trabalho e não mais de emprego, tão somente entendo que caberá a Justiça do Trabalho apreciar o dissídio individual. É que, na hipótese, há de se observar o disposto no art. 7º, do inciso XXXIV, da Constituição Federal, que proclama o direito de petição. Por óbvio, se o empregado doméstico tem como competência jurisdicional a Justiça do Trabalho, seria pelo menos estranho que a diarista tivesse outro tratamento, já que a CF e a própria lei estão mais abrangentes com a relação de trabalho, e não mais só de emprego.

O rito seria o sumaríssimo descrito no art. 852-A da CLT, na maioria das vezes, dependendo evidentemente do valor da causa.

Questão interessante que não poderia deixar de mencionar nesse trabalho seria quanto à competência em razão do lugar, que todos sabemos é relativa. Porém, quando o valor da causa indica o juiz funcionalmente competente para apreciar a ação, então a competência poderá se transformar em absoluta. É o que ocorre com o juizado de pequenas causas, civis e criminais na Justiça Comum. Isto poderá ocorrer com a aplicação do rito sumaríssimo, e nas pequenas causas, na Justiça do Trabalho, no tocante ao art. 852-A e seguintes da CLT. Já as pequenas causas civis e criminais, estão reguladas na Lei n. 9.099 de 26.9.1995. Porém na Justiça do Trabalho, a incompetência de foro não admite prorrogação como se verifica da leitura do art. 795.

Ainda, a prescrição prevista no art. 1º-C, da Lei n. 9.494, de 10 de setembro de 1997, não se aplica aos danos na Justiça do trabalho, mesmo que se trate de Fazenda Pública, porque a prescrição trabalhista está regulada no inciso XXIX, do art. 7º da Constituição Federal.

O Código Civil nos arts. 927 e seguintes ilustra bem o conceito de dano na esfera cível.

Por fim, tudo que se disse quanto ao empregador não exclui, por óbvio, a concorrente responsabilidade do ente previdenciário, pois as inclusões constitucionais vieram aumentar, e não reduzir direitos recorrentes da relação de trabalho.

No Tema Dano Moral ou Extrapatrimonial.

O legislador pátrio, pela Lei n. 13.467, de julho de 2017, por meio dos arts. 223-A e seguintes, estabeleceu uma tabela que facilitará o cálculo do dano extrapatrimonial causado ao empregado no curso do trabalho ou ao transitar rumo ao mesmo, consoante entendo.

XXV

As Ações Relativas às Penalidades Administrativas Impostas aos Empregadores. O inciso VII do Art. 114 da Constituição Federal. A Lei n. 6.830/80. As Relações Jurídicas Acidentárias e as Relações Jurídicas Administrativas

Os órgãos da fiscalização do trabalho poderão impor penalidades aos empregadores em razão de infrações cometidas. Essa cobrança relativa às penalidades administrativas impostas aos empregadores se dará através de ação executiva caso as penalidades, se não quitadas, se converterão em títulos executivos extrajudiciais da Dívida Ativa da União (art. 641 da CLT). Nesse ponto, observe o leitor com que clareza o constituinte derivado demostrou as competências material e funcional para cobrança dessa dívida pelo art. 642 da CLT. Veja se aqui restou alguma leve dúvida que fosse quanto a essa competência que, "*in casu*", passou a ser examinada pelo foro trabalhista. A competência material ou funcional deve ser sempre examinada com muito cuidado para se evitar um conflito de jurisdição ou que a ação termine por tramitar em juízo incompetente. Não se trata de querer reduzir a competência, mas não permitir que a ação tramite em lugar improprio para resolvê-la. No particular, a Emenda Constitucional n. 45, de 08 de dezembro de 2004, no art. 3º, criou o "Fundo de Garantia das Execuções Trabalhistas, integrado pelas multas recorrentes de condenações trabalhistas e administrativas, da fiscalização do trabalho, além de outras receitas".

Assim, se fará a cobrança com fulcro na Lei n. 6.830 de 22.9.1980, conforme está prescrito em seu art. 1º, sendo que do termo de Dívida Ativa, constarão os elementos exigidos no § 5º do art. 2º desta lei.

Existe antes o procedimento administrativo, cuja aplicação e a aferição de multas trabalhistas encontram-se nos arts. 626/634 da CLT. Assim, o empregador autuado poderá, querendo antes, apresentar defesa no processo administrativo em 10 dias contados do recebimento do auto de infração, consoante se lê no § 3º do art. 629 da CLT. Se indeferido o recurso administrativo, a dívida então será inscrita em livro próprio com a expedição da certidão da Dívida Ativa, e demais elementos da petição inicial, contidos no art. 6º da Lei n. 6.830/80. Então, será instaurada a ação executiva contra a devedora por dívida líquida e certa da União, pois o título da Dívida Ativa está configurado no âmbito daqueles com liquidez e certeza, como decidiu o Supremo Tribunal Federal na ADI n. 5.135, podendo inclusive ser protestado. Na oportunidade, o STF concluiu que o protesto não é via obliqua, mas direta de cobrança extrajudicial do título da dívida ativa do ente público. Observe-se, por importante, que o ilícito é administrativo, a não ser que o infrator tenha ainda responsabilidade penal consoante se verificar da leitura do art. 634, parágrafo único da CLT. O § 5º do art. 2º descreve o que deverá constar do termo de inscrição da Dívida Ativa da União.

E, não há como se confundir a multa administrativa pela infração de leis que protegem o trabalho com as multas processuais. As primeiras serão cobradas em ações executivas fundadas na Lei n. 6.830/80, enquanto as processuais por infração na conduta pela parte recalcitrante, que reverterá em favor da parte contrária através da própria ação em que a infração ocorreu. A título de exemplo, temos as multas processuais do art. 538 (art. 1.026, §§ 2º e 3º) parágrafo único e 601 (art. 774 parágrafo único), do CPC.

Agora, por importante, abaixo transcrevo o art. 1º da Lei n. 6.830/80, *in verbis*:

"Artigo 1º A execução judicial para cobrança da Dívida Ativa da União, dos Estados, do Distrito Federal, dos Municípios e respectivas Autarquias será regida por essa lei, e subsidiariamente pelo CPC."

Então, não há como fugir a esta regra processual. Na verdade, a CLT sequer servirá subsidiariamente. E se não observado esse rito, a nulidade do processo advirá com certeza.

Por importante, observe que a execução trabalhista poderá se servir subsidiariamente do executivo fiscal; porém, o inverso não se dará pela inexistência de lei expressa. Veja-se a propósito o disposto no art. 889 da CLT, *in verbis*.

"Art. 889 – Aos tramites e incidentes do processo de execução são aplicáveis naquilo em que não contravierem ao presente Título, os preceitos que regem o processo dos executivos fiscais para cobrança da Dívida Ativa da Fazenda Pública Federal."

Mas, agora, mesmo que superficialmente, iremos nos deter sobre a Lei n. 6.830 de 22.9.1980.

As ações executivas por violação das regras trabalhistas e quanto à execução do trabalho serão dirimidas pela Justiça do Trabalho. Elas decorrem de uma multa como já dissemos, e sua cobrança se dará através da ação executiva de Dívida Ativa movida pela União contra o empregador infrator. E nesta ação executiva há certas conotações que deverão ser ressaltadas.

O título líquido e certo será o título de Dívida Ativa da União, regularmente inscrito em livro próprio. Então, temos a União como exequente e como executado os entes descritos no art. 4º desta lei. A exordial é simples, ou seja, com os elementos contidos no art. 6º. A penhora observará o disposto no art. 11, e poderá ser substituída a qualquer tempo por dinheiro ou outros bens na forma do art. 15, tanto o executado como a Fazenda Pública. Ciente da penhora o executado terá 30 dias para oferecer embargos à execução contados a partir do depósito, da fiança bancária ou da intimação do devedor consoante consta do art. 16. No § 2º desse artigo, há elucidação quanto a matéria nele deduzida bem como o protesto por produção de provas, inclusive com oitiva de testemunhas em audiência. O § 3º do artigo deve ser transcrito pela sua importância, *in verbis*:

"Não será admitida reconvenção, nem compensação e as exceções, salvo a de suspeição, incompetência e impedimento, serão arguidas como matéria preliminar e serão processadas e julgadas com os embargos."

Esse parágrafo deverá permanecer na execução trabalhista como disposição subsidiária.

No art. 17, vemos que a Fazenda terá prazo de 30 dias para impugnar os embargos à execução a contar da intimação. O parágrafo único do artigo em comento é similar ao § 2º do art. 884 da CLT. É de rápida leitura e aplicabilidade. Caso não sejam oferecidos os embargos segundo art. 18, a Fazenda manifestar-se-á sobre a garantia da execução, ou seja, quanto à penhora ou depósito em garantia à execução. Se rejeitados ou não, embargada a execução, o executado será intimado da dívida, e seus consectários segundo o art. 19. Pelo que nos parece, a remissão deverá ser pelo total de dívida, como o é na Justiça do Trabalho consoante o art. 13 da Lei n. 5.584/70. Porém, na hipótese, se trata de remição do bem e não da remissão que leva ao pagamento da dívida. Sobre o art. 20 e seu parágrafo único, já nos manifestamos, e não nos oferecem assim maiores delongas. O art. 21 cuida da hipótese da alienação antecipada do bem penhorado. Seu trâmite está no corpo do artigo. O art. 22 cuida do leilão e da arrematação e sua formalidade. Na execução fiscal só existe o leilão com suas consequências para pagar o devido, consoante se lê no artigo em comento.

Por fim, entendo que as outras modalidades de extinção dos débitos tributários, contidos no art. 156 do Código Tributário, também poderão ser alegados na defesa do executivo fiscal, quando for o caso.

O art. 23 trata das formalidades do leilão público. O art. 24 cuida da adjudicação pela Fazenda Pública quanto ao bem penhorado. Seu parágrafo único trata da hipótese de o bem penhorado ter valor maior que o da dívida, quando o exequente então nas hipóteses ali previstas depositará a favor do executado a diferença. O art. 25 e seus parágrafos tratam da intimação pessoal da União, formalidade indispensável, pena de nulidade. O art. 26 trata da extinção da execução se o título da dívida ativa for cancelado <u>antes da decisão de primeira Instância</u>. O art. 27 e seu parágrafo único cuidam ainda das intimações que poderão ser resumidas e englobadas, em face da reunião de autos permitida pelo art. 28. O art. 29 revela que o crédito da União possui um tratamento discriminatório e, portanto, "não está sujeito a concurso de credores ou habilitação em falência, concordata, liquidação, inventário ou arrolamento".

É preciso agora lembrar o contido no § 4º do art. 4º da Lei n. 6.830/80, que automaticamente nos remete ao art. 3º, que, por sua vez, nos encaminha aos arts. 186, e 188 a 192, do Código Tributário Nacional, regulamentado pela Lei n. 5.172 de 25.10.1966, quanto às preferências no credito tributário.

No art. 156 inciso V, o mencionado Código Tributário, trata de uma modalidade de extinção do credito fiscal, a prescrição e a decadência. Aqui me vejo inclinado a mencionar a Súmula Vinculante n. 8 do STF, *in verbis*:

"São inconstitucionais o parágrafo único do art. 5º do Decreto da Lei n. 1.569/77 e os arts. 45 e 46 da Lei n. 8.212/91, que tratam de prescrição e decadência de crédito tributário."

Os arts. 169 e 174 da Lei n. 5.172/66 – Código Tributário Nacional tratam da prescrição e extinção da ação de cobrança, bem como a interrupção da prescrição respectivamente. Essas questões estão ligadas ao § 2º do art. 8º da Lei n. 6830. São questões que deverão estar presentes na análise desses institutos: a Prescrição e a Decadência. A decadência, seus prazos e demais temas pertinentes à restituição estão regulados no art. 168 e seus incisos. O prazo é de 5 anos, tanto para prescrição quanto para decadência.

É interessante também neste trabalho mencionar que a Fazenda Pública terá também um prazo de 5 anos para incidir na prescrição e na decadência.

O concurso de preferência do parágrafo único revela a ordem das entidades públicas que deverá ser observada, e que em certas circunstâncias a divisão poderá ser "*pro rata*" entre as entidades públicas, quando todas não puderem ter seus créditos inteiramente satisfeitos pelos bens do executado. O art. 30 não prevalecerá no tocante ao bem de família excluído no art. 1º da Lei n. 8.009/90. O art. 30 é uma consequência do que se disse no art. 29. O art. 30 revela que os créditos da União são privilegiadíssimos e sobre eles não prevalecem sequer os bens gravados de ônus real ou cláusula de inalienabilidade ou impenhorabilidade, e "que ficam ressalvados unicamente os bens e rendas que a lei declarar absolutamente impenhoráveis". O art. 32 estabelece a ordem dos depósitos nas entidades financeiras e sua sujeição à correção monetária, sendo que o § 2º trata do levantamento pelo depositante ou pela Fazenda, segundo o que ficar resolvido na execução. O art. 33 determina à expedição de ofício a repartição competente da Fazenda para averbação no registro da Dívida Ativa, no tocante ao resultado da decisão transitada em julgado no aludido executivo fiscal. A decisão poderá sofrer embargos infringentes, por um recurso ao próprio juiz que decidiu os embargos à execução, acima desse valor o recurso será o de apelação segundo os arts. 34 e 35. Esse recurso será de decisões que não ultrapassem o valor de Cinquenta Obrigações do Tesouro Nacional (OTN). Caberá ainda em qualquer decisão os embargos declaratórios, caso a decisão padeça dos defeitos apontados no art. 535 (art. 1.022) do CPC subsidiário. Os embargos infringentes à decisão de primeira Instância, foram banidos na Justiça do Trabalho. Desse procedimento, lamenta-se muito. Para seu cabimento, deverá ainda ser observada a disposição do § 1º. Esses embargos poderão vir acompanhados de documentos. Entendo que os documentos deverão ser novos e que não puderam ser apresentados nos embargos à execução, por razão relevante consoante o princípio da eventualidade, pois aqui também os embargos à execução são uma ação desconstitutiva incidente. Se forem documentos velhos, não deverão ser considerados pelo juiz. O embargado terá 10 dias para contrarrazoar o recurso. O juiz os julgará no prazo de 20 dias, consoante § 2º do art. 34. Aos processos acima do valor contido no art. 34 e seu § 1º caberão apelação, como se disse, que poderá ser julgada apenas com visto do relator, segundo o disposto no art. 35. O art. 36 cuida das formalidades para o recolhimento da Dívida Ativa da União, inclusive quanto ao preenchimento de formulários de arrecadação. O art. 37 é uma repetição do parágrafo único do art. 688 (art. 888) do CPC e sobre ele já nos manifestamos alhures. O parágrafo único desse artigo ainda com rigidez, cuida do prazo para o oficial de justiça realizar as diligências que lhe forem ordenadas pelo juiz executor. O art. 38 informa o leitor onde poderão se discutir a Dívida Fiscal, ou seja, no executivo fiscal dessa lei "ressalvando-se as hipóteses de mandado de segurança, ação de repetição de indébito ou ação anulatória de ato declarativo da dívida, sendo que esta deverá ser precedida do depósito preparatório no valor do débito, monetariamente corrigido e acrescido de juros e multa de mora e demais encargos." O parágrafo único ainda exige a renúncia do recurso administrativo, bem como sua desistência acaso interposto. "Por importante, entendo que, nesse caso, haveria prorrogação de competência por conexão, para conhecer, processar e julgar essas ações por ter a Justiça do Trabalho conhecido e julgado o executivo fiscal, do qual elas decorrem. Wilson de Campos Batalha *in* "*Tratado de Direito Judiciário do Trabalho*", às folhas 290, citando Ugo Rocco, Liebman,

Pietro Castro e Michelli, explica que conexão objetiva imprópria, ocorre quando a decisão de várias causas depende da solução de idênticas questões de direito. Antes de conexão, conviria aqui aludir à simples relação de afinidades entre ações.

Pelo art. 39, há reafirmação que a União está isenta do pagamento das custas processuais, mas não do ressarcimento da parte contrária (parágrafo único do artigo em exame).

O art. 40 cuida da suspensão da ação executiva "enquanto o devedor não for encontrado ou bens penhoráveis". O processo suspenso ficará em cartório arquivado, autos que serão desarquivados tão logo haja razão material para desarquivá-lo. Decorrido o prazo prescricional, ouvida a parte contrária, o Juiz declarará a extinção do processo. Essa prescrição é intercorrente, nesse caso deverá ser autorizada por lei como ocorre na espécie. A prescrição em si da cobrança de crédito tributário é de 5 (cinco) anos contado da data da sua constituição definitiva, ou seja, depois de devidamente inscrita. Ela se interrompe pelas razões íncitas no parágrafo único do art. 174, do Código Tributário Nacional, Lei n. 5.172 de 25.10.1966.

A formalidade do § 4º do art. 4º da Lei n. 6.830/80, permite ao juiz dispensá-la na hipótese prescrita no § 5º, quando o valor for inferior ao mínimo fixado pelo Ministro da Fazenda.

O art. 41 e seu parágrafo único demonstram que o processo administrativo para inscrição da Dívida Ativa permanecerá a disposição do executado e do juiz que poderá deferir sua exibição.

O comentário à Lei n. 6.830/80 ora é feito por artigos apenas para alçar ou suprir o que já foi debatido e demonstrado no curso desse livro.

Cabe aqui ainda repetir a estatística publicada às fls. 5 da *Revista Nacional IV* de dezembro de 2014, "que revela a existência de 20,7 milhões de execuções judiciais (39,7%) e apenas 110 mil (1,6%) de execuções extrajudiciais, entre fiscais e não fiscais". Por último, repito que subsidiário dessa execução é o CPC, conforme dispõe o art. 1º da Lei n. 6.830/80 e não a CLT.

De tudo quanto se disse a respeito da alteração da competência material da Justiça do Trabalho, vale aqui resumir o que foi explanado.

Nada mudou, consoante entendo no tocante à apreciação da ação acidentária. Ela continua pertinente à apreciação da Justiça Comum pelo disposto no art. 643, § 2º da CLT. Aqui só se resolverá a questão da segunda indenização quando houver dolo ou culpa grave do empregador, consoante Súmula n. 229 do STF E se houver "*data maxima venia*" insistência ao contrário haverá tumulto com decisões contrárias em jurisdições diferentes com perda de tempo processual, pois a Súmula Vinculante pode obrigar, mas acredito que para mudança desse alcance será preciso por óbvio uma Emenda Constitucional, como já expliquei e insisti nesse trabalho. Emenda Constitucional de competência material, com interpretação restritiva, pena do legislador derivado extrapolar sua competência. Em suma, em se tratando de competência material não poderá haver normas concorrentes ou conflitantes. Ainda quando a EC n. 45/04 acrescentou ao art. 5º da CF o inciso LXXVIII, indicou que a todos se exige a efetividade do processo judicial, ou seja, a celeridade que é o que vimos buscando já na obra "Perfil da Execução Trabalhista".

Os incisos VI, VII e VIII do art. 114 da CF foram propositadamente vistos em conjunto para que o leitor possa ver mais de perto, como ocorreram as alterações da competência material da Justiça do Trabalho e seu alcance.

Insiste-se no entendimento que a cobrança da Contribuição Previdenciária que só será possível atrelada às verbas trabalhistas decorrentes de uma sentença condenatória definitiva. Deixei claro que apenas o acordo judicial posterior à sentença poderá refletir na cobrança da Contribuição Previdenciária, mas sobre o valor atribuído aos títulos condenatórios. Não pode ser cobrado através de valores aleatórios a vontade das partes, porque a autarquia Federal por certo não irá aceitar valores que não espelham o que corretamente é legalmente devido.

A Dívida Ativa da União com respeito às multas por infração as Normas Trabalhistas no tocante a relação do trabalho, apenas nesses casos, a União poderá ingressar com ação executiva fiscal com rito obrigatório da Lei n. 6.830/80. O trâmite dessa ação foi examinado ainda que perfunctoriamente nesse trabalho, ou seja, apenas quanto a parte em que mais se afasta da ação executiva trabalhista.

Por fim, a ação por dano material quando não envolve as de acidente de trabalho por culpa grave ou dolo do empregador, cuja competência permanece hígida como disposto no § 3º do art. 109 da Constituição Federal. Isto é o que entendi do estudo que fiz no tocante à matéria. A novidade mais contundente para competência da Justiça especializada está contida no inciso VII do art. 114 da CF, quanto às multas por dívidas decorrentes de infrações administrativas ocorridas no âmbito da relação de trabalho, tão somente, e que nada tem a ver com aquelas alinhadas no art. 903 e seguintes da CLT, que trata de penalidades aos componentes do judiciário trabalhista.

Porém, é importante destacar Súmulas do E. STF, ainda que publicadas antes da promulgação da Lei Maior em 1988, ainda que sua composição fosse outra.

São duas abaixo transcritas:

"Súmula n. 235 – É Competente para ação de acidente do trabalho, a Justiça Civil comum, inclusive em segunda instância ainda que seja parte autarquia seguradora."

"Súmula n. 501 – "Compete a Justiça Ordinária Estadual o processo e o julgamento em ambas as instâncias, das causas de acidente do trabalho, ainda que promovidas contra a União, autarquias, Empresas Públicas ou Sociedade de Economia mista."

Na obra *"Ampliação da Competência da Justiça do Trabalho"*, as fls. 45 *"in fini"* edição LTr, organizada por Luciano Athayde Chave e outros, proclama:

> "34 – Súmula n. 366 – Compete a Justiça Estadual processar e julgar ação indenizatória proposta por viúva e filhos do empregado falecido em acidente do trabalho.

E, prossegue:

> (art. 35) – A ementa abaixo transcrita é um dos lastreadores da edição da Súmula n. 366 do S.T.J. Destaque-se no caso em análise a insistência em determinar a competência em função da pessoa do empregado e não da previsão constitucional expressa e autônoma para conhecimento do direito específico.

> Processo Civil, Conflito Negativo de Competência, Justiça Estadual e Justiça do Trabalho. Acidente do Trabalho por morte do empregado. Ação por indenização proposta pela esposa e filhos — morte do empregado. Ação de indenização proposta pela esposa do falecido. Danos Morais e Patrimoniais. Ausência da relação de trabalho (art. 114 VI da CF). Relação Jurídica — litigiosa de natureza civil. Competência da Justiça Comum."

Por fim, o art. 109 e seu § 3º da Constituição Federal permaneceram hígidos sem qualquer alteração o que remete que nada foi mudado nesse aspecto, ou seja, a competência da ação de acidente não ter sido alterada em absolutamente nada.

Aqui cabe bem as palavras do Ministro Gilmar Mendes, em ação da AJUFE contra o inciso I do art. 114 da CF com redação dada pela EC n. 45/2004 que teve como relator o ministro Cezar Peluzzo, processo julgado pelo pleno em 5.4.2006 DJ 10.11.2006.

> "Oportunidade para interpretação conforme a Constituição sempre que determinada disposição legal, oferece diferente possibilidade de interpretação, sendo algumas delas incompatíveis com a própria Constituição. Um importante argumento que confere validade à interpretação conforme a Constituição é o princípio da unidade da ordem jurídica..."

> "(Jurisdição Constitucional São Paulo: Saraiva 1998, p. 222/223)" transcrito de fls. 34 do livro "Ampliação da Competência da Justiça do Trabalho no 2º Seminário Nacional."

Depois temos às fls. 34/35:

> "Constitucional. Trabalho. Justiça do Trabalho. Competência. Ações dos Servidores Públicos Estatutários.
>
> Arts. 37, 39, 40, 41, 42 e 114 da Lei n. 8.112/90. Art. 240 alíneas *"d"* e *"e"*. "– Servidores Públicos Estatutários. Direito à negociação coletiva e Ação Coletiva frente à Justiça do Trabalho. Inconstitucionalidade. Lei n. 8.112/90, art. 240, alíneas *"d"* e *"e"*. Servidores Públicos Estatutários: Incompetência da Justiça do Trabalho para o julgamento dos seus Dissídios individuais.
>
> Inconstitucionalidade da alínea e art. 240 da Lei n. 8.112/90 inciso III – Ação direta de inconstitucionalidade julgada procedente (ADI – Relator Ministro Carlos Vellozo. Tribunal Pleno, julgado em 12.11.1992 – D.J. 12.3.1993 Ement. Volume 016/95 – 01 PP – 00080 R T J – Vol – 0 0145-01. PP 00018."

Depois, por suas inconstitucionalidades, acabaram sendo revogadas as alíneas pela Lei n. 9.527/97.

Vimos então as consequências quando se cuidam de relações jurídicas acidentárias e relações administrativas, essas de funcionários públicos da União, dos Estados e Municípios. Os funcionários públicos são aqueles admitidos por concurso público e observam em sua relação jurídico administrativa o Estatuto do Funcionários Públicos. Se são funcionários públicos federais, a Justiça Federal será a competente para apreciar essas ações. Se não, a Justiça competente será a comum. Não a Justiça do Trabalho, segundo a leitura do art. 109, §§ 1º e 3º da Constituição Federal.

Na verdade, fiz essa incursão pela competência, em virtude das ações executivas extrajudiciais cujo pagamento do trabalho executado, poderá eventualmente ser representado por um título extrajudicial. Porém, em alguns casos, a Justiça Especializada se deu por incompetente mesmo em se tratando de *"free lancer"* e de honorários advocatícios, onde se entendeu que a Justiça Comum seria a justiça competente por se tratar de relação <u>eminentemente civil</u>. Portanto, verifica-se que a Justiça do Trabalho ainda está se acomodando à nova relação do art. 114 do CF, com a redação que lhe deu a Emenda Constitucional n. 45/04.

O art. 593 (art. 792), do Código Civil Brasileiro, abre a porta para que a Justiça do Trabalho acompanhe o que está dito nos incisos do art. 114 da Constituição Federal levando-se em conta sempre a relação de emprego. E o caminho deve ser mesmo esse. Mas sobre os "Títulos Extrajudiciais na Execução Trabalhista" transcrevo aqui interessante artigo publicado às fls. 237 da obra "Ampliação da Competência da Justiça do Trabalho", organizada por Luciano Athayde Chaves e outro, onde proclama:

> "Tem prevalecido a ideia de que os títulos executáveis judicialmente devem ser limitados aos expressamente indicados na lei, postulado a que alguns autores denominam "princípio da taxatividade". Segundo esse princípio, "os títulos executivos somente podem ser criados por lei federal (art. 22, I, da CF), limitando-se a cardápio escolhido pelo legislador (*numerus clausus*). Essa perspectiva parte da premissa de que a lei "é a única fonte para um título ter força executiva. Nem mesmo o acordo das partes, permite tal condição". Esse ponto de vista tem conduzido a certo exagero, muitas vezes denominado de "interpretação restritiva" de enumeração legal, de modo a impedir qualquer atividade interpretativa que possa incluir entre os títulos executáveis documentos que não se enquadrem rigidamente no texto de lei."

E, finalizando, diz:

> "A competência da Justiça do Trabalho se define pela natureza da controvérsia, pela obrigação correspondente, de sorte que se o "título extrajudicial decorre de obrigação decorrente da relação de trabalho, não há dúvida de que é no âmbito trabalhista que se processará a respectiva obrigação."

XXVI

Regimes Jurídicos e a Competência. O Título Executivo Extrajudicial. A Competência Excepcional

Os regimes podem ser político ou jurídico. Os regimes políticos são os adotados por uma Nação Soberana quanto a forma de governo podendo se dar pelo Parlamentarismo, Presidencialismo ou Republicano para sua administração.

O regime jurídico é único e cuida da aplicação das leis que são: penais, civis, trabalhistas e administrativas. No geral, os Estados em seu regime jurídico adotam essas modalidades, quanto à forma de se relacionar com seus servidores.

A competência material da Justiça do Trabalho será aquela de processar e julgar as ações dos empregados celetistas e de trabalhadores regidos por leis próprias especiais, como: temporário, avulso etc. Mas pela EC n. 45 de 8.12.2004, houve uma ampliação de competência da Justiça do Trabalho para alcançar outras questões relativas a outros regimes jurídicos. Então, pode-se definir regime jurídico como o sistema para regular certas matérias ou assuntos de direito, levando-se em conta a relação de trabalho, tudo como ficou explicado anteriormente. E, com essa ampliação, temos que imaginar a competência absoluta sob outra ótica, para que possamos compreendê-la melhor, a partir do entendimento que tenhamos quanto a figura Jurídica da "exceção". Assim, a palavra "exceção", pode ter aquele efeito de excetuar, ou seja, desviar da regra geral. Mas, pode ser entendida também como privilégio ou prerrogativa. No 1º caso, já temos essa compreensão assentada quanto ao seu alcance. Porém, agora, vamos nos firmar no entendimento de privilégio, como a novidade que nos trouxe a ampliação da competência da Justiça do Trabalho. Então a exceção não seria mais de incompetência e sim de competência, para que a Justiça do Trabalho pudesse examinar certos títulos atinentes a outra jurisdição, como por exemplo: danos moral e material, a Previdência Social decorrente de títulos trabalhistas condenatórios em que há essa incidência, e até mesmo questões possessórias decorrentes de greve, tudo como inscrito em incisos do art. 114 do CF

Enfim, tudo aquilo que decorre agora de um conflito que envolva uma relação de trabalho mesmo atingindo outras relações jurídicas será apreciado pela Justiça do Trabalho.

São inúmeras as questões que daí podem resultar, sendo difícil agora apontar cada uma delas. O norte para o leitor se orientar será sempre ter em mente a relação de trabalho, e daí verificar se a questão se encaixa adequadamente a essa competência, por exceção, como explicado.

XXVII

Os Embargos à Execução. Sua Proposição e sua Configuração Jurídica. Os Sujeitos da Ação Incidente. Embargante e Embargado. O § 6º, do Art. 884, da CLT

Já sabemos que o sujeito ativo na execução é o exequente, e o passivo o executado. Isso tanto na execução de sentença como na ação executiva de título extrajudicial. Então, efetuadas as contas de liquidação, tanto na execução de título judicial como extrajudicial através dos cálculos apresentados ou elaborados pelas partes, o juiz executor por uma sentença de liquidação irá fixar os valores do crédito que formarão o crédito do credor, e, agora também da contribuição previdenciária incidente, com juros de mora, e correção monetária, acolhendo inteira ou parcialmente uma das contas apresentadas, depois é óbvio de examiná-las e ainda ouvidas as partes e a União, em 10 dias, pena de preclusão. Aqui, não será preciso dizer que o prazo é peremptório. A própria lei o diz, no § 3º do art. 879 da CLT. E, para auxiliá-lo nesse exame, o juiz executor poderá se valer do auxílio de um funcionário que deverá ser treinado para isso, na própria Vara. No Tribunal, o desembargador relator, irá se valer, por certo do setor socioeconômico, como já o fiz, quando pertencia a uma turma.

Mas se o Magistrado não optar por nenhuma conta apresentada na 1ª instância, determinará que sua confecção se opere pela própria secretaria ou por perito único, de sua confiança.

Elaborada a conta, o juiz executor deverá abrir vista sucessiva às partes, para impugnações fundamentadas, se for o caso. Aconselhamos que o faça, para evitarem-se as arguições de cerceamento de defesa.

Observe-se que fará obrigatoriamente parte da conta o valor devido à Previdência Social, pena de a conta ser considerada incompleta. O valor em comento é mais um consectário legal do débito do executado como já explicamos. Esse valor observará o disposto no § 4º do art. 879 da CLT. Em consequência, a União também será intimada para se manifestar, em cumprimento ao disposto no § 3º do art. 879 da CLT conforme dito acima. As Contribuições Previdenciárias são tão importantes nos cálculos quanto são os juros da mora e a correção monetária. Assim elas também deverão ser executadas *"ex officio"*, pelo juiz executor em obediência ao disposto no parágrafo único, do art. 876 da CLT. Aqui devem observar tanto o art. 193 (art. 233), do CPC, como a Súmula n. 211 do Colendo TST.

E, se a executada não apresentar esse valor, segundo, entendo, os eventuais embargos à execução serão rejeitados, e poderá prevalecer a conta do opositor se não contiver erros crassos. O mesmo ocorrerá com os embargos à penhora do exequente fundados no § 3º do art. 884 da CLT. Como se tratam de ações incidentes constitutivas movidas pelas partes na execução, as extinções dessas ações poderão se dar também se for o caso, com fulcro no art. 267 (art. 485), incisos IV e VI do CPC subsidiário.

Volto a insistir que as duas verbas atreladas, a trabalhista e a Previdenciária, deverão caminhar juntas, pois uma depende da outra para o trâmite legal da execução, como previsto na lei consolidada. Uma é a principal e a outra acessória. E note-se que mesmo que a União não se faça presente perante a execução, depois de ser intimada processualmente como manda a lei, mesmo assim, o juiz executor terá obrigatoriamente o dever de fixar "*ex officio*" o valor das verbas em comento. O mesmo ocorrendo no Egrégio Tribunal Regional do Trabalho.

A seguir, depois de proferida a sentença de liquidação, que não terá recurso previsto na CLT, o juiz executor mandará expedir o mandado de citação da executada, em conformidade com o disposto no art. 880 da CLT e seus parágrafos, para que seja cumprido o julgado em 48 horas, pena de penhora. Da penhora ou da garantia à execução pelo executado iniciar-se-á o prazo de 5 dias para os embargos à execução, ou à penhora, sendo certo que, conforme o § 3º do art. 884 da CLT, nesses 5 dias, também poderão as partes impugnar a sentença de liquidação conforme foi dito, a executada com embargos à execução e o exequente e a União, se for o caso, com embargos à penhora.

Então, rememorando, nos 5 dias a contar da penhora, se embargará a execução, bem como se impugnarão os cálculos tanto o executado como o próprio exequente, ou a União, querendo. Esse prazo é comum às partes. Nos embargos à execução, a executada deverá alegar uma das matérias pertinentes arroladas no § 1º do art. 884 da CLT, como mérito da ação incidente, quais sejam: cumprimento da decisão ou do acordo, quitação ou prescrição da dívida com o valor previdenciário. Nada mais, a não ser os cálculos de liquidação como previsto no § 3º do artigo em foco.

A prescrição, como já expliquei não é a prescrição que já foi, ou que deveria ter sido alegada na fase do processo de conhecimento, mas aquela que surgiu em decorrência da propositura de outra ação, como a executiva trabalhista, por exemplo, posto que a execução aqui não é apenas uma fase do processo de conhecimento, mas fundada em título executivo extrajudicial, como previsto no art. 877-A da CLT.

Os embargos à execução, como visto, não admitem outras alegações, inclusive, segundo entendo, não se admitirá também aqui as matérias alinhadas no § 3º do art. 16 da Lei n. 6.830/80, ou sejam reconvenção, compensação e as exceções, exceto as de suspeição, incompetência e impedimentos "que serão arguidos como matéria preliminar, processada e julgada com os embargos".

Agora iremos com maior entendimento, estudar a natureza desses embargos. Eles não se encontram definidos como recurso nem como defesa. Eles são, na verdade, como foi dito, uma ação constitutiva ou desconstitutiva incidentes. Eles serão apresentados na fase de execução de sentença. Então, as matérias pertinentes diretas se encontram nos §§ 1º e 3º do art. 884 da CLT, e as indiretas no art. 267 (art. 485), do CPC, como já foi dito. Pela Lei

n. 13.467, de 14 de julho de 2017, foi acrescentado ao art. 884 da CLT, o § 6º, de fácil compreensão e que dispõe que "A exigência da garantia ou penhora não se aplica às entidade filantrópicas e/ou aquelas que compõem ou compuseram a diretoria dessas instituições".

As preliminares se encontram na parte final do § 3º do art. 16 da Lei n. 6.830/80, e valem tanto para os títulos executórios como para os executivos. Como já explicamos, executórios são os da fase de execução de sentença, e os executivos aqueles fundados em títulos extrajudiciais líquidos e certos previstos em lei e que instruíram as ações executivas trabalhistas.

Mas, agora é o momento de se expor, quais as matérias ou alegações que são admitidas nos embargos à execução contra a Fazenda Pública. Estão todas alinhadas no art. 741 (art. 535), em seus incisos e parágrafos do CPC. As matérias são de natureza imperativa. Poderão, porém, serem arguidas as exceções descritas no art. 742 do CPC, sendo certo ainda que poderá ser arguido o excesso de execução. Essas figuras processuais estão descritas nos incisos III e V, art. 917, do novo CPC. Excesso de execução se dará quando o credor exigir na conta excesso quantitativo e mesmo qualitativo da condenação. O excesso de execução, segundo entendo, poderá se dar em quaisquer execuções cível, trabalhista ou fiscal.

No executivo fiscal a defesa se fará pelos embargos a execução contra a Fazenda Pública, e na execução comum, as matérias estão descritas no art. 745 (art. 917) do CPC, enquanto que na CLT as matérias de defesa estão contidas nos §§ 1º e 3º do art. 884 da CLT. O leitor então precisa ficar alerta, pois a ampliação de competência da Justiça do Trabalho nos incisos do art. 114 da Carta Magna impõe certos procedimentos processuais que antes estavam fora do alcance do processo trabalhista. E quando houver um procedimento próprio não se poderá deixar de aplicá-lo ainda que a ação esteja sendo manejada na Justiça Especializada, que, aos poucos está perdendo esta qualidade por óbvio. Porém, agora com as novas competências, na Justiça do Trabalho, há que se observar o disposto no art. 1º da Instrução Normativa n. 27 do TST, de 16 de fevereiro de 2005, quanto ao rito processual a ser observado.

XXVIII

A Sentença de Liquidação. A Citação e o Mandado de Penhora

Assim, pendente apenas o contravertido saldo remanescente, deverá ser garantido com a penhora, no processo trabalhista. O mandado é único para ambos: citação e penhora.

Portanto, se o executado quiser discutir a sentença de liquidação, terá que cumprir, no prazo de 48 horas, o pagamento do incontroverso devidamente atualizado sob pena de perempção da ação desconstitutiva, representada pelos embargos à execução. E cumprida essa obrigação, então, haverá a penhora para garantia da quantia controvertida, consoante a Súmula n. 1 do E. TRT da 2ª Região. E mais, o depósito desta importância como pressuposto processual objetivo do recurso como demonstrei, ainda está amparado até no parágrafo único do art. 1º, de Instrução Normativa n. 27 do TST, de 16 de fevereiro de 2005. Aliás, o entendimento resulta ainda da leitura do art. 889 da CLT, combinado com o art. 19, II, da Lei n. 6.830, de 22 de setembro de 1980, consoante entendo.

As formas de citação estão nos parágrafos do art. 880, e as de pagamento no art. 881, ambos da CLT. Os arts. 882 e 883 da CLT cuidam da garantia à execução da quantia controvertida.

Portanto, serão das providências contidas nos dois últimos artigos que serão calculados os 05 dias, para que o devedor ingresse com ação incidental de embargos à execução e não da citação.

Os embargos à execução além de se limitarem às questões de mérito deduzidas nos §§ 1º e 3º do art. 884 da CLT, ainda pela sua pertinência, o juiz executor trabalhista, ainda poderá rejeitá-los com fulcro no art. 739 (art. 919), do CPC, por serem intempestivos, por inépcia da petição inicial ou quando manifestamente protelatórios. O rigor na sua apreciação é tão grande que o legislador ainda permite no art. 740, do CPC, a imposição de multa se forem meramente protelatórios. É que, pelo bom senso, a ação condenatória terminou com o trânsito em julgado da decisão definitiva. Portanto, em tese, existiria pendente apenas o pagamento da verba contravertida. Daí decorre a Súmula n. 1 do E. TRT da 2ª Região.

Aqui, cabe alertar quanto a tudo que foi dito a respeito dos prazos fatais da execução. Seu descumprimento poderá levar à perempção da ação incidente, como já disse.

Há uma única tolerância, a constante do § 5º do art. 884 da CLT, ou seja, quanto ao título judicial ou o ato normativo for inconstitucional.

O pagamento dentro de 48 horas para garantia da instância poderá ser feito perante o escrivão ou chefe de secretaria, consoante o art. 881 da CLT, e se o exequente não estiver presente, o executado terá que depositar seu valor em banco acreditado pelo juiz executor.

XXIX

O Objeto e os Meios para Desconstituição de Títulos Executórios e Executivos. A Verba Previdenciária. A Repercussão Geral. Os Embargos à Execução e os Embargos à Penhora. O Art. 16, § 3º, da Lei n. 6.830/80

Neste item iremos tratar mais amiúde destas questões.

Os títulos executórios proveem de uma ação condenatória, extinta com o julgamento de mérito, enquanto que os executivos de um título extrajudicial, líquido e certo previsto em lei.

A desconstituição dos mesmos, total ou parcial, se dará através de uma ação desconstitutiva, os embargos à execução. Quando se tratar de título executório, que decorra de sentença condenatória, transitada em julgado, essa ação desconstitutiva será incidente, através de embargos à execução, previstos no art. 884 da CLT. Porém, se a executada pretender desconstituir a própria sentença definitiva transitada em julgado terá que se valer da ação rescisória, prevista nos arts. 485 (art. 966) e seguintes do CPC. Entretanto, essa ação não terá efeito suspensivo da execução, como se lê no art. 489 (art. 969) do CPC.

Na esfera trabalhista, o leitor deverá observar que na disposição do art. 884 CLT encontram-se as defesas tanto da execução de sentença como da própria ação executiva, pois o rito processual será o mesmo. Por esse dispositivo, as partes poderão ainda impugnar os cálculos de liquidação, conforme se lê no § 3º do mencionado artigo.

Quando a impugnação aos cálculos partir do exequente, a ação constitutiva tomará o nome de embargos à penhora, enquanto que se partir da executada terá o nome de embargos à execução. É apenas uma questão de nomenclatura, pois na verdade a impugnação de mérito se restringe aos cálculos que, se forem alterados, a maior haverá por certo, reforço de penhora, mas se mantido o cálculo de liquidação, a discussão prosseguirá em grau de recurso de agravo de petição. Isto acontecerá mesmo se a parte descontente for o exequente.

Observem os leitores, que a União, por dívida relativa ao INSS, também poderá embargar a execução, conforme consta do § 4º do art. 884 da CLT, como também, por óbvio, agravar de petição segundo o § 8º do art. 897 da CLT, e mesmo interpor recurso ordinário, segundo os incisos III e V do art. 1º do Decreto-lei n. 779 de 21.8.1969, apenas na fase cognitiva da reclamação trabalhista, quando for o caso, ou seja, haja, como parte, uma das entidades da União Federal. E se tratar-se de título extrajudicial da dívida pública, a desconstituição pretendida se dará também através de embargos na cobrança efetuada pela Fazenda Pública, fundada na Lei n. 6.830/80, no art. 16.

Na Justiça do Trabalho, então, a liquidação é atacada nos próprios embargos à execução ou a penhora, enquanto que, na Justiça Civil, a impugnação à liquidação se dará através de agravo de instrumento, conforme se lê no art. 475-H do CPC, artigo acrescentado pela Lei n. 11.232 de 22.12.2005. Nos executivos fiscais, encontramos os apelos no art. 34, da Lei n. 6.830, de 22.9.1980, que dispõe sobre a cobrança judicial da Dívida Ativa da Fazenda Pública e dá outras providências, que será promovida contra as entidades descritas no art. 4º.

Agora, vamos cuidar de assunto bastante polêmico: a Verba Previdenciária. É que, segundo entendo, não se poderá cobrar a verba previdenciária atrelada em ação executiva de título extrajudicial, isto porque só se admite a ação executiva para os títulos previstos em lei, e terão que ser líquidos e certos, não se permitindo, por óbvio, qualquer alteração ao valor qualitativo ou quantitativo do título extrajudicial, capaz de proporcionar discussão de mérito numa ação executiva. Além do mais, por importante, conforme já expliquei, há que se ater ao limite de cobrança da verba previdenciária ao que ficou prescrito no inciso VIII do art. 114 da CF, ou seja, atrelada à verba trabalhista, resultante de sentença condenatória.

Há ainda que se observar a prescrição quanto ao disposto no inciso XXIX do art. 7º da CF, bem como a Súmula n. 308 do Colendo TST. E quanto aos créditos tributários, a Súmula Vinculante n. 8 do STF.

Então, nas ações incidentes dúplices, com embargos à execução e embargos à penhora, as partes poderão arguir defesas diretas e indiretas, uma contra outra, quando for o caso, e que podem ser apreciadas com pressupostos processuais objetivos e subjetivos bem como quanto às condições da ação, a despeito do mérito como consta nos parágrafos do art. 884 da CLT. Poderão, quando for o caso, requerer a designação de audiência para oitiva de testemunha como se observa da leitura do § 2º do art. 884 da CLT, procedimento também previsto na ação executiva de título extrajudicial civil ou fiscal, esse último fundado no § 2º do art. 16 da Lei n. 6.830/80. O § 3º do artigo em comento impõe que as impugnações aos cálculos de liquidação serão julgados pela mesma sentença. O § 4º na linha do princípio da concentração dos atos processuais dispõe que "julgar-se-ão na mesma sentença os embargos e as impugnações à liquidação apresentadas pelos credores trabalhistas, os exequentes, e o previdenciário, a União". A União se louvará tanto quanto o exequente de embargos à penhora para impugnar os cálculos, "*ex vi*" do disposto no § 4º do art. 884 da CLT. Dever-se-á ainda observar no que couber, o Decreto-lei n. 779, de 21 de agosto de 1969.

O § 5º do artigo em comento da CLT é de clareza meridiana, pois "será inexigível título judicial fundado em Lei ou ato normativo declarados inconstitucionais pelo STF, ou em aplicação ou interpretação tidas como incompatíveis com a CF".

Observe-se a lucidez das regras consolidacionais e sua praticidade na execução. O § 2º do art. 893 da CLT dispõe que "a interposição de recurso para o STF não prejudicará a execução dos julgados", ou seja, a execução poderá ir até o fim, inclusive com a disponibilidade dos bens que foram objeto de penhora; todavia, se no curso da execução houver notícia que "o título judicial ou ato normativo foram declarados inconstitucionais pelo STF, ou em aplicação ou interpretação tidas por incompatíveis com a Constituição Federal", então serão os mesmos considerados inexigíveis, conforme já foi dito. A propósito seria oportuno deixar claro que essa regra encontra-se insculpida também no princípio da repercussão geral proclamado no § 3º do art. 102 da CF, e também no § 6º e no art. 543-A (art. 1.035), do CPC, onde se menciona o princípio de repercussão geral. A repercussão geral da inconstitucionalidade abrangerá todos os casos que estejam pendentes nas mesmas condições jurídicas, abrangendo esse julgamento múltiplo de outras matérias repetitivas contidas na tese. Na verdade, tive oportunidade de assistir em sessão plena do Egrégio Supremo Tribunal Federal, onde com apenas dois processos foram liquidados mais de 1.000, que encontravam-se pendentes com a mesma tese recorrida. Isso aconteceu no dia 20.1.2015, pela TV Justiça.

O princípio da repercussão geral, por cautela, deverá ser arguido em preliminar de recurso extraordinário, que apontará a matéria repetitiva, consoante se lê no § 3º do art. 102 da CF. Isto quer dizer, como demonstrei, a repercussão geral abrangerá todos os casos em andamento, e que estejam pendentes nas mesmas condições jurídicas, que, destarte se encaixem na decisão da Suprema Corte, em quaisquer instâncias em que se encontrem as ações com o tema abordado. A sua eficácia é transcendental, *"erga omnes"*, ou seja, vinculante, consoante a leitura do art. 1.036 e parágrafos do novo CPC. Agora, consoante entendo, o julgamento nessas considerações se limitarão aos recursos pendentes na Corte Suprema e o seu entendimento servirá como farol para as instâncias inferiores, que poderão, ou não, acompanhar o entendimento esposado. Nesta hipótese, a solução está contida no art. 1.041, e seus parágrafos do novo CPC. No Supremo Tribunal Federal, o Ilustre Ministro Luiz Fux sugeriu a redação de uma tese a respeito, que teria o condão de matar o processo já na origem, ficando a tese limitada aos efeitos da modulação. Configuraria, então, um precedente, de ordem normativa, segundo a previsão contida no art. 927 do novo CPC, observados, com atenção, o disposto nos §§ 1º e 2º. Na verdade, a modulação só será utilizada quando necessária, e poderá ter efeito repristinatório, ou seja, com efeito *"ex tunc"*. Porém, se ferir a ordem ou a segurança jurídica ela será indeferida, se requerido seu exame pela Corte Suprema, caso a caso.

Portanto, pelo que entendi, o novo CPC, pelas modulação e repercussão, o Supremo Tribunal Federal julgará os processos que estão sob sua apreciação e não aqueles que estão em outros tribunais, segundo deflui da leitura dos arts. 1.036 e 1.041 do CPC. O julgado supremo servirá de paradigma para os processos afetados. Caso o julgador divirja, apenas deverá justificar sua posição, diante do princípio da jurisdição, proclamado nos arts. 1º e 2º do CPC.

Pelo § 4º do art. 884 da CLT, julgar-se-ão, na mesma sentença os embargos e as impugnações dos credores trabalhistas e previdenciários, que também se oporão através de embargos à penhora, consoante se lê nos §§ 3º e 4º do art. 884 da CLT. Os embargos à execução e os embargos à penhora terão o prazo concomitante de 5 dias a contar da penhora, mas o exequente terá que ter ciência da mesma, enquanto que a executada a contar do termo de depósito do bem penhorado, atos que se realizarão pelo Oficial de Justiça. Já foi dito que a União quanto à verba previdenciária poderá também, no mesmo prazo, opor-se aos cálculos de liquidação, mas para isso também terá que ser intimada da penhora. E, pelo princípio do contraditório perfeito, o juiz executor determinará que as partes *"ex adversus"* se pronunciem reciprocamente sobre os embargos propostos, também em 5 dias. Seriam como que as defesas às ações incidentes propostas. Aqui, segundo entendo, o legislador pátrio teria cometido certo deslize ao se referir a embargos a penhora. Essa conclusão decorre de uma interpretação lógica. Todos são na verdade embargos à execução, pois jamais o exequente ou a própria União iriam se insurgir contra a penhora, vez que, por simples petição, poderão requerer seu reforço no momento oportuno "*ex vi*" do disposto no inciso II, do art. 614 (art. 798, inciso I), do CPC. Antes da praça, contudo, será difícil dizer se os bens são ou não suficientes para liquidar o débito executado. Ora é oportuno também esclarecer que simples erros materiais contidos em despachos ou mesmo decisões poderão ser corrigidas "*ex officio*", ou a requerimento das partes consoante resulta da leitura do art. 833, da CLT. No mais, está regido no § 4º, do art. 884 da CLT.

Talvez o legislador tenha se utilizado da expressão "embargos à penhora", justamente para diferenciá-lo de embargos à execução propostos pela executada. Todavia, essas ações incidentes serão julgadas conjuntamente, e dessa decisão caberá agravo de petição por cada uma das partes e da própria interessada, a União, em 8 dias consoante a regra do art. 897. Aqui cabe ressaltar a exigência contida no § 8º desse artigo, ou seja: "quando o agravo de petição versar apenas sobre as contribuições sociais, o juiz em síntese determinará a extração de cópias das peças necessárias que serão atualizadas e remetidas em apartado a instância "*ad quem*" após contraminuta para apreciação". É que a execução não poderá ficar suspensa. Os recursos, por óbvio, serão julgados em conjunto em momento oportuno, pelo TRT.

A Lei n. 6.830/80 é subsidiária da CLT nas execuções. Já o CPC será subsidiário no tocante ao processo de conhecimento, ou seja, a reclamação trabalhista. E, em sendo a Lei n. 6.830/80 subsidiária direta da execução trabalhista, devo abaixo transcrever o § 3º do art. 16 da mesma;

> "Não será admitida a reconvenção nem compensação, e as exceções, salvo as de suspeição, incompetência e impedimentos serão arguidas como matéria preliminar e serão processadas e julgadas com os embargos."

Essa disposição é no particular, subsidiária à CLT por razões óbvias, inclusive no que toca a ação executiva de título extrajudicial trabalhista, segundo entendo.

XXX

Do Julgamento e dos Trâmites Finais da Execução — Seção IV

Pelo art. 885 da CLT, nos embargos à execução, as partes poderão ou não ouvir testemunhas em audiência previamente designada, quando for o caso. No geral, posso adiantar que com os cálculos de liquidação raramente se designará audiência. Isto poderá ocorrer se o juiz ou as partes pretenderem ouvir o perito designado com fulcro no § 6º do art. 879 da CLT. A oitiva de testemunha ainda é mais rara. Posso dizer que nos longos anos em que exerci a Magistratura nunca me defrontei com audiência em grau de embargos à execução. Na generalidade dos casos, especialmente quando se trata de obrigação de dar, pagar, isto dificilmente poderá ocorrer. Talvez nas obrigações de fazer ou não fazer, isto poderá eventual acontecer.

Quanto ao art. 887 da CLT, sua determinação restou prejudicada pela Lei n. 5.584, de 26.6.1970. *Vide* a propósito no art. 721 da CLT, com a redação determinada pela Lei n. 5.442 de 24.5.1968, onde fica absolutamente claro, que as avaliações serão feitas pelos oficiais de justiça avaliadores por ocasião da penhora. Ocorrida a avaliação com fulcro no art. 883 da CLT, seguir-se-a a penhora e depois os embargos à execução e sua impugnação. E se dá decisão desses incidentes, as partes ingressarem com agravo de petição, e se os mesmos forem rejeitados pelo E. TRT, seguir-se-á a arrematação ou a adjudicação em praça, que se realizarão na forma do art. 888 da CLT.

Observem os leitores quão prática é a ação trabalhista. Se as partes agirem de boa-fé nos cálculos apresentados, os acertos pendentes serão mínimos, e a execução poderá terminar com qualidade, ali mesmo, antes até da citação para pagamento em 48 horas, tese que defendi no 1º volume do "Perfil da Execução Trabalhista", com acórdãos proferidos na Seção Especializada, no ano de 1995.

Hoje, no jornal "*O Estado de S. Paulo*", de 17.12.2014, às fls. A-16, li a seguinte notícia "Aprovado novo Código de Processo Civil, fará o tempo de ação cair à metade". Porém, lamentavelmente, ainda não li nenhuma alteração na fase de execução, que, igualmente na Justiça Comum é problema sério e que deveria ser enfrentado pelo legislador nessa oportunidade.

XXXI

A Penhora e o Depositário. Embargos à Execução. A Súmula n. 25. A Verba Previdenciária e os Títulos Extrajudiciais. A Lei n. 8.866, de 4 de Julho de 1994 e o § 2º, do Art. 5º, da Constituição Federal. O Art. 882 da CLT, com Redação da Lei n. 13.467, de 13 de Julho de 2017, com vigência a partir de 11 de Novembro de 2017

A penhora será realizada por mandado através de oficial de justiça avaliador, conforme disse, para seu cumprimento. Sua realização se fará como consta do art. 721, § 3º, do diploma legal supra, na falta, o juiz executor se valerá do § 5º desse artigo. E, como a penhora, se realiza pelo oficial de justiça avaliador, segue que resta prejudicado o prazo estabelecido no art. 888 da CLT, por se tratar de ato processual único.

Consoante entendo, o oficial de justiça avaliador na penhora poderá se valer tanto da ordem estabelecida no art. 11 da Lei n. 6.830/80 quanto daquela estabelecida no art. 655 (art. 835) do CPC. Na verdade, tanto o executivo fiscal como o CPC poderá ser utilizado na execução trabalhista, desde que não ocorra desvirtuamento processual de seu procedimento consoante o art. 889 da CLT. Então, as duas regras são válidas se não oferecerem dano a quaisquer princípios fundamentais do processo do trabalho. E, no particular, poderemos então, por falta de disposição específica na CLT adotar-se a regra: "considerar-se-á feita penhora mediante à apreensão e o depósito dos bens, lavrando-se um só auto, se as diligências forem concluídas no mesmo dia, art. 664 (art. 839) CPC", que é o que ocorre amiúde na execução trabalhista.

É bastante interessante também notar a questão da segunda penhora que deverá se fundar no art. 667 (art. 891), do CPC, assim como a substituição da penhora pelo art. 668 (art. 847), do mesmo diploma legal, que não oferece risco ao procedimento trabalhista nem dificuldade de compreensão.

Na Justiça do Trabalho, o depósito na quase totalidade dos bens penhorados ficará a cargo do próprio executado, que deverá eleger alguém que exerça algum cargo representativo na empresa e que tenha noção da responsabilidade que irá assumir. É que, no curso de minha atividade como magistrado de 1º instância, percebi que o depositário não poderá ser o empregado comum, diante da responsabilidade que recairá sobre seus frágeis ombros, em caso de infidelidade, diante do disposto no inciso LXVII do art. 5º da CF. Seria "*data venia*", de bom alvitre que o DD. Corregedor Regional baixasse um provimento que impedisse essa prática à vista da supressão do § 3º art. 666 do CPC. É que antes, o depositário infiel seria preso por simples despacho do juiz executor. Agora inexiste o disposto no § 3º do art. 666 do CPC, que permitia "a prisão do depositário infiel", independentemente da ação de depósito, procedimento que fora acrescentado pela Lei n. 11.382 de 6.12.2006. Hoje, o novo CPC de 2015 não prevê esta hipótese. Na época, costumava chamar à lide para compô-la passivamente, o proprietário da empresa, que, em todos os casos ocorridos, imediatamente acertava o débito da reclamação trabalhista para evitar as consequências pelo desaparecimento do bem penhorado. Mesmo assim, o oficial de justiça ao efetuar o depósito em mãos do representante da empresa deverá, no ato, lembrar-lhe a responsabilidade do encargo que passará a exercer em nome da empresa.

Cabe aqui a transcrição da Súmula Vinculante n. 25 do E. Supremo Tribunal Federal:

"25 – É ilícita a prisão do depositário infiel qualquer que seja a modalidade do depósito." (DJ 23.12.2009)

A súmula acima nos parece que decorra do fato do novo CPC/2015, que não adotou a disposição do § 3º do art. 666 do CPC de 1973, que dispunha:

"A prisão do depositário infiel será decretada no próprio processo, independentemente de ação de depósito."

Outrossim, as disposições da ação de depósito não encontram mais correspondência no atual CPC, bem como a mesma continuidade no art. 652, do Código Civil Brasileiro de 2002.

Porém, a Súmula Vinculante destoa da disposição do inciso LXVII, do art. 5º da Constituição Federal, que proclama:

"Não haverá prisão civil por dívida, salvo a do responsável pelo inadimplemento voluntário e inescusável de obrigação alimentícia e a do depositário infiel." (grifo nosso)

Esse entendimento decorre do Decreto n. 678, de 06 de novembro 1922 (Pacto de San José da Costa Rica) que dispõe em art. 7º, item 7, que "ninguém deve ser detido por dívida, exceto no caso de inadimplemento da obrigação alimentar".

Segundo entendo, com a nova Constituição Federal, publicada pelo *Diário Oficial da União*, n. 191-A, de 5 de outubro de 1988, sinceramente não vejo mais razão para se obstruir a aplicação da regra constitucional.

Observem que a regra está contida também no art. 652 do Código Civil Brasileiro. A ordem jurídica do País está a reclamar essa providência que daria ao magistrado poder para agir a bem da atividade jurisdicional efetiva.

Porém, quero aqui abrir um parêntese, quanto a Súmula supra. Na verdade, se trata de aplicação de uma "errata", diante da transcrição que encontrei em vários escritos especializados a respeito dela. Assim:

Súmula Vinculante n. 25, originalmente está redigida:

"É ilícita a prisão civil de depositários infiel, qualquer que seja a modalidade do depósito." (DJE de 23.12.2009)

Porém, tanto a lei ordinária como a própria Constituição, consoante entendo, caminham em sentido contrário aos termos da Súmula, como está constando tanto na Consolidação das Leis do Trabalho, da Editora Saraiva de 2012 e 2014, edição acadêmica, como na Consolidação CLT/LTr, desde 2008 até a atual editada em 2015. E mais, diante a alínea LXVII, do art. 5º da Carta Magna, "não haverá prisão civil, salvo a do responsável pelo inadimplemento voluntário e inescusável de obrigação alimentícia e a do depositário infiel". Entretanto, em 15 de dezembro de 2016, no RE n. 640.905, o Supremo Tribunal Federal julgou que o depositário infiel não seria submetido a prisão civil, com fulcro no § 2º, do art. 5º da Carta Magna que terminou por eivar de inconstitucionalidade a Lei n. 8.866/2004, que "dispunha sobre o depositário infiel de valor pertencente a Fazenda Pública e dá outras providências".

Quanto ao § 2º do art. 5º da Constituição Federal, dispõe:

"§ 2º Os direitos e garantias expressos nessa constituição não exclui outros decorrentes dos Tratados Internacionais em que a República Federativa do Brasil seja parte."

E, o Brasil, como explico, assinou a Convenção da Costa Rica, que afastou a pena de prisão do depositário infiel, ou seja, a prisão por ilícito civil.

Todavia, reservo adiante o direito de expor nosso entendimento a respeito do assunto.

A propósito se examinarmos o CPC anterior, vamos encontrar no § 3º do art. 666 a seguinte redação:

"§ 3º: A prisão do depositário infiel será decretada no próprio processo, independentemente de ação de depósito."

E, o parágrafo único do art. 904 do mesmo diploma legal proclama:

"Não sendo cumprido o mandado, o juiz decretará prisão do depositário infiel."

Não bastassem, esses dispositivos legais supratranscritos na forma como está redigida a súmula vinculante, leva-a a agredir até mesmo a CF no inciso LXVII do art. 4º que dispõe:

"LXVII – Não haverá prisão civil por dívida, salvo a do responsável pelo inadimplemento voluntário e inescusável de obrigação alimentícia e a do depositário infiel." (grifo nosso)

Observem os leitores que, o acréscimo indevido da vogal "i" na palavra "ilícito" está mudando completamente o sentido da lei e da Constituição no que tange à prisão do depositário infiel, que a meu sentir, com esses textos legais, torna dispensável até ação contra depositário infiel. E como a indigitada Súmula, foi publicada em 23.12.2009 e até hoje o lapso não foi retificado, o equívoco poderá levar a erro os menos avisados. Pode se tratar de simples engano na redação da indigitada Súmula Vinculante e que permanece até hoje, levando a sérios prejuízos processuais na conclusão deste processo. Caso esteja enganado, de antemão, me penitencio perante todos, mas lembrando que a intenção foi a melhor possível.

Observe-se que a Lei n. 8.866, de 11 de abril de 1944, que dispõe sobre o depositário infiel em autos da Fazenda Pública, no § 2º do art. 4º que admite a prisão do depositário infiel, *in verbis*:

"Art. 4º, § 2º Não recolhida nem depositada a importância, nos termos desse artigo, o juiz, nos 15 dias seguintes à citação, decretará a prisão do depositário infiel, por período não superior a 90 dias."

E, como entendo, "*data maxima venia*", que a prisão do depositário infiel é necessária para o bom desempenho da execução, penso que deveríamos pensar numa ação incidental no âmbito da reclamatória, como fazia à época em que fui juiz da 1ª instância, chamando à colação como litisconsortes passivos os proprietários da Ré. Nesse passo consegui liquidar a ação principal com esse processo. Demais entendo que, no efeito repristinatório, o Código de Processo Civil de 1973 é subsidiário, pelo menos na ação de depósito consoante se conclui da leitura dos arts. 769 e 889 da CLT.

Mas, prosseguindo, temos uma sentença condenatória transitada em julgado, sua rescisão se dará apenas nas hipóteses previstas no art. 485 (art. 966) do CPC, através da Ação Rescisória.

No entanto, aqui tratamos de títulos judiciais e extrajudiciais. Não queremos rescindir as sentenças definitivas, mas ajustá-las aos seus limites objetivos quanto à extensão das obrigações nelas contidas de dar ou de fazer. Então há necessidade, na obrigação de dar e algumas vezes na obrigação de fazer da apresentação de cálculos de liquidação. Aí teremos o título executório a ser adequado a seus limites objetivos, ou seja, o valor exato da condenação com juros, correção monetária e a verba previdenciária correspondente, às vezes com honorários periciais e advocatícios, e, outras vezes, multa processual.

Como se percebe, o legislador quis revestir o título judicial, a sentença, ou seja, a sentença transitada em julgado de cuidados especiais. Assim, não será qualquer alegação que poderá desconstituí-los, ainda que em parte, através dos embargos à execução ou de embargos à penhora, procedimentos esses que guardam algumas verossimilhanças com a ação rescisória por serem também ações desconstitutivas ainda que incidentes.

Mas, o legislador também quis dar cunho diferenciado na cobrança de certos títulos extrajudiciais previstos em lei, através da ação executiva. Agora, pela Lei n. 9.958 de 12.1.2000, a Justiça do Trabalho passou também a ter os dois títulos apontados. Os executórios e os executivos, esses, em parte previstos no art. 876 combinados com o art. 877-A da CLT. O procedimento de cobrança nas ações executivas trabalhistas, será o mesmo da execução de sentença, ou seja, os títulos executórios, como alhures já dissemos. A diferença que já apontei é que, na ação executiva, a liquidação se fará depois que o executado estiver citado para integrar a lide. As balizas da exigência para cumprimento de sentença ou acordo judicial estão contidas no bojo da reclamação trabalhista, transitada em julgado ou de um acordo judicial. As demais hipóteses, quitação e prescrição da dívida contidas no § 1º do art. 884 da CLT, serão alegadas nos embargos à execução de uma ação executiva de título extrajudicial. Observem os leitores, pois umas procedem de títulos originários de decisões judiciais, enquanto que outras de títulos oriundos de lei ou de órgãos públicos administrativos como se lê no mencionado art. 876 da CLT, como a conciliação das partes perante a comissão de conciliação prévia, por exemplo, dentre outros, como os termos de ajuste no Ministério do trabalho, homologações de recisões em sindicato etc.

Portanto, alguns títulos são executórios e outros executivos, dependendo cada um de sua origem. Repetimos, os títulos executórios são as sentenças condenatórias e os acordos judiciais. Os restantes serão os extrajudiciais, por óbvio.

O painelista Guilherme Guimarães Feliciano, às fls. 113 da obra "Ampliação de Competência da Justiça do Trabalho" escreve:

> "No caso da contribuição social atrelada ao salário, objeto da condenação, é fácil perceber que o título que a corporifica é a própria sentença, cuja execução uma vez que contém o comando para o julgamento do salário, envolve o cumprimento do dever legal específico de retenção das parcelas devidas ao sistema previdenciário."

Então, concluímos da leitura supra, que os títulos extrajudiciais não precisarão conter obrigatoriamente esse penduricalho, a contribuição previdenciária, pena de extrapolar o inciso VIII do art. 114 da CF, e ainda poder merecer discussão quanto ao valor contido, pois como sabemos, a ação executiva não comporta esse tipo de discussão, até porque o INSS não poderá intervir na ação trabalhista, para postular originariamente contribuição previdenciária consoante sói acontecer no título executório. É que, na verdade, só eram permitidos na sentença condenatória, sem prejuízo ao postulante os juros moratórios e a correção monetária em virtude do art. 293 do CPC e da Súmula n. 211 do TST, bem como da Lei n. 8.177 de 11.5.1991, pena de usurpação de competência material da Justiça Comum, a não ser que a Previdência Social também se encontre jungida ao título extrajudicial. Hoje a Constituição Federal no inciso VIII do art. 114 impôs que nas verbas condenatórias incidirá a contribuição previdenciária também. Deocleciano Tourrieri Guimarães, *in Dicionário Técnico Jurídico*, prefaciado pelo Ministro Antonio César Pelluzo, definindo título de crédito, assevera, *in verbis*:

> "A literalidade vale pelo que está grafado nele, não sendo permitido alegar o que nele não está contido; e quanto ao formalismo, explicita que se faltar uma palavra que é essencial deixa de valer como título de crédito, porém não invalida o negócio jurídico que lhe deu origem."

E para que se tenha uma robusta confirmação do que venho defendendo nesse trabalho, acho de bom alvitre transcrever também o disposto no referido art. 293 (art. 322, §§ 1º e 2º), do CPC.

> "Art.293 – Os pedidos são interpretados <u>restritivamente</u>, compreendendo-se, entretanto, no principal, os juros legais."

E, agora, a correção monetária e a previdência social nos títulos condenatórios, como demonstramos.

Resumindo, se a contribuição previdenciária faz parte dos títulos extrajudiciais, ela poderá ser considerada para fins de liquidação, mas se for omitida, como já expliquei, não poderá ser acrescentada, caso contrário eles perderão sua natureza de títulos líquidos e certos, pois aqui não se trata de sentença condenatória, embora se aplique a Súmula n. 211 do TST, no tocante a correção monetária e juros moratórios.

Importante se observar com atenção o disposto nos arts. 831, parágrafo único, e 832, § 6º, ambos da CLT. Eles evidenciam a toda prova que o acordo não prejudicará os créditos da União especialmente a contribuição previdenciária. Esses dispositivos fundamentam bem a nossa tese porque a contribuição previdenciária deverá ser cobrada em juízo próprio, quando ela não decorrer do disposto no inciso VIII do art. 114 da CF.

É verdade que o § 1º A do art. 879 da CLT, acentua que: "A liquidação abrangerá, também, o cálculo das contribuições previdenciárias"; porém, não é menos verdade que o § 1º do indigitado artigo impõe, como regra de hermenêutica que: "Na liquidação, não se poderá modificar, ou inovar a sentença liquidanda, nem discutir matéria pertinente à causa principal". (grifo nosso)

Na verdade, conforme já deixei assentado, a sentença deverá conter os requisitos do art. 458 (art. 489) do CPC. O acordo obrigatoriamente não contém estes requisitos, mas o Ínclito Supremo Tribunal Federal abraçou a tese de que o acordo também deverá responder pelos encargos previdenciários. Contudo, entendo, *"data maxima venia"* que não podemos esticar ainda mais a permissão para alcançar verbas, ainda que previdenciárias, sequer enunciadas no acordo ou na sentença transitada em julgado, pois *"venia concessa"* o procedimento infringirá o princípio da segurança jurídica, básico na solução de qualquer litígio.

Na verdade, à época em que advogava, movi uma ação trabalhista, meramente declaratória, para reconhecimento de tempo de serviço de um empregado. Não havia pedido de qualquer verba, pois as mesmas já se encontravam prescritas pelo decurso do tempo. O tempo de serviço foi reconhecido, mas não houve liquidação, pois, a execução se limitou apenas em anotar o tempo de serviço na CTPS do empregado, nos exatos termos da r. decisão, transitada em julgado. Destarte, consoante entendo, *"data maxima venia"*, nas ações declaratórias e constitutivas, quando não há cálculo de verbas trabalhistas, não há como se calcular a previdência social, pena de se violar a competência material da justiça do trabalho. Portanto, consoante entendo, há necessidade da existência de cálculo, em liquidação de sentença das verbas condenatórias, para que ocorra a indigitada incidência da verba previdenciária. Caso contrário, o INSS deverá acionar a empresa, em juízo próprio, para que se respeite o duplo grau de jurisdição e o direito de defesa previstos na Constituição Federal.

Por fim, devo aludir ao art. 882 da CLT, que, com a Lei n. 13.467, de 13 de julho de 2017, passou a permitir o seguro-garantia judicial, em lugar da penhora.

XXXII

Execução por Carta

Quanto à execução por carta, sua competência ficou estabelecida na Súmula n. 46 do STJ, que transcrevo:

"Na execução por carta, os embargos do devedor, serão decididos no juízo deprecante, salvo se versarem unicamente vícios ou defeitos da penhora, avaliação ou alienação de bens."

No particular observe-se também o disposto no art. 20 da Lei n. 6.830/80.

XXXIII

Embargos à Arrematação, à Adjudicação e à Remição

A arrematação e seus tramites legais observam o disposto nos arts. 888 e 889 da CLT, neles não há qualquer dificuldade de compreensão. Apenas quero advertir que assinado o auto, a arrematação ou a adjudicação estarão perfeitas e acabadas, consoante infere do disposto do art. 694 (art. 903), do CPC.

Outra questão que merece aqui ser lembrada é que caso ocorra embargos à arrematação, cujo prazo da interposição está previsto no art. 746 do CPC, "*ad cautelam*", é bom que se realize a praça, mas não assinem o auto de arrematação a não ser pelo diretor da secretaria e o arrematante, ficando de fora o juiz, aguardando o transcurso do prazo dos embargos, porque a praça não pode ser adiada a não ser por motivo de deveras relevante, como por exemplo: o fechamento da Vara. Marcada a praça ou o leilão, ela se realiza no dia e hora designados, a não ser como disse, que não haja expediente na Vara por motivo relevante. No particular, observe-se o disposto no art. 37, da Lei n. 6.830/80 de 22.9.1980, bem como o art. 29 (art. 93), combinado com o art. 183 (art. 223) ambos do CPC, a justa causa.

Nesse passo, após a praça, deve-se aguardar o transcurso do prazo de 5 dias para eventuais embargos a arrematação ou a adjudicação, conforme disposto no art. 746 do CPC, antes que o auto seja assinado pelo Magistrado. É evidente que o artigo "*in comento*", deverá ser interpretado a luz do art. 694 (art. 903 e parágrafos), do CPC, por razões óbvias, no aguardo da fluição do prazo aludido. Entretanto, é preciso que os fatos extintivos da execução, tenham ocorrido na forma do art. 794 (art. 924), do CPC, perante a autoridade competente.

O prazo para proposição dos embargos será de 5 dias a contar da adjudicação, da arrematação ou da remição. Estas são também hipóteses de ações desconstitutivas incidentes, como acontece nos embargos à execução.

O art. 747 (art. 914, § 2º), do CPC, dispõe:

"Art. 747 (art. 914, § 2º) – Na execução por carta os embargos serão oferecidos no juízo deprecante ou deprecado, mas a competência para julgá-los é do juízo deprecante, salvo se versarem unicamente sobre vícios ou defeitos da penhora, avaliação ou alienação dos bens", efetuado no juízo deprecado."

Também aqui, por equidade, o prazo para impugnação será o de 5 dias.

A remição deverá observar o disposto no art. 651 (art. 826) do CPC, ou seja, deverá observar ser requerida antes da adjudicação ou da alienação dos bens penhorados.

XXXIV

A Praça

Como já afirmamos, depois de designada a praça, não poderá ser adiada. Assim, os executivos fiscais e a própria CLT não adotam a figura no art. 688 (art. 888), do CPC, salvo se a Vara não funcionar por justo motivo. Porém, pelo princípio do bom senso, no particular, acolhe-se a disposição do art. 692 (art. 891 e 892), do CPC que abaixo transcrevo:

"Art. 692 (art. 891) – Não será aceito lance que em segunda praça ou leilão ofereça preço vil.

Parágrafo único (art. 899) – Será suspensa à arrematação logo que o produto da alienação dos bens por suficiente para o pagamento do credor e para satisfação das despesas da execução."

Nesta linha de raciocínio, entendo que o art. 694, §§ 1º e 2º (art. 903 e seus parágrafos e incisos), do CPC, por uma questão lógica serão adotados tanto na execução trabalhista como na execução fiscal. É o princípio da moralidade que sempre deverá subsistir em quaisquer procedimentos. Essa é uma das razões que me levaram a aconselhar o juiz executor no sentido de não assinar o auto de arrematação ou de adjudicação, e por questão de precaução o auto de remição, antes de decorrido o prazo de cinco dias, para oferecimento de eventuais embargos a esses atos processuais.

A União, na execução de títulos judiciais ou extrajudiciais, será sempre intimada pessoalmente em observância ao art. 25 da Lei n. 6.830/90, pena de nulidade.

XXXV

A Defesa nos Títulos Extrajudiciais. A Prescrição. A Prescrição Intercorrente. Os Direitos Difusos. A Quitação. A Ação Genérica

Vamos agora rememorar o exame da defesa e os embargos à execução de título extrajudicial, assunto que já nos referimos ao longo do que já foi dito: a prescrição.
A prescrição intercorrente é aquela que se dará no bojo da ação por ausência de movimentação do processo pelo autor durante o prazo estabelecido em lei.

A Prescrição, como enunciada no § 1º do art. 884 da CLT, se refere àquela enunciada em ação executiva para cobrança de título extrajudicial, pois consoante o princípio da eventualidade proclamada em nosso direito processual, disposto especialmente no art. 300 (art. 336), do CPC, é alegação que a executada obrigatoriamente teria de ter feito na fase de conhecimento de uma reclamação trabalhista como matéria de mérito da contestação. Realmente dispõe o indigitado art. 336 do CPC;

"Art. 300 (art. 336) – Incumbe ao réu alegar na contestação toda a matéria de defesa expondo as razões de fato e de direito com que impugna o pedido do autor e especificando as provas que pretende produzir."

Então, não se alegando a prescrição na defesa da reclamação trabalhista, a questão estará preclusa, e a decisão no particular será de mérito, extinguindo-se o processo com fulcro no art. 269, inciso IV (art. 487, inciso II), do CPC, se outras alegações não houver.

Portanto, se não alegada, ou se rejeitada a prescrição, a decisão será de mérito e não mais poderá ser renovada em qualquer fase do processo ou mesmo em outro com os mesmos elementos, partes, causa de pedir e pedido. E a execução trabalhista como já deixei assentado nesse trabalho, é apenas uma fase da reclamação trabalhista manejada pelo empregado contra o empregador. Assim a prescrição a ser alegada em título executivo deverá ser outra, em outro processo distinto, que na verdade só poderá ser de título extrajudicial, até porque o processo trabalhista não comporta a prescrição intercorrente, consoante expus.

A quitação, tal qual a prescrição, também é matéria que deverá ser alegada na ação executiva de título extrajudicial pelas mesmas razões que já mencionei em obediência ao princípio da eventualidade, isto porque ocorreria repetição indébita com o argumento de cumprimento da decisão ou do acordo na fase de execução da reclamação trabalhista, sabendo-se que a lei não possui palavras inúteis e mesmo sinônimas para os mesmos fins, sabendo-se que o cumprimento da decisão ou do acordo equivale à quitação.

E, prosseguindo, apenas as ações cuja postulação se refere aos direitos individuais, prescreve. Pode haver ainda, em certos casos, a própria decadência do direito, inexistente na relação de trabalho.

Já as ações genéricas que protegem o direito difuso, principalmente "*erga omnes*" ou "*ultra partes*", são imprescritíveis. Assim o dissídio coletivo é uma ação genérica, cujo resultado gera efeitos "*ultra partes*", ou seja, alcança todos os indivíduos que pertençam as categorias litigantes. Observe, portanto, a relação indissolúvel que existe no direito considerado englobadamente. A esse fenômeno denomina-se comunicação dos atos jurídicos processuais. Portanto, julgado dissídio coletivo, a execução, como visto se dará por uma ação de cumprimento, que, na verdade, será uma simples reclamação trabalhista prevista no art. 872, parágrafo único, da CLT. Agora, quanto as cláusulas do dissídio coletivo, estarão eivadas da possibilidade de prescrição, caso o empregado ou seu sindicato não promovam reclamação trabalhista contra o empregador renitente com fulcro no inciso XIX do art. 7º da CF. Portanto, nessa hipótese, a prescrição deverá ser alegada na reclamação trabalhista, portanto, em processo de conhecimento, na defesa do reclamado, no tocante a um direito individual postulado pelo empregado.

Mas, em se tratando de consumidores protegidos pela Lei n. 8.078, de 11 de setembro de 1990, a questão se resolve pelo art. 97, ou seja, "a liquidação e execução poderão ser promovidas pela vítima e seus sucessores, assim como pelos legitimados de que trata o art. 82. É que, segundo Pontes de Miranda, citado por Francisco Antônio de Oliveira, no *Boletim do TRT da 2ª Região*, n. 05/95, "O genérico de que fala o código diz respeito "*quantum debeatur*", posto que o "*an debeatur*" deverá ser sempre determinado" (Perfil da Execução Trabalhista, fls. 149).

XXXVI

Embargos de Terceiro. Fraude à Execução. Atos Atentatórios à Dignidade da Justiça. A Subsidiaridade Contida nos Arts. 769 e 889, da CLT. A Multa Processual

Os embargos de terceiro estão regulados nos arts. 1.045/1.054 (arts. 674/680), do CPC, Capítulo VII, antes reservado aos procedimentos especiais de jurisdição contenciosa. Eles serão autuados em apartado como determina a lei. Aqui passaremos a examinar tão somente aquilo que nos parece despertar alguma dúvida ao leitor, no tocante a essa ação incidente no processo trabalhista, especialmente naquilo que diz respeito às execuções dos títulos judiciais e extrajudiciais.

Segundo art. 1.048 (art. 675), do CPC: "eles por serem ação incidente podem ser propostos a qualquer tempo no processo de conhecimento, enquanto não transitada em julgada a sentença e no processo de execução como ocorre na Justiça do trabalho em até 5 dias depois da arrematação, adjudicação ou remição, mas sempre antes da assinatura da respectiva carta.

Aqui, consoante disse, por medida de segurança processual, a assinatura do auto deverá ser nos termos do art. 694 (art. 903), do CPC, onde está assentado ordem nos seguintes termos: "assinado o auto pelo juiz, pelo arrematante, pelo serventuário da justiça ou pelo leiloeiro, a arrematação considerar-se-á perfeita, acabada e irretratável, ainda que venham a ser julgados os embargos do executado". (grifo nosso) Há seguramente neste ponto séria discordância quanto a momento em que pelo menos o juiz executor deverá assinar o ato processual para que se torne irretratável, se no ato da arrematação ou na assinatura da respectiva carta. Portanto, basta que o juiz deixe de assinar o auto para que a arrematação, na Justiça do Trabalho, não produza seus efeitos jurídicos. Assim, o juiz executor deverá aguardar o transcurso do prazo de 5 dias para se evitar a possibilidade de se criar uma controvérsia a respeito da validade do ato processual "*in comento*", como já expliquei alhures.

Theotônio Negrão e José Roberto F. Gouvêa, *in Código de Processo Civil e Legislação de Processo em Vigor*, 36. ed., atualizada até 10.1.2004, às fls.998, enunciou a ementa abaixo transcrita e que lança uma luz quanto ao procedimento indigitado:

> "Art. 1.046-14 – O vencido ou o obrigado na ação pode manifestar embargos de terceiro quanto aos bens que pelo título ou qualidade em que os possuir não devam ser atingidos pela diligência judicial constritiva." (JTA/90/260).

Nesse caso, porém, será mais prudente que, estando ainda no prazo, se utilize dos embargos à execução, segundo entendo. Assim, no prazo, admite-se essa variação processual, em face da parte final do art. 694 (art. 903) do CPC.

Por aí se vê que a conduta de se aguardar os cinco dias para assinatura do auto é relevante, tanto para embargos à execução quanto para os embargos de terceiro.

A suspensão da execução, como orientado acima, consta expressamente do art. 791 (art. 921), do CPC, no inciso I que dispõe:

"Art. 791, I (art. 921, II) – Suspende-se a execução:

No todo ou em parte, quando recebidos com efeito suspensivo os embargos à execução."

Os embargos de terceiro, como foi dito, poderão ser admitidos tanto na execução de título judicial como extrajudicial, por óbvio.

Aos embargos de terceiro, se aplica ainda a disposição do art. 803 (art. 307), do CPC, quanto à contestação. É que há que se observar a disposição do art. 769 da CLT que dispõe:

"Nos casos omissos, o direito processual será fonte subsidiária do direito processual do trabalho exceto naquilo que for incompatível com as normas desse título."

E, no caso, temos forçosamente que nos louvar nas normas processuais civis porque os embargos de terceiro são uma ação incidente indispensável para os trâmites processuais, de modo que no caso não se poderá relegar a lei processual civil.

Aliás, aqui cabe uma séria ponderação quanto à questão da subsidiariedade da Lei Processual Civil, que será subsidiária mesmo na execução diante da postura do disposto do art. 769, da CLT, que não excetua, mas, ao contrário, na execução ainda se louva na Lei n. 6.830/80, nos termos do art. 889, da CLT

Prosseguindo, temos que nos lembrar do disposto do § 2º do art. 896 da CLT, *in verbis*:

"§ 2º Das decisões proferidas pelo T.R.T. ou por suas turmas em execução de sentença, inclusive em processo incidente em embargos de 3º, não caberá recurso de revista, salvo na hipótese de ofença direta e literal de norma da CF." (grifo nosso)

Segundo tenho observado nas seções plenas do STF na TV Justiça, o recurso extraordinário só é recebido pela Suprema Corte depois do processo ter passado pelo C. TST. Portanto, essa condição é de suma importância já que o recurso extraordinário não será recebido pela Suprema Corte sem que antes a matéria constitucional tenha sido examinada pelo C. TST. É bom, então, que já em preliminar do recurso, se alerte o eminente juiz relator quanto ao cumprimento dessa exigência em momento oportuno, se for o caso.

Passemos agora às outras questões nomeadas nesse capítulo.

A hipótese de fraude a execução que está prevista no inciso II do art. 593 (art. 792) do CPC.

No art. 600 (art. 774), do CPC, os atos atentatórios à dignidade da justiça, a fiscalização sempre deverá estar presente durante o procedimento célere, especialmente na execução da sentença, ou mesmo na ação executiva de título extrajudicial. Nestes casos, o juiz não só deve advertir o executado como aplicar-lhe a multa prevista no parágrafo do focado artigo quando for o caso.

Será também de bom alvitre advertir a parte quanto ao seu comportamento discrepante da boa fé e da exigência processual. Tenho visto nas sessões do Pleno do STF a exigência desse comportamento condigno por ambas as partes. Faço essa observação porque os juízes do trabalho relutam em aplicar a multa processual em casos que tais.

XXXVII

Concurso de Credores e Falência. A Reunião de Processos. A Ordem Preferencial da Penhora

O concurso de credores ocorrerá na Justiça do Trabalho e sua resolução se dará na forma dos arts. 711/713 (art. 907/909) do CPC subsidiário.

Já os créditos trabalhistas, de devedor insolvente, deverão ser habilitados no juízo universal da falência, observando-se o disposto no art. 449 da CLT e seus parágrafos. É que hoje, não mais se admite discussão quanto à competência para sua apreciação no juízo universal da falência. Na Justiça do Trabalho apenas haverá a liquidação para apreciação dos créditos dos obreiros quando for o caso, apurando-se os valores de cada credor habilitando, em relação ao devedor insolvente, no indigitado concurso.

Por economia processual, quando o executado for o mesmo, tanto na execução de título judicial como extrajudicial, sempre que possível processualmente o juiz poderá deferir a reunião de processos, com fulcro subsidiário do art. 28, da Lei n. 6.830/80. Contudo, na reunião precisará observar o andamento de cada execução para impedir o tumulto processual. A reunião de autos geralmente acontece quando há dificuldade de se encontrar o executado ou bens a serem excutidos. Aqui, por óbvio, não se trata de falência, mas concurso de credores. Ao contrário, do que ocorre na falência, na reunião de processos, há necessidade de que os mesmos se encontrem em situação processual semelhante.

Quando exerci a judicatura de 1ª instância, sempre que possível determinava a reunião de autos independentemente do disposto no art. 28 da Lei n. 6.830/80, junto àquele que se encontrasse com bem já penhorado, ou com penhora mais antiga à vista do disposto no art. 711 (art. 908) do CPC, para assim resolver com maior clareza o direito de preferência de cada credor pela penhora mais antiga, no caso de inexistência de falência da empresa. A ordem preferencial de penhora encontra-se no art. 11 da Lei n. 6.830/80. Porém, nada impede pela semelhança e para facilitar o ato, que o oficial de justiça ou mesmo o juiz executor se baseiem no art. 655 (art. 835) do CPC com o mesmo objetivo.

Resumindo, no concurso de credores, os créditos serão satisfeitos um a um por inteiro, conforme a anterioridade de cada penhora até que todos estejam satisfeitos conforme a força dos bens penhorados. É que, no concurso de credores acredita-se que a empresa não preencha as condições para declarar sua falência, ou mesmo requerê-la.

XXXVIII

Os Títulos Executivos e a Prelação. A Insolvência do Credor

O art. 580 (art. 786) do CPC, *in verbis,* dispõe:

"A execução pode ser instaurada caso o devedor não satisfaça a obrigação certa, líquida e exigível consubstanciada em título executivo."

Na execução civil, os títulos extrajudiciais estão enumerados nos incisos do art. 585 (art. 784) do CPC. É interessante, neste trabalho, um exame ainda que perfunctório do inciso VIII, desse artigo, que, *in verbis* proclama:

"Todos os demais títulos a que, por disposição expressa a lei atribuir força executiva."

E o art. 586 (art. 783) do CPC remata:

"A execução para cobrança de crédito fundar-se-á sempre em título de obrigação certa, líquida e exigível."

Isto quer dizer que a relação deve ser taxativa, tanto que o art. 876 da CLT apresenta sua relação. Isto, porém não afeta a possibilidade de as áreas trabalhistas e civil possam se utilizar indiferentemente tanto uma relação como de outra em juízo, para ingresso das ações executivas, a despeito da disposição do art. 889, da CLT. Esse entendimento se tornou mais claro depois da ampliação da competência da Justiça do Trabalho pela Emenda Constitucional n. 45/04. E pelo inciso I do art. 114 da CF, a Justiça do Trabalho é competente para conhecer as ações oriundas da relação de trabalho, exceto aquelas cujas competências material e pessoal não admitam essa prorrogação como as ações penais e acidentárias, por exemplo; e todas aquelas que, por ventura, tenham competência material absoluta improrrogável.

Já os títulos judiciais, como vimos, não oferecem dúvida, eles acompanharão o foro da ação de conhecimento, embora na área penal existam varas para cuidarem apenas das execuções penais.

Os títulos executórios, aqueles que advierem de uma sentença definitiva condenatória exigirão uma garantia, que no mais das vezes se configurará em uma penhora, e em alguns casos mais de uma. Nesse caso, concorrendo vários credores, ocorrerá a figura da prelação avocada no art. 711 (art. 908) do CPC, cuja ordem de pagamento dependerá da anterioridade de cada penhora.

Isso irá acontecer com os credores até se esgotarem os recursos do devedor, quando se decretará sua insolvência nos moldes do art. 748 (art. 1052) do CPC.

XXXIX

A Praça e o Leilão. O Direito de Preferência. Embargos à Remição. O Bem de Família. O Parágrafo Único do Art. 24 da Lei n. 6.830, de 22 de Setembro de 1980

Estamos, nesta obra, tentando mostrar algumas configurações que poderão agilizar o bom andamento processual, apontando ou abolindo certas práticas que acabam produzindo, sem que se perceba, morosidade na consecução de um ideal de execução processual tanto de título judicial como extrajudicial. Cuida-se agora, do excesso de zêlo, que acaba aplicando as regras do CPC às da execução trabalhista, o que só se dará quando for absolutamente necessário. Antes, como disse, há que se louvar na faculdade contida no art. 889 da CLT.

Exatamente, no § 3º do art. 888 da CLT está dito, *in verbis*:

"§ 3º Não havendo licitante e não requerendo o exequente a adjudicação dos bens penhorados, poderão os mesmos ser vendidos por leiloeiro nomeado pelo juiz ou presidente."

Então, em certas ocasiões, por possuirmos diploma processual próprio não necessitaremos estar em busca de procedimento em outras áreas processuais, como a do art. 692 (arts. 891 e 899), do CPC, que prevê duas praças e um leilão. Isto significa mais despesas e morosidade. Observe a leitura desse artigo.

"Art. 692 (art. 891) – Não será aceito lance, que em segunda praça ou leilão ofereça preço vil."

E, agora, pelo art. 695, deste diploma:

"Art. 695 – Se o arrematante ou seu fiador não pagar o preço no prazo estabelecido, o juiz impor-lhe-a em favor do Exequente a perda da caução, voltando os bens a nova praça e leilão."

Já o art. 808, § 3º da CLT, proclama:

"§ 3º Não havendo licitante, e não requerendo o Exequente a adjudicação dos bens penhorados, poderão os mesmos serem vendidos por leiloeiros nomeados pelo juiz ou presidente."

Durante a minha passagem pela 1ª instância pude presenciar em várias juntas esse costume que se permanece, precisará "*data venia*", ser banido pela Douta Corregedoria Regional. É que na Justiça do Trabalho por lei existe apenas uma praça e um leilão. Nada mais consoante o § 3º, do art. 888 da CLT.

Já na Justiça Comum, como dito, duas praças e um leilão (art. 692 (art. 891) CPC), enquanto que no executivo fiscal só leilão (art. 22, § 1º, da Lei n. 6.830/80). Porém, não se procederá a 2ª praça a não ser nas hipóteses do art. 667 (art. 851) do CPC. A execução trabalhista adota essa prática por ser coerente com a lógica processual, quando por ocasião do praceamento dos bens penhorados, a primeira praça tenha sido adiada por motivo relevante, na forma do art. 688 e parágrafo único (art. 888) do CPC.

A substituição da penhora poderá ocorrer nas hipóteses previstas nos arts. 656 (art. 847) § 2º, e 848 (art. 382) parágrafo único; e 849 (art. 381) do CPC, excepcionalmente quando ocorrer a hipótese prevista no inciso VI do art. 656 (art. 847), do mesmo diploma processual que acontece com certa frequência na Justiça do Trabalho.

O depósito do bem penhorado na Justiça do Trabalho ficará a cargo das entidades previstas nos incisos I e II do art. 666 (art. 840) do CPC, com as ponderações já mencionadas.

A ordem da penhora deverá observar o art. 2º da Lei n. 6.830/80, ou a do art. 655 (art. 835) do CPC, indiferentemente, consoante entendo.

A cláusula de impenhorabilidade do bem de família deverá prevalecer diante aos termos do art. 1.715 do Código Civil atual.

Quanto à hipótese de penhora sobre bem já penhorado por outros empregados, há que se observar, como foi dito, o direito de preferência como estabelecido nos arts. 711/712 (art. 908/909) do CPC, que se resolve pela anterioridade das penhoras. Essa figura acontece com certa frequência na execução trabalhista, e na CLT, não encontramos solução viável. Antes poder-se-á determinar a reunião dos autos como previsto no art. 28 da Lei n. 6.830/80. A competência firmada será do juiz que recebeu a 1ª distribuição (art. 28 da Lei n. 6.830/80), ou seja, daquele que promoveu a execução cabendo aos demais credores direito sobre a importância restante, observando-se a anterioridade de cada penhora, "*ex vi*" do disposto no art. 711 (art. 908) do CPC, subsidiário.

É o que denominamos "concurso de credores ou de preferência", porém se o devedor houver falido a competência será do juízo universal da falência onde cada empregado deverá habilitar seu crédito depois de feita a liquidação.

Já disse alhures que a praça e o leilão não podem ser adiados. A responsabilidade pelo descumprimento de sua realização está insculpida nos arts. 688 (art. 888) e parágrafo único do CPC, combinado com o art. 37 da Lei n. 6.830/80. Não encontro motivo justo para adiamento a não ser "*data venia*", com o fechamento da vara no dia designado. Se houver alguma possibilidade de extinção da execução por acordo ou pagamento da dívida, determinar-se-á a realização da praça e o juiz, nesse caso, não assinará o auto de arrematação ou adjudicação, até que essa possibilidade se resolva. Caso as partes não concluam a trativa, então, o juiz, após o transcurso do prazo de 5 dias, para eventuais embargos à arrematação ou adjudicação, assinará o respectivo auto.

O que torna, na Justiça obreira, irretratável a arrematação e a adjudicação, ou mesmo a remição, não é sua homologação pelo juiz executor, e sim a assinatura do auto, como já explicamos alhures. A homologação nesse caso é ato processual que não gera efeito algum e que a meu ver poderia até ser abolido por ser supérfluo, bastando a Vara aguardar o transcurso do prazo de 5 dias para assinar o auto, que será justamente o prazo dos embargos contidos no art. 884 da CLT. Só aí, após certificar-se nos autos a inexistência de embargos à execução, à arrematação, à adjudicação, ou à remição, o juiz assinará o auto correspondente, que tornará a praça perfeita e acabada.

Nos embargos à arrematação ou à adjudicação serão alegadas tão somente matérias referentes à nulidade da execução ou causa extintiva da obrigação, desde que superveniente à penhora, conforme disposição contida no art. 746 do CPC e seus parágrafos. Mas, se os embargos forem manifestamente protelatórios, o juiz executor aplicará ao executado uma multa que não poderá ultrapassar de 20% do valor da execução.

E, para se evitar o enriquecimento sem causa, mesmo na adjudicação, aplicar-se-á o disposto no parágrafo único do art. 24 da Lei n. 6.830/80.

Observe-se, por importante, que na adjudicação a diferença a maior resultante da praça, se houver, deverá ser depositada de imediato, consoante o § 1º do art. 685-A (art. 876) e seus parágrafos do CPC, e não no prazo de 30 dias, consoante o parágrafo único do art. 24 da Lei n. 6.830/80, a despeito do art. 889 da CLT proclamar que os trâmites e incidentes do processo de execução serão aplicadas às normas das ações executivas fiscais, para cobrança judicial da dívida ativa das Fazendas Públicas. Então, o depósito no executivo fiscal desta será de 30 dias (art. 24, parágrafo único) embora opte pela linha adotada no art. 690-A, parágrafo único (art. 892, § 1º) CPC. Outra coisa que merece algumas palavras será quanto à remição. Tanto quanto a adjudicação, poderá haver embargos à remição até por equidade à situação jurídica do exequente em relação ao executado e daqueles que participaram da praça. Esta ilação decorre da leitura do art. 558 (art. 1.012) § 4º do CPC, onde aparece a figura do apelante em questão que envolve dano de difícil reparação nas hipóteses declinadas no focado dispositivo, como se verifica no inciso VI, do art. 520 (art. 917), do CPC. Observe-se também que não é impossível a proposição de embargos à remição se o juiz executor deferí-la sem que observe o disposto no art. 13 da Lei n. 5.584 de 26.6.1970. Entendo que, em tese, não se poderá olvidar essa hipótese a despeito do art. 13 da Lei n. 5.584, de 26 de junho de 1970, que poderá ser infringido por alguma razão. Idem quanto ao art. 651 (art. 826) do CPC. No tocante à remissão com "S" significa perdão da dívida, enquanto que a remição trata do pagamento total da dívida em execução. Note-se, como é clara a diferença contida no art. 403 do CPC. Demais, a remição eventualmente poderá conter alguma nulidade a ser esclarecida e apreciada.

Da sentença que julga os embargos à arrematação na esfera civil, caberá apelação apenas com efeito devolutivo consoante a Súmula n. 331 do STJ. O mesmo deverá ocorrer com os embargos a adjudicação e a remição, aplicando-se o bom senso. Evidentemente que aqui não se trata de execução de título judicial trabalhista ou de título extrajudicial que decorra de relação de trabalho, quando não caberá o recurso de apelação. Na justiça obreira em lugar de apelação, teremos o agravo de petição.

Quanto a remição, do mesmo modo, o embargante deverá acompanhar o procedimento adotado no Código de Processo Civil no art. 651 (art. 826), tal como procedeu nos embargos à arrematação e à judicação, na Justiça Comum. A remição é total, como se pode verificar da leitura dos focados artigos supramencionados, procedimento este já adotado no art. 13 da Lei n. 5.584, de 26 de junho de 1970, que, *in verbis*, dispõe:

"Art. 13 – Em qualquer hipótese, a remição só será deferível ao executado se este oferecer preço igual ao valor da condenação."

Resumindo, na execução de sentença e na ação executiva, na esfera trabalhista, o recurso é agravo de petição e, no executivo fiscal a apelação, consoante está disposto no art. 35, da Lei n. 6.830/80, ou embargos infringentes na hipótese do § 2º do art. 34 desse diploma.

Por fim, se o preço da melhor oferta for superior a da avaliação, o exequente adjudicante terá 30 dias para depositar a diferença, consoante a leitura do parágrafo único do art. 24, da Lei n. 6.830/80.

XL

A Falência. A Concorrência de Credores e o Concurso de Credores. A Habilitação Incidente

Vamos agora sintetizar a matéria de forma bem pedagógica.

Temos duas formas de concorrência de credores. O concurso de credores, em que o devedor é ou se presume que seja solvável. E a habilitação dos credores na massa falimentar, em que o devedor, por óbvio, é insolvente.

A primeira se resolve através da anterioridade das penhoras dos credores para cobrança de seus créditos. São penhoras que se realizam sobre os mesmos bens e que se resolve pela aplicação dos arts. 613 e 711 (parágrafo único do art. 797 e 908 § 2º) do CPC.

No segundo caso, então, teremos que enfrentar a falência quando o devedor trabalhista no caso é insolvente. A ação em si, se resolve em parte na Justiça do Trabalho, em que o juiz executor presidirá a reclamação trabalhista até sua liquidação. Depois, então, esse crédito será habilitado na falência do devedor, que se acredita ter sido já decretada pelo juiz competente. No bolo falimentar é que o credor trabalhista irá concorrer com seu crédito, exatamente no juízo universal da falência.

O Decreto-lei n. 7.661/1945 foi revogado pela Lei n. 11.101, de 9.2.2005. É respaldado nessa lei que o credor trabalhista habilitará seu crédito, perante o juiz de direito que preside a ação falimentar, com fulcro no inciso I, do art. 83, desta lei, dispositivo que cuida da classificação dos créditos na falência.

O capítulo IV, da Lei n. 11.101/2005 cuida da convolação da recuperação judicial em falência, consoante está disposto nos arts. 73 e 74 desta lei.

Segundo o art. 73, o juiz decretará a falência durante o processo de recuperação judicial da empresa. A recuperação judicial substituiu a concordata. A sentença que decretar a falência se estende aos sócios ilimitadamente responsáveis e imporá as mesmas determinações imperativas, consoante se lê nos arts. 81 e 99. Interessante também ressaltar que a decretação de falência determinará a antecipação do vencimento das dívidas tanto da empresa como dos indigitados sócios, segundo o art. 77. A cobrança das multas decorrentes da legislação de trabalho, se darão pelo inciso I, do art. 83 da mencionada lei. E os créditos tributários com fulcro no inciso III. Esse tópico é relevante agora pelo disposto no art. 114, inciso VII da Constituição Federal.

Ainda, outras ações deverão ser propostas no juízo falimentar, que não as de competência absoluta, consoante o parágrafo único do art. 78 da Lei n. 11.101/05.

Os requisitos da sentença que decretar a falência do devedor estão no art. 99. Dessa decisão caberá inicialmente o recurso de agravo, e da sentença final, a apelação, consoante o art. 100 dessa lei. Aqui cabe naturalmente uma verberação de tudo quanto se disse no tocante a diferença que fizemos no capítulo próprio, entre a decisão e a sentença final. Será só ler com atenção o que dissemos quanto à impossibilidade da cobrança previdenciária em caso de acordo, titulo evidentemente não previsto no inciso VIII do art. 114 da CF. Esse título previdenciário extrajudicial só poderá ser cobrado no juízo próprio que não é o da Justiça do Trabalho, conforme já sustentamos, em virtude da competência absoluta da Justiça Comum para cobrança de verba previdenciária.

Agora, pelo § 1º do art. 82, a responsabilidade do sócio ilimitadamente responsável, prescreverá em 2 anos, contados do trânsito em julgado da sentença de encerramento da falência. Assim, o credor trabalhista *"in casu"*, poderá se valer da possibilidade prevista § 2º desse artigo, quanto ao pedido de indisponibilidade de bens do sócio, antes da prescrição, para quitação de crédito trabalhista

Como dissemos, a concordata perdeu lugar para as recuperações judiciais ou extrajudiciais, conforme dispõe a Lei n. 11.101/2005. Ela abrange o empresário e a sociedade empresarial, e cria ainda em lugar do síndico falimentar a figura do administrador judicial (art. 7º). O administrador judicial será nomeado pelo juiz segundo as formalidades dos arts. 763 (art. 1.052) e seguintes do CPC.

O prazo para habilitar-se ou divergir na recuperação judicial é de 15 dias, consoante ao § 1º do art. 7º; e de 5 dias para contestar-se os créditos habilitandos segundo o art. 11.

Agora vamos falar sobre uma figura processual que não se confunde com os anteriores; "A habilitação incidente, ou substituição subjetiva na relação jurídico-processual". Ela está regulada nos arts. 1.055/1.062 (art. 687/688), do CPC. É o que ocorre, por exemplo, quando uma das partes vier a falecer com a ação já em andamento.

XLI

Competência Material e a Justiça do Trabalho. Lei n. 6.830/80 e a Obrigatoriedade na Cobrança da Dívida Ativa das Entidades Públicas

Diante de tudo quanto foi dito, se verifica que o pleito do empregado configura-se título trabalhista judicial ou extrajudicial, ou deles decorrente indiretamente, e que serão resolvidos por normas processuais trabalhistas ou subsidiários, como acontece, por exemplo, nos incisos I, II, III, IV, V, VI e IX do art. 114 da CF, ou, então, por normas processuais subsidiárias contidas no CPC, ou em leis próprias, como sói acontecer com as multas trabalhistas que o serão pela Lei n. 6.830 de 22.9.1980, que ainda tem como lei processual subsidiária o próprio CPC, consoante se lê no art. 1º da mesma. Em consequência, contemplarão, com certeza, os pleitos contidos no inciso VIII do art. 114 da CF. Esse entendimento da competência material após a EC n. 45 de 8.2.2004, é deveras importante para uma aplicação consentânea quanto ao que é regido pela CLT, ou por outras leis processuais civis e subsidiárias, em vigor.

Quanto ao inciso VIII, permanecem as normas processuais trabalhistas porque as contribuições previdenciárias "*in casu*" não passam de simples penduricalhos do pleito trabalhista como venho demonstrando neste trabalho.

E, para um esclarecimento quanto ao dano previsto no inciso III, do art. 114 da Constituição Federal, transcrevo aqui dois importantes trechos a respeito da matéria contidos às fls. 199 e 213 da obra de Valdir Florindo, *Dano Moral e o Direito do Trabalho*, 4. ed.:

> Fls. 199:
>
> "... de toda essa discussão pode ser deduzido que, conquanto a indenização de dano moral pertença ao âmbito do Direito Civil se o pedido decorrer ou tiver como origem um contrato de trabalho, a competência para julgar o caso será da Justiça do Trabalho e não da Justiça Comum;" (Gênesis, Revista do Direito do Trabalho de n. 40 04/1996, traz na íntegra o texto lido pelo ministro no quarto painel do Congresso, confirmando nossos apontamentos)."
>
> Fls. 213:
>
> "Conforme abalizada doutrina (Valmir Oliveira da Costa) e de acordo com a jurisprudência e com o Excelso STF (RE n. 238.737-4). A Justiça do Trabalho

compete julgar a ação por dano moral pouco importando deva a controvérsia ser dirimida à luz do Direito Civil. Inocorrente violação do art. 114 da CF." (TST/2ª Turma – Processo RR 370040/97 – Relator Juiz Convocado José Pedro de Camargo DJ 7.12.2000, p. 679)

Como se denota, não se poderá interpretar isoladamente uma lei, pois ela decorre de uma construção jurídica denominada pirâmide de Kelsen, com normas que observam uma hierarquia legal que não poderá ser olvidada. Destarte as normas constitucionais estão acima daquelas promulgadas pelo legislador derivado e assim por diante se observará essa hierarquia até mesmo dentro da própria lei maior, onde normas de caráter mais elevado poderão questionar normas constitucionais também, mas de padrão inferior. Diante disso, de início, estão os princípios fundamentais da República Federativa do Brasil, após os direitos e garantias fundamentais dos indivíduos, em seguida, a organização dos poderes, e assim por diante. Esse diploma maior terá que ser harmonioso dentro dele próprio.

Então, conclui-se que o legislador derivado não poderá desafiar uma norma decorrente do legislador originário.

Nessa linha, observei na TV Justiça, canal 6, caso que considero emblemático para o estudo que agora fazemos; tratava-se da liberdade de expressão garantida constitucionalmente sendo que o autor da demanda, segundo entendi, pretendia com respaldo nos arts. 20 e 21 do Código Civil Brasileiro, desafiar norma contida em texto constitucional dos direitos e garantias fundamentais dos incisos IV e IX do art. 5º da Carta Magna. Óbvio que sua pretensão foi repelida, à unanimidade, pela nossa Corte Suprema.

O inciso III, trata-se de mera ação declaratória que também deverá observar a Instrução Normativa n. 27 do Egrégio Tribunal Superior do Trabalho.

Contudo, como acima me referi, o Inciso VII, cuida de penalidades, que se transformam em títulos da dívida pública e que, portanto, terão que observar, para sua cobrança judicial, a Lei n. 6.830/1980 e que portanto, não comportarão, "*data venia*" a observância irrestrita à indigitada Instrução Normativa n. 27, pois subsidiário, em certas questões, será o Código de Processo Civil, conforme dispõe o art. 1º dessa Lei Federal. É que, segundo entendo, o executivo fiscal, não adere a conformação processual da Instrução Normativa, consoante demonstrei alhures. Segundo entendo, a União não declinará das disposições desta lei, ainda que possa desfrutar das benesses processuais do Decreto-lei n. 779/69. Essa é uma questão processual relevante que acabará por certo, caso haja quebra da hierarquia legal, incidindo na figura do § 2º do art. 2º, da Lei de Introdução do Código Civil Brasileiro. Em conclusão, o procedimento, para cobrança da dívida pública, não pode ser inobservado na sua plenitude. E para amparar vários temas explanados nesta obra, passo a transcrever o art. 38 da Lei em comento, em seu parágrafo, *in verbis*:

> "Art. 38 – A discussão judicial da Dívida Ativa da Fazenda Pública só é admissível em execução na forma desta Lei, salvo as hipóteses do mandado de segurança, ação de repetição do indébito ou ação anulatória do ato declaratório de dívida, está precedido de depósito preparatório do valor do débito, monetariamente corrigido acrescidos dos juros, multa de mora e demais encargos." (grifo nosso)
>
> "parágrafo único – A propositura pelo contribuinte de ação prevista nesse artigo importa em renúncia ao poder de recorrer na esfera administrativa e desistência do recurso acaso interposto." (grifo nosso)

Os recursos admissíveis são os embargos infringentes e de declaração, aqueles para o próprio juiz consoante o valor dado a causa (§ 2º do art. 34) e apelação para a instância superior, em causa de valor superior (art. 35), ambas calculadas por OTNs.

E, agora com novo Código de Processo Civil introduzido pela Lei n. 13.105, de 16 de março de 2015, é preciso que se alerte que, o disposto no inciso II do art. 2º da Lei de Introdução ao Código Civil Brasileiro, é preciso que se assente: "A lei nova que estabeleça disposições gerais ou especiais a par das já existentes não revoga nem modifica a lei anterior".

Então, a Lei n. 6.830, de 22 de setembro de 1980, continua inalterável, a despeito da promulgação do novo Código de Processo Civil, segundo concluo.

Doutro lado, dentro das alterações contidas na competência material da Justiça do Trabalho, especialmente no inciso IX, do art. 114 da Constituição Federal, entendo que são possíveis no âmbito da Justiça do Trabalho *prima facie* as ações de consignação em pagamento, a ação de prestação de contas, a ação de depósito e certas ações possessórias.

XLII

Os Recursos e suas Interposições. Incidentes Processuais. O Contexto dos Recursos. Seus Efeitos. A Lei Processual n. 5.584, de 26.6.1970. O Agravo de Petição e Depósito da Quantia Controversa como Pressuposto Processual Objetivo. Os Depósitos Recursais

Os recursos cabíveis na esfera trabalhista, na fase de conhecimento, se encontram no art. 893 da CLT. Os recursos cabíveis são:

I – embargos;

II – recurso ordinário;

III – recurso de revista;

IV – agravo;

V – recurso adesivo no art. 500, parágrafo único (art. 997, § 2º) do CPC;

VI – recurso extraordinário.

Já os recursos em execução de sentença ou na ação executiva de título extrajudicial estão no art. 897 da CLT. São eles:

a) Agravo de petição;

b) De instrumento;

c) Embargos de declaração;

d) Recurso adesivo – Art. 506, parágrafo único (art. 997, § 2º) do CPC;

e) Revista nas hipóteses contidas no § 2º do art. 896, da CLT;

f) Recurso extraordinário.

Finalmente, como vimos, em execução por Dívida Ativa da Fazenda Pública, segundo entendo, caberão ainda os seguintes recursos:

a) Embargos Infringentes e Declaratórios;

b) Apelação;

c) Especial e extraordinário.

Porém, como já deixei enfatizado, é bom que as partes tenham a cautela de obedecer os prazos recursais dos recursos equipolentes do processo trabalhista. O entendimento tem a vantagem de abrir a discussão judicial no bojo do processo quando se surgir a necessidade da defesa da parte, como por exemplo, na perda do prazo do recurso trabalhista.

Quanto aos incidentes processuais, serão resolvidos na 1ª e 2ª instâncias, como preliminares do recurso interposto "*ex vi*", do disposto no § 1º do art. 893 da CLT. São também impropriamente denominados de preliminares as exceções absolutas e relativas, como por exemplo as de incompetência do juízo.

Segue, então, o raciocínio de que os embargos à execução encontram-se recepcionados numa seção própria por não configurarem recurso, na fase de execução de sentença e, sim, uma ação incidente constitutiva na execução, consoante se lê no art. 884 da CLT. A mesma natureza possuem os embargos à arrematação, à adjudicação e à remição, ou seja, também são meras ações incidentes. O mesmo se diga quanto aos embargos de terceiro. Esses embargos que ora relatamos como ações incidentes, podem ser ações constitutivas ou desconstitutivas de uma relação jurídica. O art. 746 do CPC nos dá também uma ideia da natureza desses embargos.

Quanto aos embargos infringentes estão por conta da instância "*ad quem*" como se lê no art. 894 da CLT, por serem verdadeiramente recurso.

Quanto aos incidentes processuais, como já mencionei acima, tanto na 1ª instância como na 2ª instância serão resolvidos na forma do § 1º do art. 893 da CLT, como preliminares de recurso de decisões definitivas ou pela razão exposta no art. 463 (art. 494) do CPC, se a sentença já estiver publicada.

Agora devemos chamar a atenção do leitor para o disposto no art. 899 da CLT, pela sua relevância quanto ao procedimento dos recursos tanto na fase de conhecimento como de execução da ação. No geral, sua natureza é apenas devolutiva. O artigo em comento diz que "os recursos serão interpostos por simples petição e terão efeitos meramente devolutivos". Recursos trabalhistas contra sentença definitiva são apenas o ordinário na fase de conhecimento e o agravo de petição, na fase de execução. Nesta fase é importante que se lembre que de acordo com a Súmula n. 01 do E. TRT da 2ª Região, o valor incontroverso da execução deve ser pago em 48 horas, restando assim pendente apenas o controvertido, saldo remanescente que será garantido pela penhora, ou por depósito garantidor correspondente. Tanto é verdade que em relação a esse último, a parte final do § 1º do art. 897 da CLT, "permite a execução imediata da parte remanescente até o final nos próprios autos ou por carta de sentença". Porém, aqui, cabe uma importante reflexão. É que o § 1º do art. 884 da CLT limita o prosseguimento da execução se ali, como matéria recorrível não se encontre uma das razões impostas que, para se configurarem, demandam, como pressuposto processual objetivo, uma das hipóteses constantes que só se complementarão com o depósito recursal da quantia controversa, eis que já existe uma sentença de liquidação com o valor previsto. É o que prescreve imperativamente o § 2º do art. 40 da Lei n. 8.177, de 1 de março de 1991. E se não se depositar a diferença, como pressuposto recursal objetivo, não se cumpre a sentença ou o acordo judicial, como exige a lei, no art. 884 § 1º, da CLT. E cada vez que o processo baixar do T.R.T, em grau de agravo de petição, novos cálculos atualizados advirão, com novos embargos à execução e consequente agravo de petição numa repetição estafante e ilegal, como venho demonstrando ao longo deste trabalho. Na verdade o art. 889 da CLT proclama a subsidiariedade da Lei n. 6.830/80, na execução trabalhista e, assim, teremos que aceitar que, com a rejeição dos embargos à execução, o pagamento do incontroverso corrigido deverá ser pago ao credor consoante resultante da leitura do art. 19, II, da indigitada lei, *in verbis*:

> "Art. 19 – Não sendo embargada a execução, ou sendo rejeitados os embargos, no caso de garantia de terceiro, será intimado sob pena de contra ele prosseguir a execução nos próprios autos, para, no prazo de 15 (quinze) dias:
>
> I – (...)
>
> II – Pagar o valor da dívida, juros e multa de mora e demais encargos indicados na Certidão de Dívida Ativa pelos quais se obrigou, se a garantia foi fidejussória."

Em consequência, se, no caso, o terceiro é obrigado a pagar o débito com o julgamento dos embargos à execução, que se dirá então do efetivo devedor, como na hipótese aventada nesse trabalho.

Rememorando, a parte remanescente será aquela controvertida que não foi paga e que admitiu os embargos à execução, porque entende-se que já se encontre pago o saldo incontroverso, e deverá ser recorrido por agravo de petição apenas quanto ao saldo controvertido. Na execução, o agravo de petição do remanescente terá efeito suspensivo quanto a parte controvertida. O credor poderá também requerer ao juiz a expedição de carta de sentença para instaurar a execução provisória, mas sem que haja a disponibilidade do bem penhorado antes do julgamento do recurso ordinário se não processado nos dois efeitos, devolutivo e suspensivo, isso sem prejuízo do depósito recursal do agravo de petição que se traduz como pressuposto processual objetivo, para que esse recurso, como disse, possa ter prosseguimento. Portanto, diante do disposto no art. 899 da CLT, seria conveniente que o juiz, na fase de execução com a improcedência dos embargos à execução, já despachasse o agravo de petição nos dois efeitos, suspensivo e devolutivo, para garantir que a execução, com disponibilidade de bens, quando for o caso, se dará apenas depois dele ter sido julgado pela instância "*ad quem*". Caso contrário, a recorrente poderá ser surpreendida por uma execução extemporânea que poderá prosseguir após a liquidação de sentença. É que, com a baixa dos autos, o juiz executor já determinará o levantamento segundo o resultado expendido. Estamos aqui numa elucubração diante do comportamento da parte exequente ao requerer a expedição de carta de sentença, antes que o recurso ordinário esteja julgado. Volto a repetir, enquanto judiquei tanto na 1ª como nas 2ª instâncias tive a oportunidade de ver que, na maioria das vezes, o recurso ordinário fora despachado com um simples "processe-se em termos" sem que o Magistrado o despachasse expressamente nos dois efeitos que o recurso requer. É que embora não conste da disposição legal, no recurso ordinário, consta implicitamente a noção dos dois efeitos como os doutrinadores e até os aplicadores da lei reconhecem. Segue, então, que, neste caso, eventual pedido de carta de sentença deverá ser indeferido "*in limine*", a não ser que haja confissão de débitos trabalhistas por parte da reclamada. Portanto, nesse caso não há execução provisória, porém, devo alertar quanto à possibilidade, embora remota de o devedor na fase de conhecimento já reconhecer alguns débitos, mas deixar de pagá-los. Responderá, então, pela multa do art. 467 da CLT. Se não se tratar de salário, confessando a reclamada outros títulos trabalhistas, e não pagá-los, o reclamante poderá requerer, no ato, a expedição de carta de sentença, pois a confissão tem valor equivalente à condenação, e, portanto, o reclamante poderá requerer a sua execução definitiva em autos apartados; no caso, a confissão equivale a uma sentença com trânsito em julgado. Na verdade, a confissão sem pagamento equivalerá a simples capricho que a lei evidentemente não respalda pela ausência de boa-fé. Há, porém, necessidade de se verificar se a confissão abrange todos os pedidos porque caso contrário há necessidade de se prosseguir com a ação quanto aos itens remanescentes. Quando o empregador na audiência inaugural pagar o saldo salarial, há necessidade de o empregado protestar quanto ao remanescente se não estiver de acordo com o valor colocado à sua disposição. Assim, ocorrerá no tocante aos demais títulos confessados segundo o art. 467 da CLT.

Doutro lado, o juiz da causa deverá ter sempre em mente o princípio da economia processual de modo que não deverá deferir a expedição de carta de sentença apenas porque o recurso tenha apenas efeito devolutivo, mas em face da possibilidade de a sentença poder ser reformada no todo ou em parte, especialmente se a matéria for reconhecidamente controvertida. Demais, como se sabe, a execução provisória só poderá avançar até a penhora, mas sem que a mesma se efetive, devendo se evitar até mesmo a citação para pagamento, consoante o art. 880 da CLT. Como foi dito, há que se evitar essa situação processual porque se o valor não for confessado e não houver ainda o trânsito em julgado definitivo, a execução provisória poderá adiante abrir mais uma questão processual até de difícil superação, porque se a execução provisória prossegue até a penhora existirá a questão de se saber se o prazo para embargos a execução transcorrerá ou não; a mim parece que as suspenções processuais devem sempre existir explicitamente na lei. E, neste caso, a lei processual trabalhista é omissa de modo que se os embargos à execução forem propostos, a embargante poderá se defrontar com a perda do prazo correspondente a interposição do agravo de petição, a não ser que, como afirmei, a execução provisória não vá além da liquidação de sentença, porque, em princípio, os embargos à execução não possuem efeito suspensivo, como se lê no art. 739-A (art. 919) do CPC. Daí então, a solução quanto à suspensão da execução ficar a cargo do juiz, que "*ad cautelam*" deverá suspender a execução com a sentença de liquidação, como antes já expliquei.

O agravo de petição é bom que tenha ambos os efeitos devolutivo e suspensivo quanto ao controvertido saldo pendente delimitado no apelo "*ex vi*" do disposto no § 1º do art. 897 da CLT, que permite que a execução vá até final, nos próprios autos ou por carta de sentença quanto ao restante não delimitado. E não se espante o leitor, pois esse procedimento já era permitido pelo art. 588 do CPC até ser revogado pela Lei n. 11.232 de 22.12.2005, revogação que a nosso ver está despida de bom senso, tanto é verdade que na área trabalhista, há que se cumprir o disposto no § 1º do indigitado art. 897 da CLT, como pressuposto processual objetivo, que sem o seu cumprimento o apelo será denegado, ou seja, "delimitar, justificadamente as matérias e os valores impugnados". E se assim não for, no Egrégio Tribunal, poderá acontecer de não ser sequer conhecido o apelo.

A propósito pela sua relevância transcrevo o que está escrito às fls. 312 do Dicionário Técnico Jurídico de Deocleciano Tourrieri Guimarães, prefaciado pelo Ministro Antônio Cezar Peluso:

"O art. 588 do CPC, alterado pela Lei n. 10.444/2002, traz novo e importante diploma legal. Antes a execução provisória se limitava à penhora e avaliação dos bens. O novo texto permite também a alienação de domínio podendo o credor levantar o depósito em dinheiro feito em juízo, vender imóvel penhorado do réu, antes da sentença transitar em julgado. Mas ele precisará dar uma garantia que assegure o ressarcimento do réu, caso ganhe a questão em última instância."

Mesmo antes da redação atual, o intuito do legislador já era que o juiz executor houvesse por bem sobrestar o andamento da execução por algum motivo relevante. Porém, era uma situação no mínimo esdrúxula, pois desvirtuaria toda a dinâmica das execuções que de definitivas passariam a provisórias, segundo entendo.

Quanto ao art. 899 da CLT, não deverá depender de uma simples interpretação gramatical. O processo trabalhista possui índole inquisitória, característica que se sobressai especialmente na execução. Basta se atentar que a parte poderá postular pessoalmente, ou seja independentemente da constituição de advogado, consoante o art. 4º da Lei n. 5.584/70. Em razão de sua natureza, o juiz trabalhista possui poderes especiais que não encontramos em outros que oficiam em processo onde prevalece o princípio dispositivo. Por óbvio, o princípio dispositivo contraria o princípio inquisitório onde o Magistrado poderá oficiar no andamento do feito independentemente de qualquer requerimento formulado pela parte interessada, geralmente o empregado. Nesse caso, o juiz possui inelutavelmente poderes que vão além daqueles que normalmente lhes são permitidos. Assim, segundo entendo, quando achar necessário, poderá conceder o efeito suspensivo, pelo menos no que diz respeito ao recurso ordinário que consoante entendo, é efeito da própria natureza desse recurso. Na maioria dos apelos, contudo, o efeito será apenas devolutivo. Na verdade, já vi até recurso de revista recebido nos dois efeitos, porém, na fase de conhecimento, pois na execução há óbice expresso no § 2º do art. 896 da CLT. Na realidade, por curiosidade confesso que já tive oportunidade de assistir a episódio de agravo de instrumento ainda que interposto fora do prazo legal, ter seu curso indeferido, com fulcro no art. 202 da CLT, mas que hoje está revogado.

Quanto ao recurso de revista, a concessão do efeito suspensivo estava fundado no § 2º do art. 896 da CLT, que foi alterado pela Lei n. 9.756/98. Contudo, pessoalmente entendo que o recurso ordinário pelas consequências quanto à antecipação da liquidação deverá sempre ser recebido nos dois efeitos. Porém, conforme deve denotar o leitor, o juiz, pela omissão da lei, poderá permitir a execução provisória até finalização dos cálculos de liquidação, se assim o entender. Nesse caso, a conta poderá ser atualizada com trânsito em julgado da decisão de mérito, quando for o caso.

Mas, pela relevância da matéria devo deixar absolutamente claro que interromper o processamento do agravo de instrumento configura grave erro processual, mesmo que o apelo seja interposto fora do prazo. No despacho de recebimento, o juiz executor deverá apenas alertar o juiz relator quanto a esse fato, ficando a seu cargo conhecer ou não do agravo de instrumento nessas circunstâncias.

A execução trabalhista, pendente de agravo de petição, não é provisória e irá até o final, conforme a leitura, até gramatical, do § 1º do art. 897 da CLT. A Lei n. 8.432, de 12 de junho de 1992, suavizou esse rigor ao permitir ao executado a delimitação das matérias e valores, constituindo assim quantias incontroversas e controversas diante da sentença de liquidação. Porém, não deve o leitor esquecer que a execução provisória não está prevista na CLT, e se estamos em grau de agravo de petição é porque aquele momento já passou. Portanto, volto a insistir, é bom que as partes fiquem solertes quanto à agilidade imposta à execução pelas normas trabalhistas. Aliás, no novo Código de Processo Civil já aprovado, as ações, de um modo geral, terão esse viés, especialmente na execução. Portanto, é bom que as partes, exequente e executada, em liquidação de sentença, atentem para que os cálculos apresentados sejam condizentes com a realidade do crédito, porque a execução trabalhista exige esse comportamento como venho demonstrando ao longo dos anos, através das obras que escrevi. Com esse procedimento, a execução trabalhista não sofrerá qualquer óbice ao seu andamento, inclusive com a realização da praça, pois, como expliquei, o que havia a ser discutido já o foi na ação de conhecimento, e quanto à ação executiva de título extrajudicial, o comportamento não será diferente. Então, a execução provisória só se dará, quando o recurso for suspensivo da decisão proferida em processo de conhecimento. Portanto, após a sentença de liquidação, o juiz executor determinará a expedição e cumprimento do mandado de citação para pagamento do débito em 48 horas, fixados em lei. E é nesse tempo que o legislador pretende que se liquide de vez a ação, com a remissão do débito, nos termos do art. 794 incisos I e II (art. 924) incisos II, III e IV do CPC. Assim agindo as partes, o juiz decretará sua extinção.

Pela redação original do § 1º, do art. 897 da CLT, o juiz poderia sobrestar o andamento da execução quando entendesse conveniente; porém, hoje isso não é mais possível e, para um exame ainda que perfunctório, transcrevo abaixo o § 1º do art. 897 da CLT, antes da alteração:

"§ 1º O agravo será interposto no prazo de 5 dias e não terá efeito suspensivo, sendo facultado, porém, ao juiz ou presidente, <u>sobrestar quando julgar conveniente o andamento do feito até o julgamento do recurso.</u>" (grifo nosso)

Hoje, a redação é outra, bem incisiva por sinal não sendo despropositada a execução até final.

E, para que inocorra conflito legal entre o disposto no § 1º do art. 897, com o disposto do § 1º do art. 884 ambos da CLT, entendo que será obrigatório o depósito recursal da quantia controversa por ocasião do agravo de petição, como já deixei assentado nesse trabalho. Caso contrário, não há como alegar-se o cumprimento da decisão ou do acordo nos indigitados embargos à execução, a despeito da observância da Súmula n. 01 do Egrégio TRT da 2ª Região, que cuida da verba incontroversa, pois nesta obra pretendo demonstrar que, no particular, ela está parcialmente ultrapassada, até porque o valor apurado na liquidação já integrou a sentença liquidanda.

Mas, não é só. Se examinarmos, com a devida atenção, o inciso I do § 5º do art. 897 da CLT, o mesmo se refere a pelo menos 2 depósitos, ou sejam: "Depósito do recurso que se pretende destrancar" e "Depósito recursal que se refere ao § 7º, do art. 899 da Consolidação.

Agora observem como antes estava redigido o texto indicado na redação determinada pela Lei n. 12.275, de 29 de junho de 2010:

"Art. 897 (...)

§ 5º (...)

I – Obrigatoriamente, com cópias da decisão agravada, certidão da respectiva intimação, das procurações outorgadas aos advogados do agravante e do agravado, da petição inicial, da contestação, da decisão originária, <u>da comprovação do depósito recursal, do recurso que se pretende destrancar, da comprovação do recolhimento das custas e do depósito recursal que se refere o § 7º do art. 899 da consolidação</u>." (grifo nosso)

Então, nunca é demais repetir o enunciado n. 128, do TST, *in verbis*:

"É ônus da parte recorrente efetuar o depósito legal, integralmente, com relação a cada novo recurso interposto, sob pena de deserção. <u>Atingido o valor da condenação, nenhum depósito mais é exigido para qualquer recurso</u>." (grifo nosso)

Na verdade, o depósito não é um castigo, mas a garantia do valor atualizado da condenação.

Execução Provisória e o Art. 899 da CLT. A Atualização do Cálculo

Por tudo quanto os militantes da área trabalhista já fizeram em prol da sua hermenêutica, quero aqui abrir uma questão que me parece oportuna e indispensável. Ela está baseada numa interpretação equivocada da expressão final do art. 899 da CLT, qual seja "permitida à execução provisória até a penhora". Aqui o legislador, segundo entendo, não permite a penhora, apenas dela se serve como limite da execução provisória, diante dos inconvenientes que adviriam que, acredito efetivamente, o legislador não quisesse avançar a ponto de efetivá-la em valor talvez até diferente ao que resultará após as contas finais. É um erro de lógica que poderá levar a problemas processuais, com a expressão "até a penhora (art. 899 da CLT, *in fine*), ao incluí-la expressamente, pois, com sua inclusão, adviria, na questão processada, dúvida de qual seria o momento processual do início do prazo em que a parte sucumbente poderia se valer dos embargos à execução. O prazo para proposição da ação incidente, estaria ou não suspenso. Se seria possível depois se atualizar o cálculo ou ainda a partir do reforço à penhora, pergunta-se. Outra questão intransponível consta do art. 879 da CLT, ou seja, "sendo ilíquida a sentença exequenda ordenar-se-á previamente a liquidação". É que com a penhora, por certo, estaria se desrespeitando essa determinação. O vocábulo "até a penhora", não significa por certo sua realização. Serve apenas como marco para suspendê-la. Não fosse essa a intenção do legislador, por certo diria "com a penhora inclusive", e não só "até a penhora". Na verdade, insisto nesta questão porque ela é marco para a realização da execução da sentença.

Agora, notem os leitores a coerência da execução provisória indo apenas até a penhora, sem que se a realize, que é como interpreto a disposição do art. 899 da CLT, no particular. Assim, o prazo para embargos à execução e à penhora estaria suspenso, até porque poderá haver ampliação ou redução da penhora consoante o art. 685 (art. 874), do CPC, consoante o resultado da liquidação de sentença definitiva, transitada em julgado.

Face à liquidação prévia, sem preocupação para propor embargos à execução e depois, ao término da ação principal, a reclamação trabalhista com o trânsito em julgado, determinar-se-á a atualização do cálculo e outros ajustes determinados no V. Acórdão e após a fixação do valor do débito, se determinará a citação para o pagamento em 48 horas, pena de penhora. Notem como "*in casu*", a concatenação processual está leve e sem constrangimento processual. É assim que se processa uma execução lógica e eficaz.

Observem os leitores que, quando a lei trabalhista não permite que se dê o efeito suspensivo ao recurso, o dirá expressamente como se lê no § 1º do art. 896 da CLT, no tocante ao recurso de revista. Neste caso, basta que o juiz apenas determine o processamento do recurso de revista ao contrário do que acontece no recurso ordinário. Isto é muito importante para confirmação da tese abraçada neste trabalho.

Prosseguindo, para uma execução provisória eficiente e coerente com as normas processuais vigentes e sem que ocorra prejuízo às partes, entendo que o juiz executor deverá permitir que a execução provisória vá apenas até a liquidação. Depois só determinará a penhora após a atualização dos cálculos com a baixa dos autos com o trânsito em julgado da sentença definitiva, ou com a homologação de acordo, quando houver, e determinando-se a seguir, a citação para pagamento do débito em 48 horas. Então, como disse, se determinará a citação da executada para pagamento do débito em 48 horas, pena de penhora. Isto tudo após atualização e homologação do novo cálculo. Entendo que esse procedimento está coerente com as normas processuais vigentes, ficando a executada tranquila quanto ao início do prazo de embargos à execução, após a penhora. Portanto, ao transitar em julgado a sentença de mérito, os autos irão a conclusão, quando o juiz executor, de plano, deverá determinar a atualização dos cálculos, observando-se toda formalidade exigida pelo art. 879 e seus parágrafos da CLT. A seguir, determinar-se-á a penhora, e só aí passará a viger o prazo para embargos à execução descrito no art. 884 da CLT. A penhora só estará completa nos termos do art. 664 (art. 839), do CPC se dentro dos requisitos explícitos no art. 659 (art. 831), do mesmo diploma processual. Essa, acredito ser uma interpretação lógica da lei processual, que evitará dúvidas e tumultos quanto ao transcurso dos prazos de embargos à execução, e até para agravo de petição na esfera trabalhista. Porém, quero aqui alertar o leitor que se ao recurso ordinário, o juiz der os dois efeitos, devolutivo e suspensivo, então raramente ocorrerão as dúvidas que demonstrei acima, porque inexistirá a execução provisória. E, se couber recurso de revista, se dará no efeito devolutivo obrigatoriamente nos termos do § 1º, do art. 896 da CLT. Aqui cabe citar trecho de obra de um grande jurista desta casa, Mozart Victor Russomano, às fls. 1.595 de *Comentários à Consolidação das Leis do Trabalho*, ensina:

> "Os recursos trabalhistas via de regra tem efeito somente devolutivo. Essa premissa é exageradamente renovadora. Certos recursos como ordinário, apelação e o agravo de petição por sua natureza são suspensivos, e para eles essa deveria ser a regra geral. O art. 899 da CLT força o juiz do trabalho a uma vigilância permanente, obrigando-o a declarar o efeito suspensivo dos recursos sempre que sua natureza ou as circunstâncias específicas do litígio o aconselharem."

Tanto é verdade que, nessa linha, o colendo TST adotou a Súmula n. 393 que se amolda o disposto no § 1º do art. 515 (art. 1.013) do CPC, que cuida do efeito devolutivo na profundidade do recurso ordinário, ou seja, transferindo a instância recorrida a apreciação dos argumentos da exordial e da defesa no julgamento de apelo.

XLIV

O Dissídio Coletivo e o Efeito Suspensivo do Recurso — Lei n. 5.584, de 26.6.1970, Lei n. 4.725, de 13.7.1965 e Lei n. 10.192, de 14.2.2001. A Execução Efetiva do Dissídio Individual. O Depósito Recursal

Como estamos falando dos efeitos dos recursos em geral, é preciso que os militantes saibam que a Lei n. 5.584 de 26.6.70 trouxe várias novidades processuais aos dissídios trabalhistas, sendo que no dissídio coletivo o art. 8º dispõe, *in verbis*, o seguinte:

"Art. 8º Das decisões proferidas nos dissídios coletivos, poderá a União interpor recursos, o qual será sempre recebido no efeito suspensivo quanto a parte que exceder o índice fixado pela política salarial do governo."

Porém, aqui temos também que nos referir expressamente à Lei n. 4.725 de 13.7.1965, "que estabelece normas para os processos de dissídios coletivos e dá outras providências".

Nesta lei, verifica-se que, no art. 6º, os recursos das decisões proferidas nos dissídios coletivos, terão efeito meramente devolutivo, mas proclama o § 1º, "o Presidente do TST, poderá dar-lhe o efeito suspensivo a requerimento do recorrente em petição fundamentada".

Esse artigo ainda remete obrigatoriamente o intérprete ao art. 14 da Lei n. 10.192, de 14.2.2001, que dispõe:

"Art. 14 – O recurso interposto de decisão normativa da Justiça do Trabalho, terá efeito suspensivo na medida e extensão conferidos em despacho do Presidente do TST."

Contudo, como já acentuei na execução trabalhista há que se observar com rigor, o disposto no art. 899 da CLT, responsável pelo delineamento célere da execução. Ele é incisivo e dispõe:

"Art. 899 – Os recursos serão interpostos por simples petição e terão efeito meramente devolutivo, salvo as exceções previstas neste título permitindo a execução provisória até a penhora". (grifo nosso).

"'Até a penhora', limita a disposição final do § 1º do art. 897 da CLT, que refere-se 'até final nos próprios autos ou por carta de sentença.'" (grifo nosso)

É que a execução provisória, por si só, permite que se vá até a penhora no máximo, mas não com sua inclusão como expliquei. E se atentarmos para interpretação lógica do texto, a expressão usada pelo legislador "permitida a execução imediata da parte remanescente até final nos próprios autos ou por carta de sentença", quer dizer que, se houver pagamento do incontroverso em 48 horas na forma do art. 880 da CLT, então o remanescente, ou seja aquilo que sobejar pela sentença de liquidação, será executada como parte remanescente até final, ou seja, execução definitiva em carta de sentença, porque o agravo de petição aqui não suspenderá a execução até final, ou seja com efetivo pagamento. Observe, é a lei que diz, a parte remanescente deverá ser executada até final pena de ser aplicada ao executado a multa do parágrafo único art. 601 (art. 774) combinado com o disposto no inciso II deste artigo, do CPC. A argumentação decorre do fato de que ninguém acredita que se possa agravar de petição no tocante a quantia incontroversa. Aqui reside a intenção do legislador de liquidar a execução depois sentença de liquidação em 48 horas. Assim, o entendimento está em consonância com a Súmula n. 01 do E. TRT da 2ª Região. Essa é também a razão de se ter sugerido que se exija, como pressuposto processual objetivo o depósito recursal da diferença entre a quantia incontroversa e o valor da sentença liquidada, como explicamos no capítulo próprio. Supedâneo legal para isso já demonstramos que existe, independentemente de acréscimo legal. Demais se foi possível a aceitação de ação rescisória através de uma Súmula para rescisão de acordo judicial homologado, creio que também diante de tudo que explicamos, haja também possibilidade de se baixar uma Súmula com esta providência como determinante de um esvaziamento das execuções nos Tribunais sem quaisquer prejuízos às partes. Essa é a marca da execução trabalhista efetiva, sendo que essa interpretação se coaduna com a hipótese de recurso ao STF "*ex vi*" do disposto no § 2º do art. 893 da CLT.

De tudo quanto se disse, conclui-se que o juiz da causa ao despachar o recurso ordinário sem efeito suspensivo, já deverá determinar a expedição de carta de sentença, que possibilitará que a execução provisória avance até a penhora sem efetuá-la como disse alhures mesmo que o recurso ordinário esteja na fase de recebimento. Nesse caso, a execução será suspensa, mas com os cálculos de liquidação homologados. Assim, transitado em julgado a sentença definitiva condenatória, e se rejeitados os embargos à execução, o agravo de petição irá até o final com a disponibilidade do bem penhorado em praça, consoante a regra do § 1º do art. 897 da CLT, caso a executada não atenda o pressuposto processual objetivo configurado no depósito recursal. Essa é uma das razões insisto, que o recurso ordinário deverá ser despachado nos dois efeitos: devolutivo e suspensivo. Assim, a execução não poderá ser instaurada indo apenas até a liquidação. Não sendo assim, sentença de liquidação proferida, deverá ser atualizada, podendo fixar valor superior, caso em que haverá o reforço de penhora, já com o trânsito em julgado, formal e material da sentença definitiva, o que possibilitará o avanço até o final como determina a lei. Na verdade, a paralisação da execução na fase de liquidação, antes da penhora só ocorrerá quando o juiz não despachar com efeito suspensivo o recurso ordinário. Então, assim consigo entender a razão pela qual o legislador não deixou expressa a figura do duplo efeito recursal, quais sejam devolutivo e suspensivo para o recurso ordinário. Na verdade, o legislador propositadamente deixou ao juiz a deliberação do duplo efeito ou apenas o devolutivo, sempre que despachar o apelo, pela conveniência no único ou duplo efeitos devolutivo e suspensivo à conveniência de cada processo, de acordo com a situação jurídico processual de cada um deles, tanto para o recurso ordinário como, por vezes, para o agravo de petição. Assim o é no CPC, onde o legislador expressamente designou quais os recursos que terão o duplo efeito, e quais aqueles que terão unicamente efeito devolutivo, efeito esse que nunca deverá faltar ao apelo tempestivo. Anteriormente, já afirmei que o juiz nas ações trabalhistas deverá obrigatoriamente dizer em que efeito ou em quais efeitos recebe o apelo, muito ao contrário do que sói acontecer nos processos cíveis, onde se vê despacho dos juízes apenas com a expressão "Processe-se em Termos", o que deverá ser forçosamente evitado na Justiça do Trabalho, onde até mesmo Recurso de Revista poderá ser recebido em ambos os efeitos, quando for o caso, no estofo do Magistrado, a despeito no § 1º do art. 896 da CLT. O entendimento está vazado no poder de cautela do juiz. Isto quer dizer que a força do entendimento do juiz vai além da impossibilidade prescrita no § 1º do focado artigo. E, o leitor não deverá se impressionar com o disposto no § 1º do art. 896 da CLT, porque a regra já se encontra no art. 899 a título de repetição desnecessária. Assim, "*data maxima venia*", discordo de Sérgio Pinto Martins, *in Comentário a CLT*, às fls. 992, item, 5 declara que "não mais existe a possibilidade de o Presidente do TRT conferir o efeito suspensivo ao Recurso de Revista", e que, "a regra é portanto, o recurso ter apenas o efeito devolutivo", isto porque desse respeitável entendimento se insurge a índole do direito do trabalho que deixa a cargo do juiz a deliberação, por se tornar muito arriscado levar às últimas consequências essa determinação legal, como foi demonstrado. Segue então que muitos preferem essa maleabilidade no manejo de recursos não só na Justiça do Trabalho como na Justiça Comum, para se evitar mal maior em certos casos. Doutro lado, todo processo do trabalho, por ser mais simples, deixou a cargo do juiz, maior responsabilidade na condução da ação trabalhista, para que se possa assim com maior rigor fiscalizar seu andamento. Na verdade, se fôssemos levar a pulso o disposto no art. 899 da CLT, veríamos que ele decreta ao final a seguinte redação: "salvo as exceções previstas neste título, permitida a execução provisória até a penhora". Porém, se o leitor examinar com o devido cuidado no capítulo pertinente aos recursos, não existe um só artigo que dê o efeito suspensivo a não ser que se lhe conceda o juiz. Por conseguinte, o efeito suspensivo o recurso só o terá se lhe for deferido pelo juiz até mesmo no tocante aos recurso ordinário e agravo de petição. Essa matéria, pela sua relevância e discussões resultantes de sua hermenêutica, nos levou a escrever um tópico quanto ao art. 899 da CLT com mais explicações. A ele, remeto os leitores interessados a maiores detalhes.

Por fim, devo dizer que, no tocante à Lei n. 5.584/70, há que se observar o art. 8º, que dispõe:

> "Art. 8º Das decisões proferidas nos Dissídios Coletivos, poderá a união interpor recurso, o qual será sempre recebido no efeito suspensivo, quanto a parte que exceder o índice fixado pela política salarial do governo."

Essa é, na verdade, uma regra para obstar a inflação que avilta nossa moeda, podendo assim o Estado se utilizar da regra do dirigismo contratual, através do qual poderá intervir nas relações contratuais entre o empregado e seu empregador.

A Lei n. 4.725/65, em seu art. 6º destaca que: "Os recursos das decisões proferidas nos Dissídios Coletivos terão efeito meramente devolutivo".

E mais, o § 3º destaca que: "O provimento do recurso não importará na restituição dos salários ou vantagens pagas, em execução do julgado". Trata-se aqui da aplicação do princípio da boa-fé no recebimento pelo empregado. Demais, o novo Código de Processo Civil, especialmente no inciso IV, do art. 139, demonstra a importância do juiz ao "Determinar todas as medidas indutivas, coercitivas, mandamentais ou sub-rogatórias, para assegurar o cumprimento de ordem judicial, inclusive nas ações que tenham por objeto prestação pecuniária".

Quanto à Lei n. 10.192/01, cuida do Dissídio Coletivo, no tocante às negociações e tramitamentos administrativo e judicial desde a negociação até ser julgado o Dissídio Coletivo, sendo que o recurso interposto de decisão normativa terá efeito suspensivo na medida e extensão do despacho do Tribunal Superior do Trabalho (art. 14), posto que a instância originária dele são os Tribunais Regionais onde foram instaurados.

XLV

O Art. 899 da CLT e os Efeitos Recursais. Prazos do Art. 775, da CLT

O art. 899 da CLT, em princípio, tentou esclarecer os efeitos dos recursos na Justiça do Trabalho. Porém, ele ainda permanece na CLT numa condição que só leva o jurista a uma confusão quanto aos efeitos recursais desde a sua promulgação até a data de hoje. Por ele, os recursos na área trabalhista teriam apenas efeito devolutivo. "*Primo ictus oculi*", tem-se a impressão de que os recursos teriam apenas o efeito devolutivo; porém isso não é verdade. Já a época da criação da CLT, portanto, pelo Decreto-lei n. 5.452, de 1º.5.1943, o *caput* já possuía a mesma redação determinando "que os recursos seriam interpostos por simples petição e teriam efeito meramente devolutivo, salvo as exceções previstas". Contudo, pelo uso incorreto do plural, existia como exceção apenas o recurso de revista, que naquela época tinha a seguinte redação no § 2º, *in verbis*:

> "§ 2º Recebido recurso a autoridade recorrida dirá o efeito em que recebe, podendo a parte interessada pedir carta de sentença para execução provisória dentro do prazo de 15 dias contado da data do despacho, se esse tiver dado ao recurso efeito meramente devolutivo."

Então, consoante entendo, o legislador derivado, quis realmente dizer outra coisa, como já demonstrei ao falar sobre agravo de petição e mesmo o recurso ordinário. Ele quis demonstrar que o juiz poderia determinar o efeito que recebia o apelo. "*Data venia*", dos que entendem o contrário, é o que revelam os artigos que cuidam da matéria recursal ao se utilizar do plural exceções, e que poderia se referir a essa faculdade em outros recursos quanto ao efeito suspensivo nas mesmas considerações. Não dá para ser de outra maneira. Então insisto neste ponto de vista, porque no art. 899 permanece com a expressão "salvo as exceções", prevista neste título. Deixou então o legislador a critério do juiz executor e também do juiz incumbido do processo de conhecimento essa faculdade relevantíssima para o processo trabalhista. Casos há em que o juiz precisa ao oficiar nos autos, dessa ferramenta legal para conduzir a ação a um resultado equilibrado. Vejam os leitores que a despeito das décadas já passadas, o legislador mantém a mesma redação o art. 899, ressalvando as exceções que só podem advir da faculdade deixada ao juiz de indicar o efeito em que recebe o recurso intentado pela parte.

Portanto, não adianta os eméritos juristas procurarem uma forma de perceber nas entrelinhas o efeito de cada um dos recursos que constam na CLT. Esse mister, o legislador derivado deixou ao juiz que oficia nos autos, caso contrário já teria alterado a redação do art. 899 da CLT, pela celeuma desde a promulgação da lei trabalhista.

Com a promulgação da Lei n. 13.467, de 13 de julho de 2017, os prazos e suas prorrogações foram alterados, e serão calculados apenas os dias úteis, excluindo o dia do começo. E mais, como prerrogativa, o juiz poderá, a seu critério, prorrogá-los consoante as necessidades alinhadas nos §§ 1º e 2º do indigitado artigo.

Na verdade, segundo entendo, o juiz continua impedido de prorrogar os prazos peremptórios, como sói acontecer nos recursos. Destarte a imposição legal irá alcançar os prazos dilatórios.

XLVI

As Decisões no Agravo de Petição

Pela sua relevância, volto ao assunto quanto à admissão do agravo de petição. As decisões são definitivas, resolutivas e terminativas. As resolutivas julgam questões meritórias, enquanto que as terminativas são aquelas processuais que poderão extinguir a execução sem resolução de mérito. É que as decisões na leitura da execução seriam, como o são, as sentenças proferidas na fase de conhecimento, e que também são definitivas ou terminativas, porque cabem, em tese, das decisões nas ações incidentes de embargos à execução.

Diante deste raciocínio é evidente que despachos, ainda que tenham teor interlocutório misto, não são agraváveis ou recorríveis. Eles terão que ser resolvidos através de procedimentos oportunos contra o entendimento processual do juiz executor e no recurso próprio, o agravo de petição que poderá conter preliminar nesse apelo, consoante à disposição do § 1º do art. 893 da CLT. Essa preliminar é muito mais prática do que o agravo retido criado no processo comum (art. 522 (art. 1.015) do CPC), e que acabará também como preliminar de conhecimento do recurso principal. A CLT está bem à frente no quesito da praticidade processual mais uma vez, quando afasta de pronto formalidades secundárias.

Os despachos do juiz executor, ordinatórios ou interlocutórios misto, que resolvem alguma questão processual sobre o andamento do processo são vários, mas decisões definitivas e terminativas são únicas em cada execução. Assim, as partes não poderão agravar de petição mais de uma vez. Esse agravo é único e não poderá ser repetido na mesma execução, e se por ventura seu processamento for denegado, então a parte recorrente poderá se louvar do agravo de instrumento e nada mais. Esse entendimento é importante a vista da situação econômica e financeira do país com as correções monetárias que poderão dificultar a fixação final do débito. Muitas vezes, tenho visto agravo de petição repetido quando retornam do tribunal pela atualização dos cálculos. No momento em que despachar o recurso ordinários apenas no efeito devolutivo, o juiz deverá obrigatoriamente mandar expedir a carta de sentença. Daí porque, é preciso que os juízes ao oficiarem no recurso, digam em que efeitos recebem o apelo, pena de retardamento processual. Mas voltando à execução, com recurso ordinário pendente, ela deverá ser suspensa após os cálculos de liquidação homologados. Com o trânsito em julgado e sentença definitiva condenatória, a execução com agravo de petição deve ir até final, com a disponibilidade do bem penhorado em praça, consoante a regra do § 1º do art. 897 da CLT, <u>ou seja, quanto a parte não impugnada</u>, ou seja, controvertida. O reforço de penhora quando for o caso, deverá ser deferido com o resultado da sentença de liquidação.

Segundo raciocínio que venho desenvolvendo, no 1º volume da obra *Perfil da Execução Trabalhista*", deixei assentado que o agravo de petição se restringirá ao disposto no § 1º do art. 897 da CLT. Portanto, com a delimitação da matéria objeto da controvérsia pressupõe-se que o valor incontroverso já tenha sido pago ao exequente dentro das 48 horas contadas da citação, em conformidade com art. 880 da CLT. No geral, a questão debatida quanto ao controvertido saldo remanescente, deverá se ater ao que for apurado em liquidação, de modo que depois de julgado o agravo de petição, segundo o que foi dito a rigor, não mais se poderá interpor recursos quaisquer que sejam, mesmo porque eles não se repetem e não variam na mesma causa, pelos mesmos motivos, pois nesse caso, já se teria operado a preclusão máxima quanto a matéria discutida nos mesmos.

E, quando o agravo de petição se limitar às contribuições previdenciárias, a cobrança se fará em autos apartados como dispõe o art. 897 da CLT. Isto somente acontecerá quando as verbas trabalhistas estiverem satisfeitas, caso contrário, a execução será englobada como aplicação do princípio de celeridade processual.

Assim, as dúvidas processuais que por ventura existirem terão sido resolvidas na forma do § 1º do art. 893 da CLT, ou então se louvando no art. 710 (art. 907) do CPC, qual seja quando o depósito recursal for mais elevado em razão da sentença de liquidação.

XLVII

O Depósito Recursal em Agravo de Petição. O Art. 40, § 2º da Lei n. 8.177, de 1º de Março de 1991. A Súmula n. 01 do Egrégio TRT – 2ª Região e o Provimento n. 1. A Litigância de Má-fé. O Enunciado n. 161, do Egrégio Tribunal Superior do Trabalho. O Art. 899, da CLT

Aqui, quero levantar questão processual que me parece bastante relevante, pois a exegese do agravo de petição, com a redação do § 1º do art. 897, determinada pela Lei n. 8.432 de 31.6.1992, abre-me uma interpretação que nos parece relevantíssima, já que a exegese de um texto legal deverá por óbvio se alinhar com os demais dispositivos legais, para que tenhamos um entendimento harmonioso do ordenamento jurídico da CLT, no tocante à execução, onde veremos que a interpretação do § 1º do art. 897, deverá, por óbvio, se alinhar com o § 1º do art. 884 da focada lei trabalhista.

Em artigo publicado pela Revista *Veja* n. 38, do mês de setembro de 2015, sob o título "Conversa de Predador", às fls. 68, na reportagem escrita por Bianca Alvarenga, Marcelo Sakate e Thiago Prado, há uma singela comparação entre os processos apreciados no ano de 2014, pela Suprema Corte Americana, "que julgou apenas 135 ações", enquanto que o "Supremo Tribunal Federal 125.000", "sendo que 8 em cada 10 processos no Brasil envolve o governo de alguma maneira". Faço esse parêntese para mostrar que o Poder Judiciário Brasileiro adoeceu pela falta de critério, especialmente nas interpretações dos textos jurídicos processuais. É que a parte descontente insiste com recursos desabusados e que tomam o precioso tempo para julgar as causas que merecem a devida atenção do Magistrado, especialmente no que toca a execução de sentença. Então, neste título, quero afirmar com todas as letras, que o agravo de petição tem que estar conforme o § 1º do art. 884 da CLT, pena de consequências seríssimas como por exemplo, a possibilidade de se repetirem esses recursos e até mesmo os embargos à execução. Então, se quisermos verdadeiramente termos uma execução limpa, conforme a lei, temos que examinar forçosamente o espírito do legislador, o que ele verdadeiramente quis dizer no § 1º do art. 884 da CLT, porque o que ali está é o reflexo do que será o processo dali por diante. Explico melhor, se a parte executada tem como matéria de defesa restrita, "as alegações de cumprimento da decisão ou do acordo, quitação ou prescrição da dívida", em síntese isso quer dizer que para o cumprimento da execução, o executado deverá pagar a quantia incontroversa e depositar a quantia controvertida, decorrentes da sentença de liquidação, como pressuposto recursal objetivo do agravo de petição. Sem isso, evidentemente não houve cumprimento da decisão, nem do acordo, se for o caso. Não é preciso que haja uma explicação mais detalhada. Se não depositar a quantia controvertida para que o exequente após o julgamento do agravo de petição se improvido, possa levantar esse depósito recursal, por óbvio, se assim não for, estaremos pervertendo o espírito da lei processual trabalhista na fase mais importante que, no caso de aceita a liquidação trabalhista após o julgamento do agravo de petição, o exequente possa levantar o crédito pendente reputado controverso pela executada, sendo que esse procedimento importa numa exegese lógica dos artigos examinados, e o depósito do valor controvertido que poderá ser, mantido total ou parcialmente, pelo Colendo TRT, eventualmente será levantado por quem de direito. Essa providência só será possível se a penhora for em dinheiro, por óbvio. Os §§ 1º, 2º e seguintes do art. 899 da CLT, cuidam dos depósitos recursais que poderão ser reduzidos, isentos ou substituídos por fiança, nas hipóteses ali relatadas. E, no tocante ao depósito recursal, não ficará mais na conta vinculada do empregado, e sim do juízo, segundo o § 4º, corrigido monetariamente com os mesmos índices da poupança. Por óbvio, essa alteração revogou o § 5º do art. 899 da Consolidação, assim, com essa providência o juiz executor poderá, a seu critério, liberar a penhora diante da segurança da espécie em dinheiro. Outra coisa, consoante de lê no § 1º do art. 899 da CLT, o primeiro depósito recursal só dispensará o segundo, na execução, se for capaz de satisfazer totalmente o objeto da sentença condenatória.

Interessante ainda notar, neste item, que o art. 836, da CLT, exige para propositura da ação rescisória depósito prévio de 20% do valor da causa, salvo prova de miserabilidade, e terá, como subsídio, portanto com efeito repristinatório o Código de Processo Civil introduzido pela Lei n. 5.869, de 11 de janeiro de 1973.

Só assim, entendo que os dispositivos legais na CLT estarão sendo aplicados quando haja uma incerteza séria no tocante à sentença de liquidação. Com o depósito recursal no agravo de petição o processo estará liquidado já na sentença de liquidação, caso contrário ele não deverá avançar mais, ocupando o juiz executor e principalmente os Tribunais Trabalhistas. Esse é o entendimento agora adotado pelo art. 995 e seu parágrafo do Código de Processo Civil de 2015. O depósito, na verdade tem estreita ligação com a segurança jurídica, segundo entendi numa das sessões do Supremo Tribunal Federal, em manifestação de voto pelo Ilustre Ministro Luiz Fux.

Em síntese, para que o executado possa alegar cumprimento da decisão, ele imperativamente deverá cumprir a sentença de liquidação, e o que foi dito vale também para o exequente, pena de incidirem em multa processual consoante ao art. 17 (art. 80) do CPC subsidiário.

Na verdade, aquele artigo do novo CPC, proclama:

"Art. 995 – Os recursos não impedem a eficácia da decisão, salvo depósito legal ou decisão judicial em sentido diverso.

Parágrafo Único – A eficácia da decisão recorrida poderá ser suspensa, por decisão do relator, se dá imediata produção de seus efeitos houver risco de dano grave, de difícil ou impossível reparação, e ficar demonstrado a probabilidade de provimento do recurso."

Depois, temos ainda mais o seguinte argumento, como ficará o executado frente ao disposto no art. 884, § 1º, combinado com o § 1º do art. 897, ambos da CLT. Assim é obrigatório se fazer o indigitado depósito como explicita o item I da Súmula n. 128 do Colento TST, *in verbis*:

> "I – É ônus da parte recorrente efetuar o depósito legal, integralmente, em relação a cada novo recurso interposto, sob pena de deserção. <u>Atingido o valor da condenação</u>, nenhum depósito mais é exigido para qualquer recurso;" (grifo nosso)

Porém, deve-se observar o disposto no § 2º, do art. 40 da Lei n. 8.177, de 1º de março de 1991, *in verbis*:

> "§ 2º A exigência de depósito aplica-se, igualmente aos embargos à execução e a <u>qualquer recurso subsequente do devedor.</u>" (grifo nosso)

Esse dispositivo legal se alinha ao disposto no art. 19, da Lei n. 6.830/80, a revelar a verdadeira intenção do legislador nas execuções de títulos judiciais e extrajudiciais. O valor da condenação se presume aquele que seja fixado na sentença de liquidação que poderá ou não ser mantido, no todo ou em parte. Se mantida o exequente levantará o valor de seu crédito já devidamente corrigido. E, se houver modificação, consequência do acordão proferido pelo Colendo TRT, em grau de agravo de petição, então cada parte levantará o valor que resultar do acordão proferido pela Corte. Esta é, sem dúvida, uma interpretação lógica, que evitará execuções repetitivas e que está de acordo com o entendimento expressado, segundo entendo pelo Egrégio Tribunal Superior do Trabalho.

Na verdade, o procedimento supra será adotado tanto nas quantias controvertidas como se não pagas nas incontroversas no momento adequado, sendo que a devedora deverá arcar ainda com o pagamento da multa prevista no art. 467, da CLT, parte final. É que, se a multa é devida administrativamente, do mesmo modo será devida judicialmente, quando o devedor agir maliciosamente. E mais, o art. 96 do novo CPC dispõe:

> "Art. 96 – O valor das sanções impostas ao litigante de má-fé reverterá em benefício da parte contrária, e o valor das sanções impostas aos serventuários pertencerá ao Estado e a União."

Na verdade, apenas a hipótese do Súmula n. 161 do Egrégio TST, exime o condenado do depósito, *in verbis*:

> "161 – Depósito – Condenação a Pagamento em Pecúnia.
>
> Se não há condenação em pagamento em pecúnia, descabe o depósito de que tratam os §§ 1º e 2º do art. 899 da CLT."

E, pela sua relevância, remeto o leitor ainda ao título "L" desta obra.

Ainda, conforme relatei, o depósito da quantia controvertida configura pressuposto processual objetivo de admissibilidade do agravo de petição, perante o Egrégio Tribunal Regional do Trabalho. Maiores informações a respeito encontraremos nos subtítulos Agravo de Petição e Agravo de Instrumento.

Mas pela relevância da matéria abro a seguir mais uma observação de grande relevância: É que a após a promulgação da Lei n. 8.177 de 1 de março de 19991, a questão do depósito no agravo de petição restou pacificada, pois o § 2º do art. 40 dispõe:

> "Art. 40 (...)
>
> § 2º A exigência de depósito aplica-se, igualmente aos embargos à execução e a qualquer recurso subsequente do devedor."

XLVIII

As Instâncias na Execução. O Art. 896, § 2º, da CLT. O Agravo de Petição e o Depósito Recursal. O Art. 897, Alínea "A", da CLT. A Carta de Sentença

Aqui, quero fazer um esclarecimento quanto a tudo que venho realçando para um desenvolvimento regular e bem-sucedido da execução trabalhista, especialmente para se evitar o quanto possível o tumulto processual que, por vezes, opera mesmo sem a provocação das partes. A questão na instância processual, por exemplo. Entender-se profundamente a sua função no processo.

Instância aqui é uma etapa processual onde se realiza atos e termos próprios e determinados à consecução de um determinado fim, que é um julgamento com sentença definitiva ou terminativa do processo conforme resultar do entendimento do juiz. Muitos confundem-na com o duplo grau de jurisdição em sentido estrito. As instâncias principais seriam de 1º e 2º graus. Porém podem ainda se configurar em instâncias recursais ou executória ou executiva, que, nesse caso, por sua vez terão também sua instância recursal. Posso, igualmente admitir uma instância postulatória e uma instrutória, essas últimas podemos denominar instâncias ou etapas processuais. Mas para se alcançar um determinado desiderato, há que se observar quais as etapas necessárias para tanto, ou seja, o julgamento final. Para alcançá-lo há que se verificar o que a parte pretende com o seu requerimento que deverá conter forma e prazo como prescritos em lei. Exemplificativamente, se a parte perde um prazo peremptório, perderá a instância pretendida como alhures já foi explicado. Assim as partes também não poderão agravar de petição mais de uma vez, esses agravos são únicos. E, se, por ventura, o processamento for denegado, a parte poderá se louvar tão somente no agravo de instrumento e nada mais.

Essa posição, o legislador deixa claro ao cuidar do Recurso de Revista:

"Art. 896, § 2º Das decisões proferidas pelos Tribunais do Trabalho, ou por suas turmas em execução de sentença inclusive em processos incidentes de embargos de terceiros, não caberá Recurso de Revista, salvo na hipótese de ofensa direta e literal da norma da Constituição Federal."

Inobstante a Súmula n. 214 do C.TST, veio esclarecer uma situação processual em que a parte poderá se defrontar com essa questão, perante o disposto no art. 799 § 2º da CLT, *in verbis*:

"214 – Decisão Interlocutória.

Irrecorribilidade – Nova redação Res. n. 127/2005 – D.J. 16.3.2005.

Na Justiça do Trabalho, nos termos do art. 893, § 1º, da CLT, as decisões interlocutórias não ensejam recurso imediato, salvo nas hipóteses de decisão:

a – do TRT contraria a súmula ou orientação jurisprudencial do Tribunal Superior do Trabalho;

b – susceptível de impugnação mediante recurso para o mesmo Tribunal;

c – que acolhe exceção de incompetência, Territorial, com remessa dos autos para o T.R.T. distinto daquele a que se vincula o juízo expecionado consoante o disposto no art. 799, § 2º, da CLT."

E, tanto é verdade, que o Código de Processo Civil ao final do título VI, fala: "Da Formação, Da Suspensão e Da Extinção do Processo", enquanto que o anterior editado pelo Decreto-lei n. 1.608 de 18.12.1939, no capítulo I, abria com "Da Suspenção da Instância", onde no art. 196 dispunha:

"A instância começará pela citação inicial válida e terminará pela sua absolvição ou cessação ou execução da sentença."

Na exposição de motivos do CPC atual, se percebeu a instabilidade da definição do conceito "Instância" e, então, o substituiu, e nesse código bem como na CLT não encontrei mais esse termo. Entendo, contudo, que ele tem grande valor se o aproveitarmos com o significado de etapa processual. Nada designa melhor um determinado momento processual. Porém, para facilitar esse questionamento e seu conhecimento, transcrevo abaixo a exposição de motivos quanto à questão ora exposta, *in verbis*:

"Outra a expressão, que o projeto eliminou é a instância. Dela se serve o Código de Processo Civil vigente para designar o instituto da suspensão da absolvição e da cessação do processo (arts. 196-207). Todavia, a palavra é equivocada. Nas fontes romanas significa atividade, empenho, diligência e pedido. Também exprime o exercício da ação desde a litiscontestação até a sentença. Para Pereira e Souza e Ramalho, a instância é o tempo dentro do qual se trata e determina a causa com decisão final."

João Mendes Jr. define-a como: "existência fluente do litígio".

Ainda são citados outros processualistas como João Monteiro, Eliezer Rosa, José Roberto dos Reis e Barbosa Magalhães, sendo que excetuando-se o primeiro, os restantes entendem que "Instância significa processo, entendido como relação jurídica".

Porém, entendo que o termo "instância" está muito enraizado na terminologia jurídica do país, de modo que seu uso não poderá ser banido abruptamente da linguagem jurídica.

Então, com o maior respeito aos processualistas citados, instância é o momento processual dentro de prazos consecutivos na mesma relação processual dentro de uma determinada ação em andamento.

Hoje a extinção do processo se dará com ou sem resolução do mérito, segundo art. 267 (art. 485) e 269 (art. 487) do CPC.

Então, se conclui que a palavra "instância" possui caráter ambíguo, difícil de se definir, e comporta as versões ora expostas bem como outras.

Ela precisa, então, ser entendida dentro do contexto em que está inserida. Por essa razão, a perda do prazo peremptório poderá levar na perda parcial ou total da instância, e não só a extinção do processo. Acredito ser essa uma interpretação de instância mais moderna e coerente com a realidade processual moderna.

Quando se diz que a parte perdeu a instância pela violação de prazo peremptório, quer dizer que, pela preclusão máxima, não poderá mais praticar aquele ato, bem como os posteriores que dele dependam.

Porém, volto a repetir aquele alerta, qual seja, na execução trabalhista os recursos na generalidade dos casos não comportam o efeito suspensivo; quase todos possuem efeito devolutivo, tão somente. O efeito devolutivo está revelado no art. 899 e parte final do § 1º do art. 897, ambos da CLT. Segundo depreendo, a parte final do § 1º do art. 897 da CLT, não deixa a critério do juiz, ou das partes, a expedição da carta de sentença, quando for o caso. Ela é obrigatória segundo entendo. O Estado tem obrigação, o dever de executar com presteza, observando os ditames da lei, que dispõe "*in verbis*", no focado dispositivo legal "permitida a execução imediata da parte remanescente até final, nos próprios autos ou por carta de sentença". Lembro aqui aos leitores que o Estado no processo inquisitório deve zelar pelo andamento célere do processo, especialmente na execução, independentemente de provocação do interessado, segundo a lei. Então, nas palavras do legislador, na parte final do § 3º do art. 897 da CLT consta:

> "(...) a uma das turmas do Tribunal a que estiver subordinado o prolator da sentença, observado o dispositivo no art. 679, a quem este remeterá as peças necessárias para o exame da matéria controvertida, <u>em autos apartados ou nos próprios autos se estiver sido determinada a extração da carta de sentença.</u>"(grifo nosso)

XLIX

A União e a Verba Previdenciária. O Art. 911-A da CLT

A Redação do § 3º, do art. 897 da CLT foi determinado pela Lei n. 10.035, de 25.10.2000. Observo então, que a extração da carta de sentença, salvo melhor juízo, não é facultativa mas sim obrigatória, mesmo que o exequente não a tenha requerido, quando o recurso não tiver o efeito suspensivo. Hoje ainda, a respaldar este entendimento existe a execução *"ex officio"*, da verba previdenciária, em carona em outras verbas trabalhista.

Também, quando "o agravo de petição versar apenas sobre as contribuições previdenciárias", igualmente para a União, se formarão autos apartados, como se verifica no § 8º do art. 897 da CLT.

Essa é uma peculiaridade que, por óbvio, não poderá fugir à regra. É que, como se irá cobrar apenas a verba previdenciária, quando a União, em regra, só irá ingressar no processo judicial a partir da liquidação da sentença, deliberação do legislador no § 3º, do art. 832 da CLT. Apenas a União poderá discordar do valor atribuído à verba previdenciária, ou de apenas parte delas apurada na conta. Porém, isso não quer dizer que a execução judicial fora instaurada apenas para cobrar esse título, mas apenas executa-se o que resta pendente deste título, por estarem já liquidadas as verbas trabalhistas. Mas inelutavelmente, subentende-se da leitura dos §§ 4º e 5º do art. 832 da CLT, que a União poderá ingressar com recursos próprios na defesa do valor pertinente à contribuição previdenciária. E mais, poderá ainda, recorrer das decisões cognitivas ou homologatórias, consoante resulta da leitura dos §§ 3º, 4º, 5º e 6º do art. 832 da CLT

Entretanto, como já deixamos claro, numa determinada execução, o agravo de petição deverá ser único para cada recorrente, salvo se a sentença for terminativa do feito, tendo o E. TRT acolhido o apelo, ocorrendo, em consequência, a reabertura da execução para posterior conhecimento do mérito, quando for o caso.

Por fim, o recolhimento das contribuições previdenciárias se fará em conformidade com o art. 911-A da CLT.

L

O Agravo de Petição e o Depósito do Valor Controvertido, como Pressuposto Recursal Objetivo. O Agravo de Instrumento. As Contrarrazões. Prazos. A Súmula n. 1 do E. TRT da 2ª Região

Mas prosseguindo, é evidente que o agravo de petição tanto quanto o de instrumento não são exceções à regra geral do art. 899 da CLT, pelo menos no que tange à execução. E por importante repetimos para que não ocorra o cerceamento de defesa, as insurgências contra despachos interlocutórios deverão ser arguidas em preliminar de recurso próprio contra a decisão terminativa ou definitiva, como já explicamos. Mas é preciso que no ato, a parte proteste por escrito contra a decisão interlocutória impugnada na ocasião oportuna, ou seja, a primeira vez que falar nos autos após sua ocorrência, ou melhor, a ciência do gravame.

Os agravos de petição ou de instrumento serão interpostos no prazo de 8 dias conforme está disposto no art. 897, alíneas "a" e "b" da CLT, ou seja, a contar da intimação da decisão proferida nos embargos à execução, ou da decisão resultante da impugnação ao cálculo, caso o agravante seja o exequente. A resposta ou contrarrazões se dará em 8 dias, ou seja, no mesmo prazo do apelo, consoante a regra contida no art. 900 da CLT.

Então, desejo deixar claro que o exequente também poderá dentro do prazo especificado impugnar a conta e agravar de petição quanto ao resultado da liquidação, uma única vez, após a decisão proferida em embargos à penhora.

Os arts. 203 e 204 do Regimento Interno do E. TRT, da 2ª Região possibilitam também o cabimento do agravo de petição quanto às decisões do Presidente do Tribunal.

Portanto, entendo que se houver diferença entre a importância contida na sentença de liquidação, ou seja, entre o valor controvertido e o pagamento efetuado pelo executado, tal diferença deverá ser depositada e erigida à condição de pressuposto processual objetivo do agravo de petição para conhecimento do apelo. Assim, juros e correção monetária deste depósito, correrão por conta do banco depositário e afinal essa importância será levantada por quem de direito, total ou parcialmente. Esse pressuposto recursal está implícito nos "Princípios Gerais de Direito", que Deocleciano Tourrieri Guimarães define, às fls. 455 de sua obra como "critérios maiores, muitas vezes não escritos, que estão presentes em cada ramo do Direito". E dele se percebe quando se constata que o julgamento do agravo de petição não permitirá que nada mais se discuta nos autos em que a sentença de liquidação foi proferida. Esse procedimento evita com certeza repetição de matérias já preclusas a não ser que o agravo de petição seja provido para uma das partes, ou mesmo para ambas. Tal providência resulta de entendimento de que "o recurso em tese é único, em cada fase do processo trabalhista". Se o agravo de petição for improvido, a execução estará extinta com o cumprimento do V. acórdão.

Em conclusão, sem que se pague a quantia incontroversa em 48 horas, e sem que se deposite o saldo controvertido como pressuposto processual, o recurso de agravo de petição não deve ser conhecido. Na verdade, não deverá ser sequer processado, evitando-se o trâmite de um recurso com seus pressupostos processuais incompletos, com a ausência do depósito indispensável pois, afinal, o débito da diferença está reconhecido por sentença de mérito na execução, ao se julgar a ação incidente de embargos à execução. Assim, *"data maxima venia"*, o Enunciado n. 01 do Colendo TRT da 2ª Região deverá, segundo entendo, ser reformulado com a seguinte redação:

> "Execução trabalhista definitiva. Cumprimento da decisão. Depósito Recursório.
>
> O cumprimento da decisão se dará com o pagamento do valor incontroverso em 48 horas, restando pendente apenas o controvertido saldo remanescente, que deverá ser depositado em garantia do agravo de petição."

Esta tese repete praticamente o inciso I da Súmula n. 128 do E. Tribunal Superior do Trabalho. Portanto, não há arbitrariedade no entendimento esposado quanto ao depósito recursal, pela sua importância na celeridade processual, *in verbis*:

> "128 – Depósito Recursal – (Incorporadas as Orientações Jurisprudenciais ns. 139, 189 e 190 da SBDI-1 – Res. n. 129/2005 – DJ de 20.4.2005)
>
> I – É ônus da parte recorrente efetuar o depósito legal, integralmente, em relação a cada novo recurso interposto, sob pena de deserção. Atingido o valor da condenação nenhum depósito mais é exigido para qualquer recurso." (ex-Súmula n. 128, redação dada pela Res. n. 121/2003. DJ 21.11.2003 – incorporou a OJ n. 939 – Inserida em 27.11.1998) n. 121/2003. DJ 21.11.2003 – que incorporou a OJ n. 139 – Inserida em 27.11.1998)

Esse entendimento pode ser extraído também da leitura do § 1º do art. 899 da CLT, onde sequer o recurso extraordinário será admitido sem o depósito recursal. Além do mais, aqui no agravo de petição, a sentença definitiva já terá transitado em julgado. Essa questão é tão severa que o § 2º do art. 897 da CLT proclama que não será suspensa a execução com a interposição de agravo de instrumento "contra despacho que não receber agravo de petição, cujo processamento foi indeferido". Aliás, por importante o art. 38, da Lei n. 6.830/80, exige depósito preparatório do valor do débito, lei essa subsidiária segundo o disposto no art. 889, da CLT, como expliquei no capítulo anterior.

A propósito, remeto o leitor ao capítulo XLII, parte final.

LI

O Recurso Extraordinário na Execução. Modulação. O Recurso Especial. A Afetação. A Lei n. 9.868/99. A Lei n. 7.701/88. Os Recursos Repetitivos. O *"Amicus Curiae"*. A Repercussão Geral

O Recurso Extraordinário é um recurso institucional de proteção à Constituição Federal do Brasil.

A eventual interposição do recurso extraordinário, previsto no § 2º do art. 893 da CLT, não prejudicará a execução do julgado; isto quer dizer que, neste caso, não há também exceção à regra, de modo que a execução não será paralisada e tampouco prejudicada, mesmo diante desse supremo recurso. E se o recorrente, por ventura, obtiver êxito no E. STF, então, veremos se as coisas como estão poderão ou não ser revertidas, conforme o julgado do Supremo Tribunal Federal. Mas, de qualquer forma, não será perdido o que ali foi decidido, porque essa decisão poderá ter um valor muito superior pela sua repercussão geral, consoante se lê no § 3º do inciso III do art. 102, da CF, quando o julgamento tiver essa conotação.

Aqui, pela sua relevância, volto a repisar que o juiz executor em cujas mãos estará a responsabilidade da condução de uma execução ágil e legal, será indispensável que examine, com cuidado, a forma, o conteúdo e o prazo dos atos praticados pelas partes. Esses atos processuais, como já disse, possuem modelo legal próprio, previsto na execução trabalhista e da aplicação de sua formalidade dependerá o resultado da execução. Isto não é rigor excessivo, mas obediência às normas vigentes. Portanto, dentro desse raciocínio, exceção à regra do simples efeito devolutivo do recurso interposto será o de dar-lhe o efeito suspensivo no processo trabalhista que, como vimos, ocorre mais a miúde, segundo nos parece, apenas no recurso ordinário, no caso do juiz recebê-lo no duplo efeito, como já expliquei.

Neste capítulo, há de se observar o quanto o legislador dispôs nos arts. 543-B e 543-C (art. 1.036) do CPC quanto aos julgamentos dos recursos extraordinário e especial repetitivos, quais sejam aqueles com fundamento em idêntica questão de direito.

Nesse capítulo referente ao recurso extraordinário, vamos ao encontro do art. 8º da Emenda Constitucional n. 45 de 8.12.2004, que passo transcrever a seguir:

"Art. 8º As atuais Súmulas do STF somente apresentarão efeito vinculante após sua confirmação por 2/3 de seus integrantes e publicação na imprensa oficial."

E a Súmula vinculante pela sua relevância irá por certo esvaziar o Judiciário, de alguma forma, no tocante a processos já apreciados com o entendimento da Suprema Corte do País sobre determinada questão. E a superação do entendimento expressado na súmula vinculante só perderá seu valor quando o assunto jurídico nela tratado for superado por essa Corte Suprema.

Aqui, por importante, trago a balha, a figura da modulação criada pela Lei n. 9.868, de 10 de novembro de 1999, que dispõe sobre o processo e julgamento da ação direta de inconstitucionalidade e da ação declaratória de constitucionalidade perante o Supremo Tribunal Federal. Essa lei, implicitamente, cria a possibilidade de modulação da decisão quanto aos efeitos jurídicos e fáticos, no tempo e no espaço, bem como seus limites objetivos e subjetivos, como se infere da leitura especialmente de seu art. 27. Como exemplo, os efeitos "*ex tunc*" e "*ex nunc*" alcançam, e em que medida os processos paralisados sobre o tema em quaisquer instâncias ou tribunais.

A aplicação da modulação pelo Supremo Tribunal Federal dependerá da votação de maioria absoluta, ou seja, 2/3 de seus onze ministros, como antes já expliquei.

A modulação será de grande valia, em face, principalmente, dos princípios da segurança e confiança dos julgamentos da Corte Suprema, na hipótese de o julgamento alcançar situações pretéritas já amparadas pelo ato jurídico perfeito praticado em situação antagônica, baseado, por exemplo, no art. 46, do Código Tributário Brasileiro, implantado pela Lei n. 5.172 de 25 de outubro de 1966, com alterações posteriores, como pagamento do IPI, por exemplo.

A Lei n. 9.868/99, ainda teve o mérito de criar a figura "*amicus curiae*" no § 2º do art. 7º, onde o juiz relator poderá admitir a figura do "*amicus curiae*" por despacho irrecorrível, a fim de que órgãos e entidades possam se manifestar sobre matérias relevantes, segundo entendimento do relator. É no meu entender, intervenção de terceiro, mas com severas limitações processuais. A figura processual enfocada acaba de ser encampada pelo novo Código de Processo Civil.

O indigitado art. 1.035, ainda no seu § 5º do novo CPC, trata de relevante figura processual, a "repercussão geral", que permite que pelo voto de 2/3 dos seus Ministros do Supremo Tribunal Federal se possa suspender os processos pendentes individuais ou coletivos, que tramitam em todo Território Nacional, com o mesmo objeto. Ainda temos os recursos repetitivos nos arts. 1.036/1.041, com a determinação do art. 1.037, todos do novo Código de Processo Civil com as faculdades contidas especialmente nos §§ 9º e 11º, para fins de afetação a suspensão dos processos, com decisões que versam sobre a mesma questão de direito nos primeiro e segundo graus de jurisdição (art. 1.040 III) do CPC, sendo que a suspensão só será levantada depois de emitida a tese quanto à matéria afetada.

O recurso especial caberá nas hipóteses das alíenas "*a*", "*b*" e "*c*", do inciso III, do art. 105, da CF, pelo Superior Tribunal de Justiça.

Tanto um quanto outro admitirão a figura da retratação prevista no inciso II, do art. 1.030 do CPC.

Outrossim, a repercussão geral é pressuposto processual objetivo do recurso extraordinário, pena de o mesmo não ser admitido na origem, como proclama o § 8º, do indigitado art. 1.035 do novo CPC. Ela é de grande valia porque acaba por alcançar processos que se encontram não só no Supremo Tribunal Federal, como aqueles nas mesmas condições nas várias instâncias processuais em todo território nacional, segundo se infere do disposto do § 5º, do art. 1.035, do novo Código de Processo Civil.

Em consequência, a modulação será a medida subjetiva e objetiva da repercussão geral. Mas, não é só. O eminente Ministro Gilmar Mendes, em lição ministrada sobre o controle de constitucionalidade na constituição de 1998, às folhas 167 da obra *A Constituição Consolidada*, coordenada por Marcelo Alckmin, ensina:

> "A constituição de 1988 reduziu o âmbito de aplicação do recurso extraordinário, confiando ao Superior Tribunal de Justiça a decisão sobre os casos de colisão direta entre o direito estadual e o direito federal ordinário." (grifo nosso)

Por fim, a Lei n. 7.701, de 21 de dezembro de 1988, dispõe sobre a "Especialização de Turmas dos Tribunais do Trabalho em Processos Coletivos e dá Outras Providências".

LII

O Duplo Grau de Jurisdição na Execução Trabalhista. Natureza dos Títulos Executórios e Executivos

Tanto a sentença condenatória transitada em julgado como os títulos extrajudiciais, são títulos executivos e executórios, dependendo de sua origem. Ambos observam o duplo grau de jurisdição em grau de agravo de petição. Já dissemos que, como ambos estão alinhados conjuntamente no capítulo pertinente à execução, segundo se lê no art. 877-A da CLT, então o trâmite processual será o mesmo para ambos com tênues distinções. Então, haverá inicialmente a liquidação e, na Justiça do Trabalho, desta decisão não caberá recurso formal como ocorre na Justiça Comum através do agravo de instrumento art. 475-H (parágrafo único, inciso XIII, do art. 1.015) do CPC.

Na Justiça do Trabalho, a insurgência das partes no tocante à liquidação se dará com base no § 3º do art. 884 da CLT, ou seja, juntamente com os embargos à execução ou pelos embargos a penhora. E, se, por ventura, não houver embargos à execução da parte executada, o exequente, mesmo assim, poderá impugnar a sentença de liquidação através de uma ação incidente denominada impropriamente de embargos à penhora, com fulcro no § 3º do art. 884 da CLT, no prazo, de 5 dias a contar de sua ciência da data em que se deu a garantia à execução ou à penhora como especificado no corpo do art. 884 do diploma consolidado. Afinal, já esclarecemos que, na espécie, cuidamos de ações incidentes com pretensões constitutiva ou desconstitutiva, conforme a situação processual o exigir. A lei denomina essa impugnação de embargos à penhora (*vide* § 3º do art. 884 da CLT). Então, em sentido "*stricto sensu*", poderemos denominar esse ato de embargos à penhora, mas que servirá tão somente para distinguir a impugnação ao cálculo de liquidação, pelo exequente, pois na verdade, por óbvio, o exequente nunca estará contra a penhora realizada para termos uma execução aparelhada. E, conforme venho distinguindo, quando for a executada a insurgente, denominaremos de embargos à execução e quando a impugnação aos cálculos vier do exequente de embargos à penhora, como se denota da leitura do § 3º do art. 884 da CLT. Para que o exequente possa embargar a liquidação no prazo de 5 dias, há necessidade de que o Oficial de Justiça dê ciência antecipada a ele da penhora ou por despacho do juiz. Afinal, já esclarecemos que, na espécie, cuidamos de duas ações incidentes, quais sejam os embargos à execução que são uma ação constitutiva ou desconstitutiva de um título judicial ou extrajudicial, conforme sua origem e a ação intitulada embargos à penhora, visando os cálculos sob o olhar do exequente, especialmente quanto a sua discordância aos cálculos aprovados pelo juiz executor.

Assentado que a execução se fará do mesmo modo, pois apenas uma ação desconstitutiva poderá invalidar ou alterar um título de dívida líquida e certa, seja judicial ou extrajudicial, então a impugnação do exequente se dará legalmente através também de uma ação incidental constitutiva, embora sua causa de pedir se encontre na pretensão de aumentar o valor da condenação fixado pelo juiz, na sentença de liquidação. A propositura da ação incidente é de suma importância, pois também o é assim na Justiça Comum, consoante se lê no art. 736 (art. 914) do CPC, *in verbis*:

"Art. 736 – O executado independentemente da penhora, depósito ou caução, poderá opor-se à execução por meio de embargos."

E, no art. 745 (art. 917) do CPC estão disciplinadas as alegações do executado. Agora, com a regularização da cobrança dos títulos trabalhistas extrajudiciais, poderemos aceitar subsidiariamente, segundo entendo, apenas duas arroladas no artigo supra citado quais sejam:

"I – nulidade da execução por não ser executivo o título apresentado; e

III – excesso de execução ou cumulação indevida de execução."

As demais, consoante entendo, ferem de plano princípios fundamentais que regem o processo do trabalho, ou seja, a relação das matérias contidas no § 1º do art. 884 da CLT.

Mas, prosseguindo com o nosso raciocínio, na esfera trabalhista, verificamos que se recorre por agravo de petição da decisão proferida nas ações incidentes de embargos à execução ou à penhora. Portanto, o duplo grau de jurisdição limitam os recorrentes a um único recurso de mérito, que se configura no indigitado agravo de petição, até porque o art. 836 da CLT, proclama:

"Art. 836 – É vedado aos órgãos da Justiça do Trabalho conhecer de questões já decididas, excetuados os casos expressamente previstos neste título e a ação rescisória. (...)"

E, no CPC, encontramos, na mesma linha, os arts. 471 e 473 (arts. 505 e 506), onde se verifica que é defeso ao juiz decidir novamente as questões já decididas, bem como às partes "discutir no curso do processo as questões já decididas, a cujo respeito se operou a preclusão".

No agravo de petição, ou nos agravos de petição, se ambos recorrerem, o executado e o exequente deverão esgotar toda matéria debatida na execução para conhecimento na instância superior, por uma das turmas do TRT. Ali, conforme as matérias arguidas pelas partes, os autos baixarão para que se amolde a execução aos parâmetros do acórdão, se houver modificação e, dali em diante, não se buscará mais a 2ª Instância pelo menos quanto a esses recorrentes.

É que poderá existir agravo de petição da União quanto à contribuição previdenciária; então, haverá que se observar as formalidades contidas no § 8º do art. 897 da CLT. Mas ele terá que se resumir à contribuição previdenciária, e nada mais, em autos apartados, ou carta de sentença.

Assim, alguns reparos materiais necessários à legitimação das contas de liquidação terão sua regularização feita pelo próprio juiz executor, fundado nos arts. 685 (art. 874), I, e

710 (art. 907), ambos do CPC; e arts. 833, 897-A e 893, da CLT. Assim, já decidi no processo TRT/SP n. 02940149245, em 21.3.1995, e cuja ementa do acórdão é a seguinte:

> "Execução – Excesso de penhora – Praça. O excesso de penhora não justifica embargos à execução, limitados que estão às hipóteses do § 1º do art. 884, da CLT, mas tão somente simples requerimento ao juiz com fulcro no art. 685, I do CPC ou então, na hipótese de hasta pública, a restituição ao devedor do que sobejar nos termos do art. 710 do CPC."

Observe-se que a questão, foi julgada pela Sessão Especializada à unanimidade.

Porém, como disse, poderá ainda existir agravo de petição da União quanto à contribuição previdenciária, então haverá que se observar as formalidades contidas no § 8º do art. 897 da CLT. Mas ele terá que se resumir tão somente à contribuição previdenciária e nada mais, ainda em autos apartados, se já não houver Carta de Sentença.

Note-se porém que, se a execução for extinta por uma decisão meramente terminativa, aí terá que ser cumprido o venerando acórdão, que poderá manter ou modificar a decisão de 1º grau quanto a questão processual arguida. Só nessa hipótese poderá haver, nessa execução, novo agravo de petição, já que o anterior se limitou apenas à questão processual debatida na Instância Superior, como sói acontecer em algumas das hipóteses do art. 267 (art. 485) do CPC. Daí feitas as correções processuais determinadas no venerando acórdão, a parte que se viu restringida por alguma medida processual, após se esgotarem as questões de 1ª instância, então, poderão, ou não, quaisquer das partes ou até ambas, recorrer por agravos de petição, agora quanto à decisão definitiva do juiz executor, com os devidos reparos alinhados no venerando acórdão.

A União também terá possibilidade de recorrer quanto à Previdência Social atrelada às verbas condenatórias, consoante já estudamos alhures.

Sobre o que apontei acima, a limitação das matérias discutidas nos embargos à execução ou à penhora, temos a frisar o disposto no § 1º do art. 897 da CLT, *in verbis*:

> "O agravo de petição só será recebido quando o agravante delimitar justificadamente as matérias e os valores impugnados, permitida a execução imediata da parte remanescente até o final, nos próprios autos ou por carta de sentença."

Disto se tira duas conclusões: as matérias permitidas no recurso são as contidas nos §§ 1º e 3º do art. 884 da CLT, e o remanescente, se houver, deverá ser discutido até final, consoante a regra do § 1º do art. 897, da CLT.

Quanto ao recurso extraordinário me referi neste tópico que sua solução não poderia ser diferente, dado que esse apelo ao excelso STF é muito demorado pelo volume de serviço. Demais, por vezes, há necessidade de se examinar a repercussão geral da tese contida no apelo, consoante o § 2º do art. 543-A (art. 1.035) do CPC. Contudo, para o processo trabalhista, existe o § II do art. 893, da CLT, que exprime, com todas as letras que a interposição desse apelo, não prejudicará seu curso até o final da execução, como já expliquei.

LIII

Recursos de Revista e Extraordinário. Arts. 896, 896-A, B e C

Quanto ao recurso de revista em execução de sentença, ou em embargos de terceiro não é cabível quanto às decisões proferidas pelos Tribunais Regionais ou suas Turmas (§ 2º do art. 896 da CLT), salvo na hipótese de ofensa direta e literal de norma constitucional. O mesmo acontece quando as decisões se derem em autos de ação executiva de títulos extrajudiciais. Quanto ao seu cabimento, há relevância na transcrição da Súmula n. 221 do Colendo Superior Tribunal do Trabalho:

> "221 – Recurso de Revista. Violação da Lei. Indicação de Preceito. A Admissibilidade do recurso de revista por violação tem como pressuposto a indicação expressa do dispositivo de lei ou da Constituição tendo como violado. Redação determinada pela Resolução n. 185, de 14 de setembro de 2012."

Mas temos ainda, para complementar um raciocínio mais amplo, a Súmula n. 505 do Supremo Tribunal Federal, *in verbis*:

> "505 – Decisões da Justiça do Trabalho – Recurso para o STF:
>
> Salvo quando contrariarem a Constituição não cabe recurso para o STF, de quaisquer decisões da Justiça do Trabalho, inclusive dos Presidentes de seus Tribunais."

Porém, com a redação da alínea *"c"* do art. 896, da CLT, pela Lei n. 9.756, de 17 de dezembro de 1998, ampliou-se a abrangência para a interposição desses recursos, como se observa abaixo, *in verbis*:

> "C) Proferidas com violação literal de disposição de lei federal ou afronta direta e literal à Constituição Federal."

Mas aqui cabe ainda lembrar, mais uma vez, o disposto no § 2º do art. 896 da CLT que "em execução de sentença, não caberá recurso de revista, salvo na hipótese de ofensa direta e literal de Norma da Constituição Federal". (grifo nosso) Então, consoante entendo, em execução de sentença, eles não terão cabimento a não ser que o ato processual entre em colisão direta com normas da Constituição Federal. Nessa linha, entendo oportuna a transcrição do § 14, do artigo em epígrafe:

> "§ 14 – O relator do recurso de revista poderá denegar-lhe seguimento, em decisão monocrática, nas hipóteses de intempestividade, deserção, irregularidade de representação ou ausência de qualquer outro pressuposto extrínseco ou intrínseco de admissibilidade". (grifo nosso)

Porém, devo realçar, que pelo § 6º, do art. 896-A, da CLT, dispõe: "O juízo de admissibilidade do recurso de revista exercido pela Presidência dos Tribunais Regionais do Trabalho limita-se à análise dos pressupostos extrínsecos e intrínsecos do apelo, não abrangendo o critério da transcendência das questões nele vinculada". (grifo nosso)

É que a transcendência do apelo é questão a ser apreciada, pela sua relevância, ao Egrégio Tribunal Recorrido, por ultrapassar os limites daquele processo, alcançando outros que estejam pendentes na mesma situação jurídico-processual.

Essa regra permanece inclusive na ação incidente de embargos de terceiro. Aqui remete-se o leitor a questão dos recursos repetitivos.

Doutro lado ainda "considera-se inexigível o título judicial fundado em lei ou ato normativo declarados inconstitucionais pelo STF ou em aplicação ou interpretação incompatíveis a Constituição Federal, "consoante se lê no § 5º do art. 884 da CLT". A matéria deverá, se for o caso, alegar-se em embargos à execução, e posteriormente em agravo de petição.

A instância recursal é única em cada ação. Assim, o será também no tocante aos embargos à arrematação e à adjudicação conforme art. 746 (art. 916) do CPC, por também serem ações incidentes. Porém, no tocante ao recurso de revista entendo absolutamente necessária a transcrição do art. 896 B da CLT, *in verbis*:

> "Aplicam-se ao recurso de revista no que couber as normas da Lei n. 5869 de 11.1.1973 (CPC), relativas ao julgamento do recurso extraordinário e especial repetitivos." (Redação dada pela Lei n. 13.015, de 21 de julho de 2014 – DOU de 22 de julho de 2014)

Esse dispositivo legal pretende, em síntese, expurgar do mundo jurídico as decisões díspares "de recursos interpostos em casos idênticos aos afetados como recursos repetitivos, até o pronunciamento definitivo do TST", segundo os §§ 3º e 5º do art. 896 da CLT exigindo-se que o Presidente do TST oficie aos Tribunais do Trabalho e aos Presidentes das turmas e da Seção Especializada do Tribunal "a suspensão dos os processos idênticos aos selecionados como recursos representativos da controvérsia e encaminhados ao Supremo Tribunal Federal até o seu pronunciamento definitivo". Cuida-se da aplicação do princípio de norma processual, que impede decisões distintas sobre o mesmo assunto.

E mais, essa medida tem por finalidade: a celeridade e a identidade das decisões com unificação da jurisprudência, para o fim de repercussão geral depois de encaminhados os processos ao Supremo Tribunal Federal, cuja competência funcional está inscrita no art. 102, § 3º, da Carta Magna.

Esse procedimento tem o objetivo bem a nível do disposto no inciso LXXVIII, do art. 5º da Carta Magna. É nesse nível constitucional que examino a execução trabalhista, nesta e em outras obras que escrevi. Concluindo, na execução, só serão admissíveis os recursos extraordinário e de revista nas hipóteses do § 2º do art. 896 da CLT. Por fim, devo alertar que nos processos de alçada, previstos na Lei n. 5.584, de 26 de junho de 1970, no § 4º, do art. 2º, o recurso só será admissível "Se versar sobre matéria constitucional".

Por fim, as Leis ns. 13.015, de 21 de julho de 2014 e 13.467, de 13 de julho de 2017, revogaram e acrescentaram dispositivos à CLT, no tocante ao procedimento e conteúdo desse recurso e que deverão ser observados ao se recorrer de revista, e ainda apresentar alguns exemplos de transcendência a justificar a interposição de recurso de revista, enquanto ao recurso extraordinário o procedimento para os apelos repetitivos.

LIV

Os Embargos Declaratórios.
O Efeito Interruptivo do Prazo

Fugindo a regra quanto aos demais recursos trabalhistas, o prazo para sua interposição é de 5 dias, e poderão ter <u>efeito modificativo do julgado</u> nos casos de omissão, contradição e manifesto equívoco no exame dos pressupostos intrínsecos do recurso, conforme está escrito no art. 897-A da CLT. Então, a Consolidação é no particular, mais detalhista do que o CPC nos incisos I e II do art. 535 (art. 1022), atendendo melhor a realidade processual em que as partes se encontram tanto numa como noutra relação da esfera processual, pois ele abrangerá ainda a hipótese de, no recurso principal, existir "Manifesto equívoco no exame dos pressupostos extrínsecos", novidade alvissareira que impedirá que o recurso prossiga sem que haja sequer possibilidade de seu conhecimento pela instância "*ad quem*". É o caso de recurso manifestamente desproposital, natimorto, processualmente falando. Contudo, nesse caso há que se ouvir antes a parte contrária sobre a correção de vício na decisão embargada.

Já os pressupostos intrínsecos derivam de decisão ou acordo eivados por vício, por omissão ou contradição na sentença ou acórdão consoante o art. 897-A da CLT. Seu efeito é agora, nos termos do § 3º do art. 897-A, <u>interruptivo do prazo de outros recursos</u> (art. 538 (art. 1.026) CPC). Quando o efeito for modificativo, como disse, abrir-se-á vista a parte contrária segundo § 2º do art. 897-A da CLT, por cinco dias. Essas novidades se deram com advento da Lei n. 13.015, de 21.6.2014. É que o efeito suspensivo é incompatível com a metodologia recursal admitida no art. 899 da CLT. Assim, o recorrente deverá ficar atento para não se confundir, pois, caso contrário, o cálculo do prazo, no efeito suspensivo, poderá levar o recurso principal a ser julgado intempestivo.

A Lei n. 13.015, de 21 de junho 2014 introduziu os §§ do art. 897-A da CLT, e os embargos de declaração agora interrompem os prazos para interposição de outros recursos. Isso quer dizer que ficam interrompidos, e só começarão a fluir após a solução do entrave, não voltando a fluir para sua complementação final. Isto é muito importante porque se fossem suspensivos, os prazos apenas seriam complementados após o julgamento dos embargos declaratórios. João Franzen de Lima às fls. 375, *in* "*Curso de Direito Civil*", ensina:

> "(...) Na suspensão somam-se os dois períodos......, e na interrupção anula-se o tempo decorrido..., que recomeçará a correr por inteiro..."

Teotônio Negrão e José Roberto Gouveia, na obra *Código de Processo Civil*, às fls. 637, 36. ed., comentando o art. 538, do CPC, colocam:

> "Art. 538 – 1º. e, não, suspendem. Quer dizer que o prazo recomeça a correr <u>por inteiro a partir da intimação da sentença ou acórdão</u>." (grifo nosso)

Eles serão julgados na primeira sessão subsequente e não dependerão do pagamento de custas.

O indigitado parágrafo proclama, *in verbis*:

"§ 3º Os embargos de declaração interrompem o prazo para interposição de outros recursos, por quaisquer das partes, salvo quando intempestivos, irregular a representação da parte, ou ausente a sua assinatura."

Porém, se os embargos forem meramente protelatórios, a meu sentir, a parte ficará sujeita às multas previstas no parágrafo único do art. 538 (art. 1.026) §§ 2º, 3º e 4º do CPC subsidiário.

Finalmente, por importante, simples erros materiais serão corrigidos de ofício, ou a requerimento de quaisquer das partes conforme consta no parágrafo único, do art. 879-A da CLT.

Pelo art. 1.026, §§ 2º e 3º do novo CPC estão sujeitos a multas os embargos de declaração protelatórios, inicialmente de até 2% e após até 10% sobre o valor da causa atualizado. Porém, assistindo pela TV Justiça nunca vi isto acontecer nos recursos de embargos de declaração julgados pelo Egrégio Supremo Tribunal Federal, muito provavelmente por não ser o caso. Portanto, acho importante alertar que os embargos declaratórios só são admissíveis no caso de erro no julgamento e não no procedimento ("*error in judicando*" e não "*error in procedendo*").

O novo CPC, ao tratar dos embargos declaratórios, a meu ver, retrocedeu ao permiti-lo no caso de erro material, III, art. 1.022 do CPC isso porque o erro material pode ser corrigido a qualquer tempo, mesmo "*ex officio*", conforme se lê no parágrafo único do art. 897-A da CLT, por simples despacho.

Por fim, os embargos declaratórios só serão cabíveis nas hipóteses previstas no art. 535 (art. 1.022), do CPC e art. 897-A da CLT.

LV

Agravo de Instrumento.
O Art. 899, §§ 7º e 8º, da CLT

No processo trabalhista, o agravo de instrumento tem uma única função. Ele só é cabível na hipótese prevista na alínea "*b*" do art. 897 da CLT, ou seja, "de despachos que denegarem a interposição de recursos". No particular, quanto ao recurso, a matéria é disciplinada por leis imperativas especiais que não comportam adição de outros códigos ou para outras destinações, que não sejam no tocante à disciplina em que o mesmo está relacionado, ou outros fins não considerados pela lei processual trabalhista.

Ainda há que se ter na lembrança que a despeito dele não suspender a execução, conforme se lê na parte final do § 2º do art. 897 da CLT, não quer dizer que possa ir além da penhora. É que, se o próprio agravo de petição vai até o final apenas no tocante a verba incontroversa, porque razão, o agravo de instrumento interposto contra despacho que denegou seu seguimento iria além desse patamar processual. "*Data venia*", não encontro lógica a sustentar essa afirmação, se não levarmos em conta a tese que defendemos nesse trabalho.

Demais, há necessidade de formar-se o instrumento em autos apartados e, observar com muita atenção o despacho de indeferimento que o juiz executor dera ao agravo de petição, cujo processamento fora indeferido por falta de algum pressuposto processual extrínseco ou intrínseco. Se o defeito for incorrigível como a falta de depósito recursório, então, o agravo de petição não suspenderá a execução que irá até final com respaldo no artigo ora focado. É o que se dessume.

Por fim, devo advertir que o agravo de instrumento na execução não tem outra função que não essa de levar ao conhecimento e deliberação da instância superior as razões que levou o juiz executor a impedir o processamento do recurso de agravo de petição.

Todavia, devo nesse momento, pela sua relevância, tanto nos processos civil, trabalhista ou fiscal, alertar os mais afoitos que o agravo de instrumento não poderá ter seu encaminhamento denegado, mesmo fora de prazo, matéria que só poderá ser resolvida nos tribunais, sejam civis ou trabalhistas, "*ex vi*" do disposto no art. 557 do CPC. O juiz, na verdade, que o receber poderá quando muito, no despacho de subida à instância superior alertar o juiz relator quanto a sua possível intempestividade ou inadmissibilidade, e aplicar uma multa ao agravante, quando for o caso, por litigância de má-fé (OJ n. 409, da SDI-1).

As Contrarrazões aos Recursos: Proclama a CLT, no art. 900: "interposto recurso, será notificado o recorrido para oferecer as suas razões em juízo em prazo igual ao que tiver tido o recorrente".

Ademais, a Lei n. 12.275, de 29 de junho de 2010, acrescentou novo requisito de admissibilidade ao focar o recurso. Trata-se de uma questão processual que se nos afigura bastante curiosa: a exigência de metade do depósito recursal prevista no § 7º, do art. 899, da CLT, que a nosso sentir se configura um pressuposto processual objetivo do agravo de instrumento; já o depósito do agravo de petição, a despeito de ter essa configuração no recurso, ele antes decorre de uma condição da ação incidental, prevista no § 1º, do art. 884 da CLT. Esse depósito, a meu sentir, substitui a multa processual contida no art. 557, do CPC, com vantagem, por antecipar, de certa forma, a solução parcial da lide.

Agora, devo alertar que a Medida Provisória n. 2.180-35, de 24 de agosto de 2001, dispensa desse depósito as pessoas jurídicas de direito público federais, estaduais e municipais.

Mas, não é só. O § 8º incluído ao focado artigo pela Lei n. 13.015, de 21 de julho de 2014, esclarece que se o agravo de instrumento se insurge contra "decisão que trancou o recurso de revista que investe contra decisão que contraria súmulas ou orientações jurisprudenciais pacificadas pela Suprema Corte Trabalhista". Então, "não haverá obrigatoriedade de se efetuar o depósito". Contudo, no tocante a essa condição do recurso, há que se observar, segundo entendo, a discordância literal do focado paradigma recursal, pela possibilidade de o mesmo cuidar de questão da qual, com o julgamento no Supremo Tribunal Federal, decorrer questão com repercussão geral ou de recurso repetitivos.

LVI

O Recurso Adesivo

Apelo que foi muito bem aceito na Justiça do Trabalho pela sua criatividade, por envolver os princípios de celeridade e economia processuais. O colendo TST o acolheu com uma súmula perfeita, para entendimento geral, e que por isso, passo a transcrevê-la na íntegra, *in verbis*:

"283 – Recurso Adesivo. Pertinência no processo do trabalho. Correlação de matérias.

O recurso adesivo é compatível com o processo do trabalho e cabe, no prazo de 8 (oito) dias nas hipóteses de interposição de recurso ordinário, de agravo de petição, de revista e de embargos, sendo desnecessário que a matéria nele vinculada esteja nele relacionada com a do recurso interposto pela parte contrária."

A súmula está completa e por isso mesmo a matéria não enseja outros esclarecimentos. É recurso nos dois efeitos, devolutivo e suspensivo quando recurso principal os tiver. Como ele é adesivo ao recurso trabalhista intentado, pela parte contrária deverá observar o procedimento contido na CLT quanto as suas regras processuais de cabimento do recurso paradigma aplicáveis a ele.

Porém, advirto, recurso não se transplanta de um código para o outro. É arriscado.

Os Recursos. As Súmulas e as Instruções do Colendo Tribunal Superior do Trabalho, do Superior Tribunal de Justiça e do Supremo Tribunal Federal

As referências sobre eles estão quase sempre enunciadas ao pé de cada artigo da CLT, ou de outras leis esparsas aplicáveis ou não. Como a matéria pertinente pode ser modificada pelos tribunais competentes, quanto ao procedimento, é salutar sempre consultá-los para não se cometer eventual deslize que poderá acarretar o não conhecimento do recurso por uma jurisprudência com nova interpretação a respeito. ´

É bom também ficar atento sobre as normas procedimentais contidas nas regras baixadas pela DD. Corregedoria Geral da Justiça do Trabalho, que podem também alterar o procedimento vigente.

É aconselhável examinarmos os Regimentos Internos dos Tribunais Regionais do Trabalho, do Colendo Tribunal Superior do Trabalho, atualizados, e mesmo do Supremo Tribunal Federal.

A competência funcional, por exemplo, "diz respeito a faculdade legal do juiz conhecer e julgar certa causa", segundo Deocleciano Tourrieri Guimarães, *in* "*Dicionário Tecnológico Jurídico*", essa é uma competência absoluta e muito pode dizer quanto à jurisdição os arts. 123, 124 (arts. 958, 959) e 199 do CPC. O processo julgado pelo juiz funcionalmente incompetente, será nulo de pleno direito. Assim, o juiz de pequenas causas, na justiça comum, não poderá processar e julgar processo de valor superior ao de sua alçada, pois consoante entendo, no particular, a competência seria funcional.

Na verdade, o direito substantivo pode também muito dizer da competência material do juiz que irá conhecer, processar e julgar a ação proposta.

LVIII

A Extinção da Execução. Precatórios. A Remissão e a Remição

A extinção da execuçao, consoante ao art. 794 (art. 924) do CPC, subsidiário se dará de 3 modos:

I – O devedor satisfaz a obrigação;

II – O devedor obtém por transação ou qualquer outro meio a remissão total de dívida;

III – O credor renuncia o crédito.

A seguir, o art. 795 (art. 925) do CPC declara que "a extinção só produz efeito quando declarada por sentença". Na Justiça do Trabalho a extinção da execução ainda dependerá do pagamento à União da verba previdenciária e das verbas executadas ao exquente, porque conforme já nos referimos a verba previdenciária comporá a liquidação consoante se lê no § 1º do art. 879 da CLT. As verbas previdenciárias e trabalhistas caminham juntas na execução do julgado condenatório. Há também a obrigação de a executada pagar o total das custas e demais despesas processuais conforme se infere da leitura do art. 789 A da CLT. Só assim, se porá fim à execução com a aplicação subsidiária do art. 795 (art. 925) do CPC, ou seja, à extinção da execução por sentença, que incluirá a liberação da penhora. Sem que a totalidade dos títulos estejam satisfeitos, o bem penhorado não será desafetado. Isso é importante para que o processo possa ser arquivado, e assim, não ficará rolando pela vara.

Uma segunda hipótese de extinção é a de remissão total da dívida. Assim o é na justiça especializada, segundo se lê no art. 13 da Lei n. 5.584/70. A remissão é o perdão da dívida, enquanto que a remição é o resgate da dívida pelo pagamento. Então, "*data venia*", salvo melhor juízo, no inciso II, do art. 794 (art. 924) do CPC, tratam de remição e não de remissão, com dois "SS". Quanto aos créditos tributários serão extintos pelas formas enunciadas no art. 156 do Código Tributário Nacional. Cabe na extinção da execução, alertar quanto a expedição de precatórios, quaisquer que sejam as autoridades em lide: União, Estado, Municípios ou suas autarquias. Se há precatório, existe a obrigação ineluctável do Presidente do Tribunal determinar que o setor socioeconômico da casa confira as contas, em obediência ao disposto no art. 1º-E, da Lei n. 9.494, de 10.9.1997. Essa obrigação, deverá ser cumprida a requerimento ou "*ex officio*", pena do erário sofrer perdas irreparáveis e sob pena de responsabilidade; aliás, essa lei possui outras deliberações processuais que favorecem as entidades públicas e que deverão ser observadas pela sua relevância.

LIX

As Custas Processuais na Execução Trabalhista. Decreto-lei n. 779/69. As Formas de Remir a Execução

As custas na execução trabalhista correm por conta do executado e serão pagas ao final, consoante tabela contida no art. 789-A da CLT, cujo "*caput*", foi acrescentado pela Lei n. 10.537 de 27.8.2002. E, em sentido mais abrangente, abarcarão também os honorários periciais do "*expert*", nomeado pelo juiz executor na fase de liquidação, segundo está disposto no § 6º do art. 879 da CLT, e que foi acrescentado pela Lei n. 12.405, de 16.5.2011.

No art. 790-A da CLT, estão indicados os beneficiários da Justiça Gratuita e as entidades isentas do seu pagamento sendo que, pela disposição do art. 790-B da CLT, a responsabilidade pelo pagamento dos honorários periciais, será da parte sucumbente na pretensão objeto da perícia, salvo o beneficiário da Justiça Gratuita. Este artigo foi acrescentado pela Lei n. 10.537, de 27.8.2002 publicada no DOU de 28.8.2002.

Observem a respeito que o pagamento das custas ficará a cargo da parte sucumbente no objeto da perícia, mesmo que saia vencedora apenas em parte na reclamação trabalhista.

Por fim, em havendo honorários periciais, também deverão ser satisfeitos com o total da execução. Interessante citar a Súmula n. 450 do Supremo Tribunal Federal que diz: "são devidos honorários de advogado sempre que vencedor o beneficiário da Justiça Gratuita".

Há aqui uma adequação ao pagamento de custas e emolumentos em obediência à instrução normativa n. 27 do TST de 16.2.2005, "em decorrência de ampliação de competência da Justiça do Trabalho pela EC n. 45/2004". Essa emenda, como demonstramos no decorrer desse trabalho, causou certa perplexidade pelo esforço a ser dispendido pelos militantes na área trabalhista pelas dificuldades que deverão ser transpostas. Quanto às custas e adequação se encontram no art. 3º e parágrafo da indigitada instrução, que deverão ser observados pelas partes envolvidas para que o procedimento se desenvolva em segurança. Neste artigo, a instrução ainda lida com os emolumentos consoante o art. 4º e seu parágrafo.

Então, para concluir, deixo claro que devemos distinguir na execução três formas de remir, que são:

1 – A remissão da dívida, ou seja, seu perdão;

2 – A remição parcial, ou seja, do bem praceado;

3 – Remição total da dívida com o pagamento forçado ou não.

A 1ª e a 3ª hipóteses liquidam a execução, desde que pagas as custas e demais despesas processuais. Mas, fica a questão que não quer calar, ou seja, será que o empregado poderá remir seu crédito trabalhista. Acredito que seja impossível mesmo que acompanhado de seu sindicato ou através de advogado. Assim o crédito permanecerá pendente. E, prescrição intercorrente não existe no processo trabalhista, porque ele pertence à categoria de ação inquisitória, e assim não admite renúncia, porque compete ao juiz movimentá-lo, especialmente na execução, na falta de advogado, consoante o art. 878 da CLT.

A questão focada merece um olhar técnico jurídico visto como "remissão", significa perdão, renúncia ao crédito. Assim merece ser observada a ortografia utilizada na Lei n. 5.584/70, em que no art. 13 utiliza a palavra remição, com (ç).

Essa remição significa resgate da dívida ou obrigação, porque a execução, como vimos, cuida de obrigações de dar, de fazer ou não fazer. Então, o resgate da dívida abrange essas obrigações com o pagamento das custas e demais despesas processuais. As despesas do advogado e de perito quando houverem serão também satisfeitas pelo executado. Então, por óbvio, diante do que se demonstrou nada impede que o executado faça a remição do bem penhorado ou pagamento da dívida. Porém, a execução prossegue se houver pendência, até com a repenhora do mesmo bem, segundo entendo, se a dívida não for totalmente satisfeita. É o que se conclui da interpolação do artigo *in comento* com a Súmula n. 458 do E. STF, *in verbis*:

> "Súmula n. 458 – Execução – Remição pelo executado.
>
> O processo de execução trabalhista não exclui a remição pelo executado."

Sobre as custas, pela sua relevância no processo, seria conveniente a leitura da Instrução n. 27 do colendo TST de 16.2.2005, especialmente no art. 3º. Aqui, repito que na ação executiva da Fazenda Pública, a Lei n. 6.830/80, no art. 39 dispõe que as Fazendas Públicas Federal, Estadual ou Municipal, não estão sujeitas ao pagamento de custas e emolumentos. Aliás, pelo inciso VI do art. 1º do Decreto-lei n. 779 de 21.8.1969, a União sempre estará livre do pagamento de custas, dentre outras regalias.

Por fim, no tocante às custas, há que se observar atentamente, o disposto no "*caput*", e nos parágrafos do art. 790, da CLT, bem como os arts. 790-A e 790-B, do mesmo diploma legal.

LX

Honorários Advocatícios e Periciais. A Sucumbência Recíproca

Os honorários advocatícios de um modo geral, antes da Lei n. 13.467/17, só eram cabíveis nas hipóteses previstas na Lei n. 5.584/70, consoante Súmula n. 633 do STF, que proclama, *in verbis*:

> "É incabível a condenação em verba honorária nos recursos extraordinários em processo trabalhista exceto nas hipóteses previstas na Lei n. 5.584/70." (BJ 9, 10 e 13.10.2003)

Assim, a assistência judiciária, em linhas gerais, estava regulada no art. 14, da Lei n. 5.584/70 e era prestada pelo sindicato profissional a que pertencesse o trabalhador que perceba salário igual ou inferior do dobro do mínimo legal, ficando, porém, assegurado o benefício a outros trabalhadores "que comprovem que sua situação econômica não lhes permitia demandar sem prejuízo do sustento próprio ou da família".

O importante a ser salientado é que "os honorários de advogado" deviam reverter em favor do sindicato assistente, sendo que a assistência judiciária seria prestada ainda que o trabalhador não seja associado do respectivo sindicato, consoante se lê nos arts. 16 e 18 da indigitada lei". Com a nova lei essa parte, a meu ver, permaneceu em vigor.

Porém, com o advento do art. 791-A da CLT, a fixação dos honorários advocatícios ficou mais liberal nas decisões trabalhistas.

Destarte, o *caput* do artigo mencionado permite a fixação de honorários advocatícios entre os percentuais de 5% a 15% do valor fixado, calculados em liquidação de sentença e não sendo possível, pelo valor atualizado dado a causa, mesmo que a parte advogue em causa própria.

E pelo § 1º, essas honorários também serão devidos pela Fazenda Pública mesmo que a parte esteja ou não assistida ou substituída pelo seu sindicato de classe.

O § 2º oferece as condições que o juiz deverá observar ao fixar a verba honorária, observada hodiernamente a sucumbência recíproca adotada.

Na verdade, os honorários serão devidos e fixados em liquidação de sentença, mesmo em caso de procedência parcial, até mesmo pelos beneficiários sucumbentes da justiça gratuita com o rigor das disposições contidas nos §§ 3º e 4º do art. 791-A da CLT. É a implantação do princípio da sucumbência recíproca pelo legislador.

Quanto aos honorários periciais, serão depositados previamente e serão suportados pela parte sucumbente quanto ao objeto da perícia (art. 6º e § da Instrução Normativa n. 27 do Egrégio Tribunal Superior do Trabalho, de 16 de fevereiro de 2005).

No art. 6º e seu parágrafo, a instrução trata dos honorários periciais, que, a meu entender, continua como era, sendo que no particular remeto ainda o leitor aos arts. 14 e seguintes da Lei n. 5.584, de 27.6.1970, que cuida da assistência judiciária na Justiça do Trabalho.

Na ADIn n. 5.766, o Supremo Tribunal colocou em julgamento a cautelar em que se discutia o cabimento de honorários advocatícios e salário do perito da Lei n. 13.467, de 13 de julho de 2007. Ficou, durante as sustentações e mesmo dos votos proferidos, que a focada lei reduziu pela metade as reclamações trabalhistas após a promulgação da indigitada lei, defendida pelo E. Ministro Roberto Barroso, aduzindo suas razões jurídicas, tendo como base o abuso na proposição de reclamações trabalhistas, sem que antes o advogado fizesse um estudo mais profundo sobre a possibilidade de procedência da ação.

Edson Fachin, por sua vez, arguiu a inconstitucionalidade desta lei com fulcro nos incisos XXXV e LXXIV do art. 5º da Carta Magna.

Por sua vez, o ínclito ministro Luiz Fux pediu vista dos autos antes de votar, pela delicadeza do tema.

A redução das reclamações trabalhistas é um fato. Contudo, segundo entendo, o iminente ministro Edson Fachin acertou, a meu ver, no seu voto pelo descumprimento dos incisos do art. 5º da Carta Magna, de modo que para restringir o número de reclamações trabalhistas é preciso encontrar uma solução que não descumpra a Constituição Federal.

Realmente o inciso XXXV da Carta Magna dispõe, *in verbis*:

"A lei não excluirá da apreciação do Poder Judiciário lesão ou ameaça a direito."

Enquanto que o inciso LXXIV da Carta Magna proclama:

"O Estado prestará assistência jurídica integral e gratuita aos que comprovarem insuficiência de recurso."

Portanto, se a sucumbência irá trazer todos os ônus para a parte sucumbente, como se verificar da leitura do CPC e do CPP, não há como se pretender reduzir direitos processuais trabalhistas, pois não é assim que diminuirá seu número de ações. Assim, a solução seria o aumento do número de varas, determinando-se o retorno do processo de alçada. Neste livro trato do assunto. Pode-se, por exemplo, criar juizado de pequenas causas com o recurso de embargos infringentes, que seriam julgados pela própria vara com algumas adaptações, como era antes.

O processo sumaríssimo está regulado no art. 852-A e seguintes da CLT. Ademais, o processo sumaríssimo pode ser também implementado pelas diretrizes do processo de alçada.

Entretanto, ressalto não se confundir juizados especiais previsto na Lei n. 9.099/95, como é óbvio.

Os honorários advocatícios permitidos são os do art. 16 da Lei n. 5.584/70, revertidos a favor do sindicato de classe, e nada mais, até porque existe o óbice constitucional.

Atos Atentatórios a Dignidade da Justiça na Execução. A Reclamação Prevista nos Arts. 985/993 do Novo CPC

O legislador na verdade sempre se preocupou com a lisura das partes no andamento da ação. Na fase de conhecimento, a má-fé será punida pelos arts. 18 e 35 (art. 81 e 82) do CPC.

Porém, na execução o legislador revelou uma preocupação maior quanto ao comportamento do devedor, e com muita razão. O prazo de 48 horas na ação trabalhista são de 3 dias, na área cível, para que o devedor pague sua dívida, agora, perante o Judiciário Trabalhista ou Civil, pois não estão ali "à toa". Afinal, há antes uma sentença de liquidação impugnada ou não, por embargos à execução em ambos os casos. Portanto, as partes têm duas oportunidades para liquidarem a querela. A 1ª pagando a parte vencedora a quantia incontroversa, e a 2ª logo após o julgamento dos embargos à execução quanto à parte controvertida devidamente apurada na liquidação. Daí para frente, o juiz executor deverá examinar minudentemente os atos processuais, porque apenas questões relevantes deverão manter o processo ainda em andamento. Por isso, o legislador fez questão de, na fase de execução, enunciar e descrever os atos que serão considerados atentatórios à dignidade da justiça no art. 600 (art. 774), do CPC subsidiário. São aqueles em que o executado:

I – Frauda a execução;

II – Se opõe maliciosamente à execução empregando ardis e meios artificiosos;

III – Resiste injustificadamente às ordens judiciais;

IV – Intimado não indica ao juiz em 5 dias quais são e onde se encontram os bens sujeitos à penhora e seus respectivos valores.

Essa redação foi instituída pelas Leis ns. 5.925, de 1º.10.1973 e 11.382 de 6.12.2006, e com ela multas por litigância de má fé, por embargos protelatórios, configurados nos arts. 739-B (art. 777) e parágrafo do art. 740 (art. 920), ambos do CPC.

É que depois da promulgação do CPC, pela Lei n. 5.869 de 11.3.1973, o legislador percebeu que nas execuções havia muitos entraves propositais, e assim as ações não se findavam por resistência injustificável de alguns executados. Na verdade, nunca assisti à aplicação dessas medidas, nem a multa contida no art. 601 (art. 774) do CPC, em casos que tais. E assim, por consequência o parágrafo nunca foi acionado, a despeito de muitas execuções ficarem entrevadas. Os juízes deverão acionar esses artigos em que tais abusos acontecem. É obrigação processual que não está sendo observada. E, nas correições parciais, entendo que os Eméritos Corregedores Regionais deverão se debruçar num exame mais minucioso das execuções. Isso não é rigor excessivo. É a aplicação da lei. Se não for assim, de nada adianta o legislador promulgar leis nesse teor. Concluindo, na fase de execução de sentença ou na ação executiva de título extrajudicial, apenas se deverão tolerar questões complexas de direito. Só essas deverão merecer recurso de agravo de petição.

Afinal, o CPC que está para entrar em vigor prevê a decisão antecipada, onde, liminarmente, serão julgados os processos repetidos, ou que o réu dificulta seu andamento.

Aqui, cabe bem a menção à figura da reclamação prevista nos arts. 988/993 do novo CPC, que, a meu ver, encontra-se na conformação de seu curso que tem por finalidade preservar a competência do tribunal, garantir a autoridade de suas decisões, bem como garantir a observância de enunciado se súmula vinculante e as decisões do Supremo Tribunal Federal em controle concentrado de constitucionalidade.

E o § 1º do art. 988 do novo CPC garante seu cabimento perante quaisquer tribunais.

Nos demais, os parágrafos e arts. 989/993, estão as normas a serem observadas no seu processamento, e sua admissibilidade se encontra nos incisos I e II do § 3º, do indigitado art. 988 do CPC.

LXII

O Executivo Fiscal. Seus Recursos. A Lei n. 6.830, de 22.9.1980, Processo de Alçada Trabalhista. A Lei n. 9.099, de 26 de Setembro de 1995. A Prescrição. A Emenda Constitucional n. 45, de 8 de Dezembro de 2004. A Alçada e o Valor Dado à Causa. A Execução de Ofício pelo Juiz Executor

Aqui, deve-se alertar que o executivo fiscal, no tocante aos embargos à execução segue em parte a linha da execução trabalhista. Os embargos dependem da penhora ou da garantia à execução para sua interposição. A citação será para pagamento em 5 dias, segundo o art. 8º da Lei n. 6.830/80. Da penhora ou garantia a execução, o executado terá 30 dias para embargá-la (art. 16). No mesmo prazo, o exequente deverá impugnar a sentença de liquidação, que deverá anteceder essas medidas como já vimos. Na execução fiscal, pelo art. 16 da Lei n. 6.830/80, o executado terá 30 dias, a contar das hipóteses contidas nos incisos I, II e III para embargar a execução. Porém, a proibição contida no § 1º do art. 16 da Lei n. 6.830/80 contrasta com o disposto no art. 736 (art. 914) do CPC, onde se lê que "o executado, independentemente de penhora, depósito ou caução, poderá opor-se a execução por meio de embargos", no prazo de 15 dias, a contar da juntada aos autos do mandado de citação, como se lê no 738 (art. 915) do CPC. E, se houver mais de um executado, se aplicará a disposição contida no art. 49 (art. 118), da lei processual civil que cuida das litisconsortes que tenham diferentes procuradores.

Nas execuções contra a Fazenda, os arts. 730 (art. 534 e 910) do CPC e 884 da CLT, os prazos foram modificados pelo art. 1º-B da Lei n. 9.494 de 10.9.1997, sendo de 30 dias o prazo para oposição de embargos à execução. Esta lei ainda dispensa as entidades públicas do depósito recursal, como se lê no art. 1º-A. Vide Capítulo IX.

Quanto à Lei n. 9.528 de 10.12.1997, que altera o prazo recursal do art. 730 da Lei n. 8.213 de 24.7.1991, para 30 dias, ainda lhe confere efeito apenas devolutivo.

Contudo, devo alertar que, no art. 730 (art. 910) do CPC, alterou-se o prazo de 10 dias para 30 dias para opor embargos. O *CPC Comentado*, de Theotonio Negrão e José Roberto,

Francisco Nogueira, contém às fls. 1.392, a Súmula n. 16.9, abaixo do art. 16 da Lei n. 6.830/80, onde se lê:

> "Art. 16.9. O prazo para embargos à execução fiscal é de 30 dias, mesmo que a defesa diga a respeito apenas à nulidade da penhora." (JTJ 197/61)

A execução de títulos fiscais extrajudiciais na ação executiva, consoante o art. 889 da CLT tem respaldo na Lei n. 6.830/80. É o que dispõe o art. 1º dessa lei, que dispõe sobre a cobrança judicial da Dívida Ativa da Fazenda Pública, esclarecendo ainda que a lei subsidiária será o CPC. Este alerta é deveras importante porque dúvidas recursais, ou ausência de disposição legal que supra as exigências processuais deverão ser resolvidas através do CPC. Diante dessa realidade, teremos no executivo fiscal da Fazenda Pública os seguintes recursos:

1 – Embargos infringentes do julgado – art. 34 da Lei n. 6.830/90

2 – Apelação – art. 35 da Lei n. 6.830/90

3 – Agravo retido – art. 522 (art. 1.015) CPC

4 – Agravo de instrumento – CPC

5 – Embargos declaratórios – CPC

6 – Recurso extraordinário – CF e CPC

7 – Recurso especial – art. 496 (art. 994), inciso VI – CPC

Os dois primeiros recursos e o agravo retido, por subsidiariedade ao CPC, são apelos indispensáveis a quaisquer procedimentos que se adotem na tramitação da ação em todas as áreas processuais que eles se fizerem necessários.

Quando não é um é o outro o procedimento que remete o processo à segunda instância, e poderão admitir os efeitos devolutivo e suspensivo. Aqui também, como no executivo trabalhista, o juiz executor terá que dizer em que efeito recebe o recurso interposto, porque até mesmo na apelação poderá se inadmitir o efeito suspensivo, conforme se infere da leitura atenta a parte final do art. 522 (art. 1.015), do CPC.

Diante do que está exposto, se verifica que a Instrução Normativa n. 27 de 16.2.2005, baixado pelo TST, não pode ser aplicada sem reservas, aliás como já deixei assentado alhures nesse trabalho.

Doutro lado, quando a parte sucumbente for à Fazenda Pública, ela não estará sujeita ao preparo do recurso, ou pagamento de custas ou emolumentos, segundo se lê no art. 39 da focada lei. Também não está sujeita ao depósito prévio como ocorre quando a parte sucumbente é o Poder Público, (art. 1º, IV Decreto-lei n. 779/69). O Decreto-lei n. 779/69, deverá ser aplicado em tudo que não contravir a Lei n. 6.830/80, que possui rito especial.

De seu lado, a Lei n. 6.830/80 abrange todos os executivos fiscais, quais sejam: federal, estadual ou municipal, bem como suas respectivas autarquias. Porém, os executivos fiscais, com trâmite na Justiça do Trabalho, serão limitados às ações executivas movidas pela Fazenda Pública Federal por multas advindas da relação de trabalho do empregado com o empregador, consoante se lê no inciso VII do art. 114 da Constituição Federal, acrescentado à Carta Magna pela Emenda n. 45 de 8.12.2004. E, pelo art. 3º da Emenda Constitucional n. 45, de 8 de dezembro de 2004, "A lei criará o Fundo de Garantia das Execuções Trabalhistas, integrado pelas multas decorrentes de condenações trabalhistas e administrativas oriundas da fiscalização do trabalho, além de outras receitas". Mas o art. 8º desta Emenda ainda dispõe:

> "As atuais Súmulas do Supremo Tribunal Federal somente produzirão <u>efeito vinculante</u> após sua confirmação por dois terços de seus integrantes e publicação na imprensa oficial." (grifo nosso)

E como expliquei alhures, esses acréscimos de competência processual à Justiça do Trabalho devem receber do intérprete uma interpretação restritiva. Então apenas nesses casos, ou seja, nessas ações executivas fiscais, a Justiça do Trabalho será competente. Nada mais. Outra peculiaridade se afigura nos recursos da sentença de 1ª instância, que são sem dúvida os embargos infringentes ou a apelação, consoante o art. 35 da indigitada lei, e não mais do agravo de petição estudado com aplicação restritiva às execuções trabalhistas, ou então nas sentenças proferidas nas ações executivas ou executórias, tanto para os títulos judiciais como extrajudiciais. Porém, se essas ações executivas fiscais tiverem valor até 50 obrigações do Tesouro Nacional (OTN), então só serão admitidos os embargos infringentes, para o próprio juízo, segundo o art. 34 da focada Lei n. 6.830/80. Nos embargos infringentes, o recorrente terá 10 dias para formulá-los (art. 34, §§ 2º e 3º) e não de 15 dias como é no art. 508 do CPC. Quanto à apelação nos parece que o prazo continua sendo de 15 dias art. 508 (art. 1.003, § 5º), CPC. Porém, aconselho o leitor a interpor o apelo, por segurança, em 8 dias, em obediência ao art. 6º da Lei n. 5.584 de 26.6.1970, que dispõe sobre normas de direito processual do trabalho. Então, acrescento aos recursos e ao que demonstrei acima, os embargos infringentes e as apelações que deverão observar principalmente as formalidades dispostas na indigitada lei e também no CPC

A apelação está regulada nos arts. 513/821 (art. 1.009/1.012) do CPC, excepcionando-se apenas quanto a figura do revisor, cuja audiência poderá ser dispensada "*ex vi*" do disposto no art. 35 da Lei n. 6.830/80. Ela poderá ter ambos os efeitos, suspensivo e devolutivo, assim como o agravo de instrumento em certas circunstâncias, consoante leitura que se faz do art. 522 (art. 1.015) do CPC.

O art. 516 do CPC anterior não consta correspondência no novo CPC. Os embargos infringentes serão interpostos no prazo de 10 dias perante o mesmo juízo, com documentos novos, se houver, das decisões cujo montante não ultrapasse 50 OTNs (obrigação do tesouro nacional), observada a atualização da condenação conforme descrimina o art. 34 e seu parágrafo único da Lei n. 6.830/80. O recorrido no mesmo prazo, poderá contrarrazoá-lo após sua ciência. Nesse caso, terá efeito suspensivo e não apenas devolutivo, como soe acontecer também nas decisões em liquidação de sentença (art. 475-H do CPC).

Quanto aos recursos, ora me parece oportuno lembrar que os embargos infringentes, nas reclamações trabalhistas, existiam para as decisões de pequeno valor. Porém, as Normas Vigentes para elas foram revogadas, o que se lamenta, até porque essa revogação caminha em sentido contrário ao disposto no inciso LXXVIII, do art. 5º da Constituição Federal, que defende o princípio da efetividade das ações no âmbito judicial e administrativo, principio adotado pela Emenda Constitucional n. 45, de 8.12.2004. Ademais, os princípios processuais da celeridade e economia sempre estiveram embutidos no conceito de ação. Aqui, na verdade, se faz um apelo ao legislador para que faça retornar esse tipo de embargos infringentes na esfera trabalhista que irão, por certo, desafogar os tribunais trabalhistas de reclamações sem expressão econômica, ou mesmo social, e que poderão, com vantagem, ser solucionadas na 1ª Instância sem prejuízo ao disposto nos §§ 3º e 4º do art. 20 da Lei n. 5.584/70, *in verbis*:

> "§ 3º Quando o valor da causa na forma deste artigo, não exceder de 2 vezes o salário mínimo vigente na sede do juízo, será dispensável o resumo dos depoimentos, devendo constar do ato, a conclusão da junta quanto à matéria de fato.
>
> § 4º Salvo se versarem sobre matéria Constitucional, nenhum recurso (CLT 893), caberá das decisões prolatadas nos dissídios de alçada a que se refere o parágrafo anterior."

Na verdade, os ritos ordinário, sumário e sumaríssimo cuidam apenas de se abreviar os atos processuais onde por vezes tão somente não haverá revisor na esfera civil, consoante no § 3º do art. 551 do CPC. Na Justiça do Trabalho, o procedimento se encontra no § 1º do art. 895 da CLT.

O recurso inominado na Justiça Comum, em ações de rito especial, segundo a Lei n. 9.099/95, art. 41 do § 1º, e de alçada na Justiça do Trabalho quando inexistirá recurso, segundo os §§ 3º e 4º do art. 2º da Lei n. 5.584 de 25.6.1970, pelos valores legalmente assumidos nos dois institutos, entendo que poder-se-ia adotar os trâmites do recurso inominado também na Justiça do Trabalho. Entretanto, o apelo cabível é o ordinário previsto no § 1º do art. 895 da CLT, o que não deixa de ser um contrassenso.

Cabe aqui, por fim, lembrar que o rito sumaríssimo é encontrado nos arts. 852-A e seguintes da CLT, mas não chega perto do rito sumário do processo comum, previsto na Lei n. 9.099/95, que criou os juizados especiais civis e criminais da Justiça Comum, consoante o inciso I do art. 3º, da Lei n. 9.099 de 26.9.1995, donde, pelo menos, poderíamos adotar o valor de até 20 salários mínimos como previsto no art. 9º. Na realidade, não acho razoável que os hipossuficientes Civil ou Criminal gozem de vantagens processuais diferentes dos hipossuficientes Trabalhistas. Porém, deixo a palavra ao leitor e ao próprio legislador. A restrição trabalhista, ao valor ínfimo da causa, não poderá prevalecer até mesmo por equidade no trato pessoal dos cidadãos. É o que disciplina o art. 5º da Constituição Federal, quando trata "dos direitos e garantias Fundamentais".

Tratamos aqui dos processos de alçada e sumaríssimo de maneira geral, embora o executivo fiscal admita a apelação em rito de ação executiva, consoante ao art. 35 da Lei n. 6.830/80.

A alçada implica no valor dado à causa que indicará o grau de jurisdição e o procedimento da ação ajuizada. Esse valor necessita ser adequado ao pedido para que assim se possa alcançar o juízo comum ou de pequenas causas, que terão como demonstramos certas regalias processuais, especialmente quanto a maior celeridade. Então "*in casu*", realço a figura processual da incompetência absoluta quanto à alçada designada e que não foi ajustada à ação proposta. Observe-se a imperatividade do disposto nos §§ 2º e 3º, do art. 3º da Lei n. 9.099/95, na observância dos requisitos para preservação do rito estabelecido para as pequenas causas, excluindo de plano, causas que não o comportarão.

Por fim, sobre à prescrição, o Egrégio Supremo Tribunal Federal, na súmula vinculante n. 8, proclamou:

"São inconstitucionais Parágrafo Único do art. 5º do Decreto-lei n. 1.569/1977 e os arts. 45 e 46 da Lei n. 8.112/1991, que tratam de prescrição e decadência de crédito tributário."

Na Justiça do Trabalho, como vimos a questão quanto o valor dado à causa para fixação de alçada, está regulada pela Lei n. 5.584/70 a partir do art. 2º, sendo que nos processos de alçada o impulso processual será de ofício pelo juiz "*ex vi*" no disposto no art. 4º da mencionada lei, após o mencionado rito sumaríssimo, no tocante aos recursos ordinários e de revista (art. 896, § 6º da CLT), e tudo mais consoante o art. 895, § 1º da CLT.

Na verdade, o princípio da efetividade do processo está a exigir do legislador trabalhista melhor adequação no tocante ao processo de alçada de apenas dois salários mínimos, quando na Justiça Comum, seu limite é de 40, conforme define a Lei n. 9.099 de 26.9.1995, nos arts. 9º e 41, § 1º.

Por fim, devo alertar aos leitores que a Lei n. 13.467, de 13 de abril de 2017 alterou o art. 878 da CLT advertindo que a execução de ofício se dará apenas "quando as partes não estiverem representadas por advogado".

LXIII

O Procedimento Sumaríssimo. A Alçada

O procedimento sumaríssimo está previsto no art. 852-A a 855 da CLT, e não deverá ser confundido com o processo de alçada até 2 salários mínimos, consoante § 3º, do art. 2º, da Lei n. 5.584/70.

No particular já foi a época em que o processo trabalhista era efetivo. No procedimento sumaríssimo, cujo valor da causa vai até 40 salários mínimos, cumpre-se o rito oralíssimo até a sentença de 1º instância. Seu curso é normal, com mesmas disposições dos demais, a contar do recurso ordinário. Nesse quesito, o procedimento do processo civil está muito à frente, pois, pasmem os leitores, o processo de alçada é muito mais célere na justiça comum do que o rito sumaríssimo da Justiça do Trabalho, e será de até 40 salários mínimos. Os processos de até 40 salários mínimos necessitam de advogado, enquanto que os de até 20 salários dispensam esse profissional. São os chamados juizados de pequenas causas implantados pela Lei n. 9.099 de 26.9.1995. Das sentenças proferidas art. 41, § 1º, "caberá recurso inominado, que será apreciado por três juízes togados, em exercício no 1º grau de jurisdição, que se reunirão na sede do juizado". Esse procedimento já tínhamos visto pelo colegiado composto pelas Vogais. Mas o apelo foi suprimido, e em seu lugar entrou o processo de alçada de até dois salários mínimos. Pelo visto, no particular, ocorreu um retrocesso.

No mais, remeto o leitor ao capítulo LXXII desta obra.

LXIV

Embargos à Execução contra a Fazenda Pública e o Decreto-Lei n. 779, de 21.8.1969. Efeito Suspensivo. A Rejeição Liminar. A Lei n. 6.830, de 22 de Setembro de 1980. Novos Enfoques

Como expliquei, o CPC é fonte subsidiária do executivo fiscal, segundo se lê no art. 1º da Lei n. 6.830/80. Segue então que, nesses casos, os embargos à execução contra a Fazenda Pública, só comportarão as matérias enunciadas nas alíneas do art. 741 (art. 535) do CPC. Nos arts. 742 e 743 (art. 917) do indigitado diploma legal, temos que o oferecimento da exceção de incompetência será oferecida juntamente com os embargos à execução com prazo de 30 dias (art 16 da Lei n. 6.830/80), bem como as exceções de suspeição ou impedimento do juiz; e no art. 743 (art. 917) do CPC, temos casos que configurarão o excesso de execução e não de penhora. Entendo ainda que será lícito no executivo fiscal, o executado no prazo de 5 dias, ingressar com embargos à adjudicação e à arrematação, fundados em nulidade da execução ou em causa extintiva da obrigação, "desde que supervenientes à penhora". É possível ainda a execução por carta, segundo a regra contida no art. 847 (art. 914, § 2º) do CPC. Sobre elas já nos manifestamos alhures. Demais, há que se observar as restrições da defesa expressas no § 3º do art. 16 da Lei n. 6.830/80.

Ainda, devo aqui esclarecer nosso ponto de vista quanto ao Decreto-lei n. 779/69. Entendo que ele não poderá ser aplicado no caso específico do executivo fiscal, ora estudado. É que em 1º lugar, o Decreto-lei não altera lei, que, como se sabe, se encontra num patamar legal superior. Ademais, o indigitado Dec.-lei é anterior a Lei n. 6.830, que é de 1980. Segundo entendo ainda as benesses processuais só serão aplicadas nas reclamações trabalhistas contra entidades públicas, que não explorem atividade econômica.

Demais, entendo que mesmo nesses casos, os embargos protelatórios poderão sofrer a penalidade prevista no parágrafo único, do art. 740 do CPC. O novo CPC não prevê no art. 920 esta penalidade.

Doutro lado, embora os embargos não tenham efeito suspensivo expresso legalmente, o juiz poderá concedê-los em casos especialíssimos ao seu prudente arbítrio, conforme vem disciplinado no art. 739-A (§ 1º do art. 919) do CPC, "quando verificados os requisitos para concessão da tutela provisória".

Contudo, embora não seja bem o local a ser escrito, na verdade, nos embargos à execução de títulos trabalhistas judiciais e extrajudiciais, essa regalia não será permitida, porque, na CLT, os embargos à execução nunca serão suspensivos; é que o efeito suspensivo só é admitido quando expresso em lei.

O art. 739 (art. 918) do CPC também tem sua valia no caso de rejeição liminar dos embargos à execução quando forem intempestivos, ineptos, ou manifestamente protelatórios. Essa regra poderá também ocorrer quanto aos embargos à execução de títulos executivos em que não forem observados os limites previstos nos §§ 1º e 3º do art. 884 da CLT.

Os embargos à execução no executivo fiscal encontram-se no art. 16 da Lei n. 6.830/80, e o prazo para sua interposição será de 30 dias, podendo versar sobre as matérias contidas no art. 741 (art. 535) e 742 do CPC, e não mais amparados no § 1º do art. 884 da CLT.

A sentença de liquidação será impugnada por agravo de instrumento contido no art. 475-H do CPC, pela subsidiariedade prevista no art. 1º, da Lei n. 6.830/80.

Só essas questões seriam capazes de afastar qualquer hipótese de aplicação da execução trabalhista de título extrajudicial de dívida da Fazenda Pública a qualquer nível.

Nesses embargos se poderá alegar quaisquer modos de sua extinção contido no art. 156 da Lei n. 5.172, de 25 de outubro de 1966, que implantou o Código Tributário Nacional.

Os títulos da dívida ativa da Fazenda Pública prescrevem em 5 anos segundo o art. 173 da Lei n. 5.172 de 25.10.1966 do Código Tributário Nacional. A decadência também é forma de extinção de sua cobrança, consoante o art. 156 da mesma lei, ou seja, o Código Tributário Nacional. Por fim, as regalias do Decreto-lei. n. 779/69 estão limitadas às entidades públicas declinadas no art. 1º, merecendo uma interpretação restritiva do benefício processual. Doutro lado, existe ainda o art. 2º da instrução normativa n. 27 de 16.2.2005, do Colendo TST.

Por essa lei deverão tramitar os feitos decorrentes do inciso VII do art. 114, da Constituição Federal, através de execução fiscal prevista na Lei n. 6.830, de 22 de setembro de 1980.

LXV

A Prescrição e a Decadência. A Prescrição Intercorrente. O Art. 625-G da CLT e a Suspensão da Prescrição

O inciso XXIX do Art. 7º do CF, com redação determinada pela Emenda Constitucional n. 28 de 25.5.2000, veio a uniformizar a prescrição quanto aos créditos resultantes da relação de trabalho, com prazo prescricional de 5 anos para os trabalhadores urbanos e rurais até o limite de 2 anos após a extinção do contrato de trabalho. Importante aqui a referência aos arts. 200 e 201 do Código Civil Brasileiro. O primeiro trata da perquirição da prescrição que depende da apuração de fato criminoso no juízo próprio para começar a fluir; o segundo caso quando a suspensão a favor de um dos credores solidários, em obrigação indivisível, que aproveita aos demais caso haja suspensão do feito.

A decadência é a perda do direito material, enquanto que a prescrição é a perda da ação. As causas que tratam da suspensão ou impedimento da prescrição se encontram nos arts. 197/201 do Código Civil e também no art. 625-G da CLT, implantado pela Lei n. 9.958, de 12 de janeiro de 2000. A decadência está regulada nos arts. 207/211, do Código Civil. Ambas, a meu ver, admitem a renúncia; apenas a decadência, fixada em lei, é irrenunciável, consoante ao art. 209 do Código Civil. Outra questão importante, contida no art. 211 do focado diploma legal, qual seja, a decadência, sem prejuízo legal, pode ser convencionada pelas partes. Ambas poderão ser alegadas pelas partes em qualquer fase do processo, consoante se conclui da leitura dos arts. 193 e 207 do Código Civil. Agora, no particular, teremos que levantar uma questão que nos parece relevante, questão essa que se abriu com a redação do inciso IV do art. 269 (inciso II art. 487), do CPC, pela Lei n. 5.925 de 1º.10.1973, que estabelece que "haverá resolução de mérito quando o juiz pronunciar a decadência ou a prescrição". Se resolve a ação pelo mérito, então a prescrição, na Justiça do Trabalho, salvo equívoco deverá ser alegada na defesa, na forma do art. 847 da CLT.

A Súmula n. 153, do TST proclama:

"Não se conhece de prescrição não arguida na instância ordinária. Ex-prejulgado n. 27."

É que, na hipótese, se cuida de direito indisponível, de modo que, se não alegada na defesa, não convalescerá por se encontrar precluso e não mais se poderá arguir contra ele a prescrição ou mesmo a decadência. É o que se dessume da leitura do art. 9º da CLT e 303 (art. 342) do CPC.

Na verdade, a única hipótese na área trabalhista em que o juiz poderá atuar "*ex officio*", na declaração de nulidade, consta no § 1º, do art. 795 da CLT, ou seja, incompetência de foro. No particular, cabe aqui explicar que o termo utilizado diz respeito à autoridade judicial e à matéria discutida, e não em razão do lugar cuja incompetência, como sabemos, é relativa admitindo sua prorrogação se não alegada na defesa.

Interessante ainda lembrar que na redação do art. 240 do novo CPC, que substituiu o art. 219 do antigo, já não mais existe o § 5º, que dizia respeito ao pronunciamento "*ex officio*" do juiz no tocante a prescrição. Essa atitude do legislador demonstra a realidade processual atual quanto à alegação de prescrição na defesa.

E, prosseguindo neste entendimento, temos que afirmar que se a prescrição não for alegada, ocorrerá configuração de sua renúncia tácita, o que não ocorrerá, segundo entendo, na decadência, que no art. 209 do Código Civil Brasileiro dispõe:

"É nula a renúncia à decadência estabelecia por lei."

E, em sendo matéria de mérito, a reclamada não poderá alegar a prescrição fora da defesa, pena de supressão de instância. Portanto, tenho minhas ressalvas quanto a possibilidade de a prescrição como a decadência poderem ser alegadas em qualquer fase do processo, até porque a reclamação trabalhista configura procedimento inquisitório, onde se lida com lei material de ordem pública e não se trata de processo dispositivo, onde a parte é quem impulsiona a ação. Na verdade, mesmo a prescrição intercorrente não será admitida no processo inquisitório, como se verifica da leitura da Súmula n. 114 do Colendo TST. Então, a reclamada, na defesa, deverá obrigatoriamente alegar a prescrição além de toda matéria que lhe beneficiar, segundo art. 300 (art. 336) do CPC. Ademais, a prescrição pode ser renunciada, consoante o art. 191 do Código Civil, ao contrário da decadência fixada em lei, segundo o art. 209 do Código Civil. Então, não há como decretá-la "*ex officio*", após a fase da defesa, quando, então, se presumirão "verdadeiros todos os fatos não impugnados" pela reclamada, segundo a regra do art. 302 (art. 341) do CPC, subsidiário do processo trabalhista, consoante o art. 769 da CLT. Observe-se que, se não alegada, a decisão transita em julgado, acredito que seja difícil sua reforma até pela ação rescisória.

Observe-se, ainda, que a contradição vai de encontro ao duplo grau de jurisdição contidos nos arts. 475 (art. 496) do CPC e 893 da CLT. Realmente, se assim não se der, como ficará esse princípio se a prescrição, por exemplo, for alegada apenas em grau de recurso. O princípio, por óbvio, restará frustrado.

Quanto à decadência, não está prevista na lei consolidada, e assim, não poderá ser convencionada pelas partes, por ser o direito do trabalho de ordem pública irrenunciável cujo contrato observará o rigor do dirigismo contratual, consoante leis imperativas e inalteráveis pela vontade das partes.

Há casos em que a prescrição, tanto quanto a decadência, realmente poderão ser alegadas a qualquer tempo, mas não quanto ao direito irrenunciável. Nesse caso, o pedido, na omissão, convalescerá do defeito por não ter sido contestado pela empregadora, no momento oportuno, ou seja, na defesa.

João Franzen de Lima, citando Clóvis Bevilágua, em *Teoria Geral do Direito Civil* ensina; "não é o fato de não exercer o direito que lhe tira o vigor...O que o torna inválido é o não uso da sua propriedade defensiva, da ação que o reveste e protege".

Então, concluo que a falta de contestação em juízo, no momento oportuno, torna o direito hígido, pela falta da alegação de prescrição, como matéria de fato que é. Fato omissivo. Deocleciano Tourrieri Guimarães, *in Dicionário Técnico Jurídico*, define "fato omissivo como aquele que resulta da inação voluntária, da violação do dever jurídico de fazer o que não fez". Portanto, a falta de defesa ou contestação, abrange tanto os fatos comissivos como os omissivos.

A prescrição, na CLT, está revogada pelo inciso XXIX, do art. 7º da Constituição Federal, mas as ações declaratórias são imprescritíveis, segundo o § 1º do art. 11 da CLT; e se houvesse outras questões neste patamar, estaria, por certo, enunciada no texto legal. Destarte, o art. 1.056, que faz referência ao inciso V do art. 924, ambos do novo CPC, não se aplicam aos processos do trabalho, por tratarem da prescrição intercorrente.

Interessante aqui expor a figura da suspensão da prescrição contida no art. 625-G da CLT, ou seja, sua suspensão automática a partir da provocação da Comissão de Conciliação Prévia pelas partes, recomeçando a fluir, a contar da tentativa frustrada da conciliação.

Interessante, ainda, realçar a postura do legislador que, no novo Código Civil, proclamado pela Lei n. 10.406/2002, nos arts. 189 e 190, como se vê, a prescrição atinge a própria pretensão, e não mais apenas a ação, e que a exceção prescreve no prazo daquela, a pretensão.

Agora, no tocante à decadência, a diferença é que nesta há o perecimento do direito em si.

Em consequência, quando a pretensão prescreve, ela permanece latente, podendo, por exemplo, ser alegada como matéria de defesa de mérito numa outra ação em que haja, por exemplo, encontro de dívidas recíprocas entre autor e réu.

Por fim, vamos tratar da prescrição intercorrente. A atual lei processual civil, nos arts. 924-V e 1.056 prevê a prescrição intercorrente. O novo Código de Processo Civil entrou em vigor em 18 de março de 2016, mas como se trata de norma processual, ela pode, segundo entendo, ser alegada a qualquer tempo desde que o processo não esteja findo.

Todavia, ela não é aplicável aos processos trabalhistas consoante a Súmula n. 114 C TST. É que a reclamação trabalhista poderá ser impulsionada pelo próprio juiz do trabalho, que substitui, em termos, a inércia das partes, sem a exigência de acompanhamento por advogados; ao juiz incumbe "*ex officio*", dar impulso processual, suprindo, assim, parcialmente, a inércia processual dos litigantes quanto ao procedimento ordinatório da reclamação trabalhista.

Diante do expendido, entendo que o § 5º do art. 219 (§ 1º do art. 240), do CPC, não se aplica ao direito do trabalho, pois tanto a CLT como a Constituição Federal, são silentes no tocante ao decreto da prescrição "*ex officio*", no tocante às verbas trabalhistas.

Ainda, no art. 206 do Código Civil se encontram os vários prazos de prescrição. Há que se observar agora como ficará a prescrição, perante os Tribunais, com as novas competências atribuídas à Justiça do Trabalho, especialmente nos incisos V, VII e VIII, em seus parágrafos do art. 114 da Constituição Federal. O princípio é que só se admite a prescrição do direito material. No âmbito processual, a parte deverá praticar o ato processual no momento próprio sob pena de preclusão.

Portanto, a prescrição trabalhista é disciplinada no inciso XXIX do art. 7º da Constituição Federal, de modo que ela só poderá ser alterada por uma Emenda Constitucional, baixada pelo pleno do Supremo Tribunal Federal, ou por meio do Congresso Nacional reunido para esse desiderato.

LXVI

Os Procedimentos Processuais e as Situações Jurídico-Processuais. Prazos Recursais

Agora, num olhar mais profundo quanto à situação jurídico-processual, observem os leitores que o processo civil prevê os seguintes procedimentos: comum ou ordinário, sumário e especial, consoante se lê nos arts. 271 (art. 318) e 272, parágrafo único, do CPC. O processo Sumário Civil equipara-se ao sumaríssimo do processo do trabalho. Então, não entendo o motivo para o superlativo da nomenclatura "sumaríssimo". Nos ritos ordinário, sumário, e sumaríssimo, a questão se resume na complexidade ou não dos atos processuais praticados tão somente, pois, por exemplo, não haverá revisor na hipótese do art. 551, § 3º, do CPC, isso na esfera civil naturalmente. Já na esfera trabalhista, podemos citar o procedimento do § 1º do art. 895 da CLT.

Há o recurso inominado nos processos de rito especial (Lei n. 9.099/95, art. 41, § 1º), e de alçada na Justiça do Trabalho, quando não há recurso (§§ 3º e 4º do art. 2º, da Lei n. 5.584 de 25.6.1970). São procedimentos e exemplos da espécie de supressão de atos processuais em prol da celeridade. E, equiparando-se os dois institutos quanto ao número de salários mínimos, poder-se-ia adotar o recurso inominado também na Justiça do Trabalho. Porém, o cabível é o recurso ordinário previsto no § 1º do art. 895 da CLT.

Naturalmente, ora não podemos esquecer do procedimento comum que, no processo civil, é ordinário contido no corpo do art. 272 (art. 318), do CPC; temos ainda o sumário e o procedimento especial no parágrafo único, conforme já foi dito.

Na Justiça do Trabalho, a regular o procedimento judiciário no tocante aos dissídios individuais e coletivos, encontramos os arts. 763 e seguintes da CLT. Lembrem-se mais uma vez que sumaríssimo é um rito encontrado apenas na CLT, e que equivale ao rito sumário do processo comum, consoante entendo. Cuida-se aqui de uma nomenclatura imprópria e não prevista anteriormente em nosso processo de uma forma geral.

E, para completar, temos o processo de alçada previsto no § 4º do art. 2º da Lei n. 5.584, de 26.6.1970, e também na Lei n. 9.099 de 26.9.1995, onde ocorrerá, na Justiça Comum, o recurso inominado a uma Turma composta por três Juízes Togados de 1º grau de jurisdição, segundo se lê no art. 41, e seu § 1º. Na Justiça do Trabalho, aos processos de alçada haverá recurso apenas se versar sobre matéria constitucional. A alçada, na maioria das vezes, implica no valor dado à causa, segundo o grau de jurisdição da ação ajuizada. Esse valor precisará ser adequado ao pedido, para que assim se possa, por exemplo, alcançar o juizado de pequenas causas que oferecerá, como demonstramos, certas regalias processuais, especialmente quanto a maior celeridade. E *"in casu"*, segundo entendo, se cuida de incompetência absoluta e a alçada será do juizado de pequenas causas, haja ou não recurso, sendo até de 40 ou de 20 salários mínimos, consoante os arts. 3º § 1º, 9º e 11º da Lei n. 9.099/95.

Na Justiça do Trabalho, a questão do valor dado à causa para designação da alçada é tão relevante que dela cuida a Lei n. 5.584/70, a partir do art. 2º, sendo que, nos processos de alçada, o processo poderá ser impulsionado de ofício pelo juiz "*ex vi*" do disposto no art. 4º da indigitada lei, que dispõe sobre normas de direito processual do trabalho, bem como altera dispositivo da Consolidação das Leis do Trabalho, disciplina a concessão e prestação de assistência judiciária na Justiça do Trabalho e dá outras providências, bem como a remição no art. 13 desta lei.

Essa lei no seu art. 6º dispõe que será de 8 dias o prazo para interpor ou contrarrazoar qualquer recurso (CLT, art. 893). Após, porém, a Lei n. 9.957, de 12.1.2000, no art. 897-A introduziu os embargos declaratórios com prazo de 5 dias para sua interposição. E a Lei n. 6.830, de 22.9.1980, que regulamenta no art. 34 § 2º, os embargos infringentes no prazo de 10 dias. O art. 6º da Lei n. 5.584/70, oferece garantia, com o prazo de oito dias para propor qualquer recurso. O CPC de 11.1.1973 no art. 508 (§ 5º, art. 1.003) prevê o prazo de 15 dias para interposição ou resposta ao recurso de apelação.

Doutro lado, ainda não se pode olvidar a exigência do recurso "*ex officio*" das decisões que sejam total ou parcialmente contrárias aos interesses públicos, conforme consta do inciso V do art. 1º do Decreto-lei n. 779, de 21.8.1969, que "dispõe sobre a aplicação de normas processuais à União Federal, aos Estados, Municípios, Distrito Federal e Autarquias ou Fundações de Direito Público que não explorem atividades econômicas, com prazo recursal em dobro no âmbito da justiça do trabalho. Esse Decreto-lei, no art. 1º, dá uma abrangência ampla à competência quanto às ações, porque utiliza a expressão: "aos processos perante a Justiça do Trabalho", mas não explica quais seriam. Então, sem dúvida, aqui estarão aqueles instaurados com respaldo da ampliação da competência da Justiça do Trabalho pelos incisos do art. 114 da CF, quando for o caso. E, se levarmos a questão ao rigor gramatical, a Lei n. 6.830/80, no art. 35, fala em apelação cujo prazo para interposição é de 15 dias art. 508 (art. 1.003 § 5º) do CPC, e em dobro como dispõe o Decreto-lei n. 779/69 no inciso III, do art. 1º, o que daria o prazo de 30 dias para se apelar. Porém, prefiro ficar com a hipótese de 16 dias, por segurança recursal, pois o Decreto-lei n. 779/69, não se refere a executivos fiscais com apelação com prazo de 16 dias. Porém, não resta dúvida que, no caso de ultrapassados os 16 dias, haverá margem para discussão quanto ao prazo de 30 dias para apelação da União e demais entidades públicas, porque o recurso ordinário, por óbvio, não se confunde com apelação. Aliás, devo dizer que a adequação das normas processuais civis às trabalhistas precisa ser leve pela sua natureza de ordem pública que não admitirá certas reduções ou ampliações ao exercício do direito de ação. Então, no art. 5º, incisos XXXIV, alínea "*a*", e XXXV, da Carta Magna, bem como no § 4º, inciso IV, do art. 60, a inadmissão à redução ou modificação nos direitos individuais, fato que deverá ser levado em conta na interpretação de todos os direitos inclusive o processual. E mais, não acredito que para a cobrança dos executivos fiscais haja dois procedimentos, um perante a Justiça do Trabalho e outro perante a Justiça Comum, na aplicação de normas processuais. Doutro lado, já afirmei que, pelo art. 1º, da Lei n. 6.830/80, a CLT não é subsidiária do Executivo Fiscal, nem o inciso VII, do art. 114 da CF, autoriza qualquer mudança no rito previsto na Lei n. 6.830/80, para cobrança das penalidades administrativas imposta ao empregador. Os procedimentos dos executivos fiscais só poderão ser alterados por outra lei. Esse é o entendimento que resulta da lei de Introdução ao Código Civil Brasileiro no art. 2º.

Porém, tudo quanto se disse foi apenas por amor às argumentações quanto às posições antagônicas que surgirão. Enfim, ainda por amor às argumentações, porque na verdade, a Lei n. 6.830, de 1980, não foi alterada nem revogada. Ela continua incólume. Então, a cobrança fiscal será feita em seus exatos termos. Ela é uma lei especial para cobrança da Dívida Ativa Federal, Estadual e Municipal ou das Entidades Públicas. Na Justiça Comum, para essa cobrança, não há alteração processual, e aqui também não deverá haver segundo entendo.

Assim, encerro com esse entendimento a análise desta lei perante processos instaurados na Justiça do Trabalho, até porque o Decreto-lei n. 779/69 não modifica a Lei n. 6.830/80.

Aliás, o rito especial já foi ressalvado no art. 1º da Instrução Normativa do TST n. 27/2005.

LXVII

Agravo Retido

No Código de Processo Civil, de 11 de janeiro de 1973, ele está disciplinado nos arts. 522/523, sendo que o novo CPC, implantado pela Lei n. 13.105, de 16 de março de 2015, é omisso.

LXVIII

A Instrução Normativa n. 27 do TST, de 16.2.2005. O Recurso Adesivo

Essa instrução normativa "Dispõe Sobre Normas Procedimentais Aplicáveis ao Processo do Trabalho em decorrência da ampliação da competência da Justiça do Trabalho pela Emenda Constitucional n. 45/2004", exceto àqueles de rito especial, com alcance a todas as entidades públicas descritas no art. 1º, da Lei n. 6.830, de 22.9.1980.

A instrução consta do apêndice desse livro, porém entendo *"data venia"*, que o rito das ações cíveis, em princípio, não pode ser alterado, pois tratam-se de normas processuais inalteráveis. E o executivo fiscal possui lei especial própria, inclusive com regalias processuais à União e demais entidades públicas, sendo que as normas processuais trabalhistas não podem se adequar sequer subsidiariamente conforme se lê no art. 1º da Lei n. 6.830, de 22.9.1980. Os recursos de embargos infringentes e a apelação, pelos arts. 34 e 35, § 2º, são procedimentos processuais não previstos na consolidação, inclusive no tocante aos prazos.

Porém, entendo que as ações previstas nos incisos I, II, III, VI e IX do art. 114 da Carta Magna, poderão, por óbvio, observar a indigitada instrução, ao que não infrinja leis de ordem pública inalteráveis consoante expliquei alhures.

O pagamento das custas e encargos, para sua aplicação, não existe inconveniente processual ao se adotar sua regulamentação pela instrução. No mais, mantém-se os comentários adotados.

Por fim, alerto para não confundir recurso adesivo com agravo retido, duas novidades processuais diferentes. O recurso adesivo é aplicável à Justiça do Trabalho, pela correlação de matérias consoante a Súmula n. 283, do TST.

O Decreto-Lei n. 779, de 21.8.1969. O Código de Processo Civil Vigente e o Art. 96, I, "A", da Constituição Federal

Mesmo após a Emenda Constitucional n. 45, o Decreto-lei n. 779/69 não beneficiará as entidades públicas ao participarem de ação como empregadores na relação de trabalho, mas não explorem atividade econômica. As ações previstas no inciso VII do art. 114 da CF, por exemplo, segundo entendo, aproveitam o benefício processual. Contudo, entendo, "*data venia*", que o Decreto-lei destoa do princípio da igualdade no inciso LV, do art. 5º da Constituição da República. Observe o leitor que, quando a matéria não está prevista no âmbito trabalhista, como as contribuições sociais do inciso VIII da CF, é preciso uma autorização constitucional para possibilitar sua aplicação. Não basta a atribuição, precisa se ter um instrumento legal, ou seja, a lei processual que, por vezes, pode se encontrar numa lei especial, como a Lei n. 6.830, de 22.9.1980, ou a própria Constituição Federal. Já foi explicado que o fato é que determinará a espécie de ação e sua competência. Se tratam aqui das competências "*ratione materia e ratione persone*", que são absolutas, e não admitem prorrogação ou redução de prazos dependentes de lei. Demais, ainda há que se observar as benesses contidas na Lei n. 9.494/97, exceto no tocante ao art. 1ºF, considerado inconstitucional.

Importante ressaltar que o indigitado Decreto-lei n. 779/69 se refere às entidades públicas "que não explorem atividade econômica". Há aqui um tratamento discriminatório, quando se tratar, ou não, de exploração de atividade econômica. Na verdade, nunca apreciei, especialmente na legislação processual, tratamento discriminatório, a não ser agora pelo art. 535 do novo CPC. Na verdade, o trabalhador comum, bem como seu empregador, como estão definidos no art. 2º e 3º da CLT estão processualmente em desvantagem, com relação aos empregadores, por exemplo o Decreto-lei n. 779/69. A pergunta que não quer calar é porque as partes litigantes na mesma ação, o empregador tem um prazo para recorrer, e o empregado, outro violando o princípio processual da igualdade das partes na ação; então como fica o princípio da paridade de tratamento das partes consagrado no art. 125 (art. 139), inciso I do CPC. A desigualdade é mais inaceitável quando na Lei n. 6.830/80, onde as entidades públicas cobram suas dívidas ativas, os recursos de embargos infringentes no art. 34 e as apelações no art. 35, não há qualquer diferença de tratamento das partes. Então, essa impropriedade legislativa precisa acabar com revogação, pura e simples desse malfadado Decreto-lei, que viola o princípio constitucional da isonomia de tratamento das partes. E o que dizer ainda da Lei n. 9.494, de 10 de setembro de 1997, onde a fazenda pública possui prazo de 30 dias para embargar a execução trabalhista. Observe-se que o empregador doméstico não explora atividade econômica e, nem por isso, possui qualquer benefício processual.

No particular, o CPC é mais discreto, pois a única regalia que encontrei, foi do § 5º, do art. 578 (art. 46) do CPC, ou seja, escolha do foro para propositura da ação quando vários forem os devedores. Porém, no particular, encontro coerência na escolha do foro para propositura da ação, pois como expliquei, o foro aqui abrange as incompetências funcional e material.

Em consequência, sem esforço, se pode assegurar que o Decreto-lei n. 779/69, a meu ver, é inconstitucional, por contrariar Lei Federal e a própria Constituição Federal. O mesmo se diga quanto a Lei n. 9.494/97, que cuida de outras regalias processuais tratadas no Capítulo XVII desta obra.

O Decreto-lei n. 779, de 21.8.1969, se aproxima das disposições do art. 475 (art. 496) do CPC, quanto às ações de natureza civil e previdenciária intentadas na Justiça do Trabalho depois da ampliação de sua competência pelos incisos do art. 114 da CF, especialmente quanto ao recurso "*ex officio*", previsto no focado artigo, em seu § 1º. Quanto ao § 3º, observa a natureza das súmulas vinculantes do Egrégio Supremo Tribunal Federal.

Quanto aos Regimentos Internos dos Tribunais, integrarão às normas contidas na CLT, consoante o parágrafo único do art. 913 da CLT, e no Código de Processo Civil consoante o art. 1214. Por isso, é importante a leitura da matéria capitulada nesses regimentos quanto ao esclarecimento de certas dúvidas processuais. Muitos daqueles que operam no direito, se deslembram desta prática salutar, conforme já ressaltei. Não são apenas os códigos e as leis esparsas que deverão ser consultadas, mas também as que dizem respeito aos Regimentos Internos dos Tribunais, e especialmente do STF sobre determinado assunto processual, conforme está previsto nos art. 96, I "*a*", da CF e no art. 1.214 do CPC, de 11 de janeiro de 1973.

Os recursos civis tanto quanto os trabalhistas deverão observar os prazos legais para interpô-los como para contra-arrazoá-los. Portanto, a apelação, quando for o caso, não poderá, segundo entendo, ser adaptada ao recurso ordinário, e assim por diante. Deve-se ter ainda em mãos o Regimento Interno do T.R.T., referente ao local em que a parte esteja atuando quanto a competência territorial. Algumas regras especiais podem ser encontradas no Volume 2 da obra *Perfil da Execução Trabalhista*. Lembre-se o leitor que a incompetência de foro na Justiça do Trabalho é absoluta, consoante o § 1º do art. 795, da CLT, e assim não poderá ser prorrogada.

Pelo art. 22, inciso I da Carta Magna, apenas a União poderá legislar sobre direito processual. E, pelas facilidades contidas nos arts. 34 e 35, da Lei n. 6.830/80 não acredito que a União irá abrir mão delas, especialmente quanto aos prazos e a celeridade imposta pelos embargos infringentes e à apelação que vão de encontro a pretensão do legislador constituinte ínsitos no inciso LXXVIII do art. 5º da Constituição Federal, acrescentado pela Emenda Constitucional n. 45, de 08 de dezembro de 2004.

Contudo, não posso deixar de alertar o leitor quanto à existência da Instrução Normativa n. 27, de 11.2.2005, do TST que: "dispõe sobre Normas Procedimentais aplicáveis ao Processo do Trabalho em decorrência da ampliação da Competência da Justiça do Trabalho pela Emenda Constitucional n. 45/2004". Então, para que se observe e sem que isso possa comprometer processualmente o exequente ou o executado, recomendo que se ingresse com os embargos infringentes no prazo dos embargos à execução e à apelação, no prazo do agravo de petição, procedendo as demais adaptações, como pretende a indigitada instrução, especialmente quanto aos prazos, mas não deixando de lado este entendimento, porque ele poderá ser útil e questionado em outras instâncias processuais, com possibilidade de êxito. Observe-se, porém, que a Lei n. 6.830/80 prevê, no art. 34, admissão dos embargos infringentes com prazo de 10 dias para sua interposição e resposta ou impugnação. Esse é o nosso entendimento: "adequar-se processualmente à Instrução Normativa n. 27", mas sem abandonar o disposto na Lei n. 6.830/80, bem como as demais leis comentadas, lembrando-se sempre, que para sua segurança, prazo, custas, matérias de defesa e pressupostos processuais são relevantes e deverão ser observados sob as penas da lei. Ademais, esse entendimento pode também significar maior segurança e conforto aos Magistrados em face do disposto na Súmula n. 505 do STF, combinada com inciso I do art. 22 da CF. Assim, o Magistrado terá que dizer como recebe o apelo, e em que modalidade e assim as partes ficarão garantidas, especialmente o executado.

Não deixa de ser curioso o art. 889 da CLT encaminhar a execução trabalhista subsidiariamente ao trâmite da lei que rege o executivo fiscal da Dívida Ativa da Fazenda Pública Federal, e, agora adaptando-o à cobrança desse mesmo título federal ao rito da execução trabalhista. Daí decorre também a nossa advertência quanto à indigitada Instrução Normativa. Ainda, conforme disse, existe o Decreto-lei n. 779, de 21.8.1969, que atribui outras regalias processuais aos entes públicos nos incisos II, III, IV, V e VI do art. 1º, embora entenda que, pela hierarquia legal, a lei está acima do Decreto-lei, consoante já disse. Porém, existem ainda as questões arguidas em decorrência da Lei n. 9.494/97, fruto da Medida Provisória n. 5.070-5, de 1997, como disse.

Por fim, ainda pelo quanto se disse, teremos que enfrentar o disposto no § 1º do art. 2º da Lei de Introdução ao Código Civil Brasileiro, Decreto-lei n. 4.657, de 04.9.1942, que dispõe:

"A lei posterior revoga a lei anterior quando expressamente o declare, quando seja com ela incompatível ou quando regule inteiramente a matéria de que tratava a lei anterior."

E, no caso, nada disso ocorre para se afastar a Lei n. 6.830/80 do executivo fiscal, quanto à cobrança de multas previstas no inciso VII do art. 114 da Constituição Federal.

Quanto ao recurso adesivo, dever-se-á observar esses mesmos cuidados, e a Súmula n. 283 do C. TST.

LXX

Os Recursos Trabalhistas em Relação à Ordem Jurídica Processual

Agora, uma questão que se me apresenta muito importante diante da postura de entendimento que venho imprimindo nesse trabalho. O recurso ordinário trabalhista se assemelha à apelação, pela sua finalidade e alcance processuais, inclusive quanto às instâncias que percorrem, embora, cada qual em seu regime processual próprio. Entretanto, quanto ao recurso ordinário civil, regulado pelos arts. 539 (art. 1027) e 540 (art. 1028) do CPC, não posso dizer o mesmo, pelo seu destino de instâncias e matérias, nele discutidas, em relação ao recurso ordinário trabalhista do inciso II do art. 893 da CLT. Faço esse comentário em defesa da tese que abraço na proteção do procedimento processual que não poderá ser alterado senão em virtude de lei, seja ele qual for. Aliás, não é outra a disposição do art. 113 da Constituição Federal, *in verbis*:

"A lei, disporá sobre a constituição, investidura, jurisdição, competência, garantias e condições de exercício dos órgãos da Justiça do Trabalho."

E não é outra a intenção do legislador constituinte ao preservar o direito de legislar no inciso XI do art. 49, que dispõe, sobre as atribuições do Congresso Nacional:

"Zelar pela preservação de sua competência legislativa em face da atribuição normativa de outros Poderes."

Resulta então, que compete à União promulgar e alterar as leis processuais, conforme dispõe o inciso I, do art. 22 da Constituição Federal. Então, por melhor que seja a intenção daqueles que pretendam regular o procedimento das novas atribuições da Justiça do Trabalho, quanto ao acréscimo de sua competência material, tal intenção obviamente não poderá prosperar, ainda quando a transferência de atribuição material se faz apenas parcialmente como ocorre, por exemplo, quanto ao inciso VII do art. 114 da CF. Digo isso porque apenas a título de esclarecimento, tomo por base o executivo fiscal, regulado pela Lei n. 6.830/80. Nela encontramos, por exemplo, o recurso de apelação que não pode ser alterado pelo recurso ordinário da CLT, pena de termos dois procedimentos recursais, para o mesmo objetivo, aqueles que pleiteiam perante a Justiça Comum, que se louvam da apelação com prazo muito superior ao daqueles que se envolvem em outros executivos fiscais mesmo que de títulos federais que, poderão ter outros prazos e destinos processuais. Pelo visto, apenas por argumentação, não há coerência nesse raciocínio e a lei constitucional não permite esse tipo de invasão às leis processuais, mesmo que seja a que título for.

Doutro lado, vejo que até para se aplicar ao recurso ordinário da lei processual civil, os requisitos de admissibilidade e procedimental de origem da operação houve necessidade da promulgação da Lei n. 8.950, de 13.12.1994, que alterou a redação do art. 540 do CPC, hoje art. 1.028. Então, como posso, ainda que reconheça e respeite a linha que está sendo adotada pela Justiça do Trabalho, admitir que se altere administrativamente lei processual para adequá-la à cobrança dos títulos dos incisos pertinentes ao art. 114 da CF, em face dos trâmites previstos na própria CLT? A execução trabalhista é deveras diferente da execução fiscal, inclusive com a supressão de recurso como ocorre com os embargos infringentes do art. 34 da Lei n. 6.830/80. Entendo "*data maxima venia*", e com o maior respeito, viso apenas evitar trâmite procedimental que se nos apresenta inadequado. A cobrança de título fiscal líquido e certo não pode ser adaptado aos prazos e procedimentos trabalhistas. É necessário que exista uma lei a regular a mudança, até porque o art. 1º da Lei n. 6.830/80 é imperativa ao se socorrer subsidiariamente ao CPC. Então, ou se utiliza, na Justiça do Trabalho, a execução fiscal apoiada inteiramente na Lei n. 6.830/80, ou então há que se aguardar uma norma federal fazendo as adaptações necessárias para isso, conforme inciso I do art. 22 da CF. Esse é o entendimento e, para mim, não existe outro. Contudo, o E. STF acabará, por certo, com essas incertezas como vem fazendo em outros incisos do art. 114 da CF, como demonstrei ao longo desse trabalho. Podemos ora citar, como exemplo, as Súmulas Vinculantes ns. 8, 22, 23, 25 e 28 do Egrégio Supremo Tribunal Federal.

Na verdade, faço essas ponderações por serem imprescindíveis diante da Instrução Normativa n. 27 do TST, de 16.2.2005. Na Justiça comum, os recursos ordinários civis são julgados pelo STF, e pelo STJ, segundo a alínea "*a*" do art. 539 (inciso I e II do art. 1027) do CPC e pelo STJ, segundo a alínea "*b*" do mesmo artigo, dentre outros procedimentos.

Há que se enfrentar ainda na matéria, o disposto no Decreto-lei n. 779, de 21.8.1969, que "dispõe sobre aplicação de normas processuais trabalhistas à União Federal, aos Estados, Municípios, Distrito Federal e autarquias ou fundações de direito público que não explorem atividade econômica. Observem os leitores que o presente Decreto-lei refere-se explicitamente à Justiça do Trabalho. Portanto, diante deste quadro processual, há que se ter precaução na adaptação de lei processual por melhor que sejam as intenções, e sem que se faça diretamente qualquer crítica à mencionada instrução normativa. Ora, ocorre-me a lembrança da súmula vinculante, de n. 28, que abaixo transcrevo:

> "É inconstitucional a exigência de depósito prévio como requisito de admissibilidade de ação judicial na qual se pretenda discutir a exigibilidade de crédito tributário."

Demais, existe ainda a relembrar a Lei n. 9.494, de 10 de setembro de 1997, que contém normas processuais a serem aplicadas, lei essa já comentada neste trabalho.

LXXI

A Competência no Título Extrajudicial

Já falamos sobre a competência na Contribuição Previdenciária. Já comentamos fartamente sobre ela no tópico adequado. Já dissemos que o INSS não pode promover ação executiva na Justiça do Trabalho. Estudamos que essa competência, quando ocorre, é firmada, ou seja, está agregada a títulos trabalhistas condenatórios. Depende, portanto, da propositura de uma reclamação trabalhista. Na competência firmada, a competência material originária permanece. No caso, o que existe é apenas a sua prorrogação por conexão, permitida pela Carta Magna no inciso VIII do art. 114, da CF, acrescentado pela Emenda Constitucional n. 45, de 8.12.2004. A Consolidação dos Provimentos da Corregedoria Geral da Justiça do Trabalho, no art. 78 dispõe:

> "Art. 78 – As sentenças condenatórias e homologatórias e conclusão que contenham parcelas com natureza remuneratória, ou seja, de salário de contribuição, determinarão a obrigatoriedade de recolhimento das importâncias devidas à Previdência Social, ainda que de valores ilíquidos."

Então, na leitura do § 3º do art. 832 da CLT, o juiz deverá na homologação do acordo, fazer conter esta ordem de inclusão da verba previdenciária nesses casos.

Agora, examinaremos a competência no tocante aos títulos extrajudiciais decorrentes de penalidades trabalhistas, como consta da expansão de competência material e pessoal contido na Emenda Constitucional n. 45, retro mencionada, e que foi consignada no inciso VII do art. 114 da CF. Essa competência difere daquela que trata de cobrança da contribuição previdenciária pela Justiça do Trabalho. É que neste inciso houve cisão parcial de competência absoluta que só pertencia constitucionalmente a outro juízo. É o que explicamos com respeito ao § 3º do art. 109 da CF. Agora, repito, norma parcial pertencente à expansão da competência material, deverá, na melhor hermenêutica, ser interpretada restritivamente. É o que chamamos de interpretação lógica. Então, a Justiça Comum perdeu para a Justiça do Trabalho apenas a ação executiva do título extrajudicial, decorrente das "penalidades administrativas", impostas aos empregadores pelos órgãos de fiscalização das relações de trabalho, tão somente.

A cobrança destas penalidades, terão de ser feitas através de ações executivas fulcradas, em especial no art. 1º da Lei n. 6.830 de 22.9.1980. Então, algo que soe fora do habitual chamaremos de <u>exceção à regra</u>. O direito decorrente desse acréscimo, antes poderíamos chamar de incompetências material, territorial, funcional ou pessoal, quando se propõe ação em juízo impróprio, e inabitual para recebê-la. Observe-se, por importante, que a lei que será subsidiária, em caso de omissão, será a Lei n. 5.869 de 11.1.1973, o CPC, segundo o art. 1º, da Lei n. 6.830/80. Agora, teremos o processo civil implantado pela Lei n. 13.105, de 16 de março de 2015, como já discorremos alhures.

Entretanto, outros títulos extrajudiciais pertinentes a pagamento de direitos trabalhistas, como já apontamos anteriormente, deverão seguir o rito traçado na legislação trabalhista na forma introduzida pelo art. 877-A da CLT.

Agora, volto a atenção a títulos outros, que provenham de débitos ou créditos líquidos e certos existentes entre empregados e empregadores, mas que decorrem de uma relação jurídica civil, os quais deverão ser cobrados em ação executiva na Justiça Comum. A ação judicial indicará o juízo próprio com o pedido e a causa de pedir, como já explicamos. Por óbvio, estão fora daqueles que se alinham a performace do inciso IX, do art. 114, da Constituição Federal.

Nessas hipóteses, diferentemente do que acontece com a contribuição previdenciária, não há competência material concorrente ainda que parcial, pois o art. 114 da CF é suficientemente claro em seus incisos quanto às novas competências da Justiça do Trabalho, ainda que a competência seja apenas parcial, ou seja, dentro do desenho do art. 114 da Constituição Federal.

LXXII

Execuções Definitiva e Provisória. O Art. 195 do Novo CPC e a Eficácia da Decisão. As Ações Conexas. O Rito Sumaríssimo. Efeito dos Recursos. A Fazenda Pública. A Ação Condenatória. O Precatório. O Momento dos Cálculos

Embora já a tenha comentado no Capítulo XLIII, ora pela sua relevância, volto agora, mais uma vez a essa matéria praticamente por último, porque tanto na execução definitiva como na provisória, o procedimento é o mesmo, apenas na execução provisória não haverá alienação de bens do executado em praça. Então, a execução provisória irá até a penhora, tão somente, sem incluí-la como dissemos alhures. A execução é provisória quando existe, na ação principal, recurso da parte contrária em ambos os efeitos <u>devolutivo e suspensivo</u>. Todo recurso, qualquer que seja, terá obrigatoriamente o efeito devolutivo, por devolver à instância superior o conhecimento da matéria de mérito discutida no processo na fase de conhecimento, que poderá envolver até a produção de provas. Se o juiz determinar o processamento do recurso em ambos os efeitos, então não se dará a execução provisória do julgado, que iria até a penhora. Para melhor entendimento da questão, remeto o leitor ao art. 520 (art. 1.012), do CPC. Ali encontraremos resposta para um entendimento sobre os efeitos do recurso, tomando-se como exemplo a apelação. Quanto às ações conexas, fico com entendimento lavrado na ementa abaixo, *in verbis*:

> "Entendendo que o recurso interposto do julgamento simultâneo de duas ações conexas deve ser recebido em ambos os efeitos, desde que assim o reclame uma delas: RTs ns. 502/138, 503/203, 604/78, 641/197, 698/113, maioria. RF n. 256/301, RJTJESP n. 98/320, Lex – JTAs ns. 145-271, 171/90". (Julgado extraído às fls. 605, 36. ed, *Código de Processo Civil*, Theotônio Negrão e José Roberto F. Gouvêa)

É que o rito processual deverá ser único para ambas as ações, prevalecendo o rito comum quando forem diferentes. Segundo se dessume da leitura dos arts. 102 (art. 54), 103 (art. 56), 271 (art. 318) e 272 do CPC. O art. 520 (art. 1.012) do CPC também nos leva a esta conclusão expressada no julgado retro transcrito.

O juiz, com o encerramento da instância instrutória, irá, na fase seguinte, julgar o feito, ensejando o prazo para se recorrer a contar da intimação das partes. No rito sumaríssimo, as partes serão intimadas da sentença na própria audiência em que a mesma for prolatada. É bom que se diga que ainda há processo de alçada exclusiva das varas, consoante o § 1º do art. 851 da CLT, combinado com os §§ 3º e 4º do art. 2º da Lei n. 5.584, de 26.6.1970. Na Justiça do Trabalho, os procedimentos são dois, o ordinário e o sumaríssimo, esse com reclamações trabalhistas cujo valor não ultrapasse 40 vezes o valor do salário mínimo na data do ajuizamento da ação, consoante o art. 852-A e seguintes da CLT, e que neles não contenham como partes as Entidades Públicas segundo o parágrafo único do focado artigo. Na Justiça Comum, o procedimento desdobra-se em ritos ordinário e sumário, consoante art. 272 do CPC. Demais, a Justiça Comum específica pela natureza, as ações de procedimento sumário nos incisos do art. 275, do CPC.

Agora, vejam a propósito, na execução focada na Lei n. 6.830/80, há o recurso de embargos infringentes, como regulado no *caput* do art. 34 e seu § 2º. Essa é uma vantagem desse procedimento que não poderá, segundo entendo, ser alterado a não ser por outra lei. Mas aí, os mais curiosos indagarão quanto ao emprego do princípio do duplo grau de jurisdição, ou seja, 1º e 2º instâncias. Quero, para esses, responder que o princípio está assim mesmo respeitado com os embargos infringentes ao juiz prolator da sentença. Já explicamos e discorremos sobre a natureza dúbia do tema instâncias, que, para nós é apenas um momento do processo. Não fosse assim como o Egrégio Superior Tribunal Federal, se ajeitaria diante do que está expendido no inciso III e alínea *"a"* do art. 102 da CF, *in verbis*, transcrevo abaixo:

"Art. 102 – Compete ao STF, principalmente a guarda da Constituição, cabendo-lhe:

III – Julgar mediante recursos extraordinários as <u>causas decididas em única ou última instância</u>, quando a decisão recorrida:

a) <u>Contrariar dispositivo dessa constituição.</u>"

Ora, o que se lamenta, como dissemos alhures, sejam os processos de rito sumaríssimo, previstos nos arts. 852-A e seguintes da CLT, hoje com recursos ordinário e de revista conforme arts. 895, § 1º, e 896, § 6º, da CLT.

Os recursos de Revista e Extraordinário cabíveis por infração à CF e as leis federais são até compreensíveis, mas admitir o recurso ordinário com a parafernália dos incisos do § 1º do art. 895 da CLT, é desconhecer a realidade de nossos Tribunais Trabalhistas abarrotados de recursos em que volta e meia se conclama os célebres mutirões conciliatórios. São raros os recursos bem-sucedidos com reforma da sentença sobre matéria de fato. E, se o próprio juiz prolator da sentença puder reexaminar a decisão prolatada em embargos infringentes, esse reexame, a meu modo de pensar, é mais profícuo do que "*data venia*", o exame pelo E. TRT.

A Consolidação quando foi implantada no País pelo Decreto-lei n. 5.452, de 1º.5.1943, o rito sumaríssimo cuidava, na maioria das vezes, de reclamação trabalhista decorrente de penalidades disciplinares ao empregado. Porém, o legislador alterou o procedimento, e agora o rito sumaríssimo contém normas que deverão ser observados no art. 852-A e seguintes da CLT. Isso tudo diante do disposto no inciso LXXVIII do art. 5º da CF, que pretende garantir a todos a efetividade do processo por meio da celeridade, princípio relegado pelas formalidades do processo.

Mas, voltando aos efeitos dos recursos, o devolutivo, devolve o cabimento do recurso a uma instância geralmente superior, mas o recurso, se tempestivo, ainda poderá ter o efeito suspensivo da matéria de mérito.

A execução provisória ocorre nas sentenças condenatórias, e possivelmente cominatórias, ainda que parcialmente procedentes. Nas decisões condenatórias estão englobadas as sentenças propriamente ditas e os acordos homologados descumpridos pelas partes. Já os acordos extrajudiciais serão executados em caso de inadimplemento através de uma ação executiva.

Vale aqui a transcrição do que escrevi às fls. 21/22, da obra *Perfil da Execução Trabalhista*, volume I, *in verbis*:

> "Há aqui que se alertar o leitor que apenas as ações condenatórias admitem a execução. Nas ações declaratórias e constitutivas as sentenças transitadas em julgado, valem apenas como preceito. Nelas se executam apenas as custas processuais, honorários advocatícios e periciais se for o caso. Estas decisões requerem a propositura de ação condenatória quando desrespeitadas pela parte inadimplente.
>
> Também, não se executam as sentenças coletivas de trabalho. Essas como ação de cumprimento. A ação de cumprimento de salários normativos está regulada pelo art. 872, parágrafo único, da CLT. As convenções e os acordos coletivos de trabalho também admitem a ação de cumprimento segundo autoriza a Lei n. 8.984/95".

No tocante à ação cominatória, o texto restou alterado pela Lei n. 10.444, de 7.5.2002, que praticamente a extinguiu, restando à disposição do art. 287 (arts. 500 e 537) do CPC, agora com o rito ordinário, consoante entendo. Mas, no particular, o que se tem a acrescentar nesse trabalho é que no caso de inadimplência das obrigações de fazer ou não fazer que não se puder passar a terceiro sua realização, elas se convolarão em obrigação de pagar com possibilidade de execução convertida em indenização. Como exemplo, temos a hipótese prevista no art. 496 da CLT

Outra questão, nas ações condenatórias contra a Fazenda Pública, se admitirá apenas a liquidação de sentença, já que os bens públicos são impenhoráveis. Assim, antes do trânsito em julgado da decisão, não se expedirá o precatório, até porque seu impedimento deflui de leitura do inciso II do art. 730 (arts. 534 e 910) do CPC, pois sua expedição importa implicitamente em autorização de pagamento através do Tribunal Regional do Trabalho da 2ª Região, que está em perfeita sintonia com a lei processual ao dispor, *in verbis*:

> "Art. 20 – Compete ao Presidente do Tribunal: omisses:
>
> XXVII – determinar a expedição de precatório, ordenando o pagamento em virtude de sentenças com trânsito em julgado, proferidas contra as Fazendas Públicas, e demais hipóteses previstas em lei."

No dia 29 de outubro de 2015, assisti pela TV Justiça, o julgamento do RE n. 579.431, onde os cultos ministros discutiram o momento da atualização dos juros em processo instaurado contra a Universidade Federal de Santa Maria. A apreciação da matéria girou em torno dos parágrafos do art. 100, da Constituição Federal, especialmente quanto os §§ 5º, 8º e 12º, ficando estabelecido, se bem entendi, que os juros iniciariam a contagem a partir da data da expedição do precatório até a data do efetivo pagamento do débito. Destarte, não correriam juros no espaço entre a efetivação do cálculo e a expedição do precatório, ou de ofício requisitório por cuidar de ação promovida por um servidor público. Na ocasião, comentou-se a judicialização dos processos, especialmente pelo Poder Público, e que uma execução não deveria levar mais de seis meses. E que, nas mesmas considerações, haveriam cerca de 22.000 processos.

Já dissemos anteriormente, no momento próprio, que consoante o § 2º do art. 893 da CLT, a despeito da interposição de recurso extraordinário, a execução é definitiva e não provisória, tal como se espera de um processo célere. Além do mais, ainda existe a se preservar o princípio da repercussão geral contida no art. 543-A do CPC, através do Supremo Tribunal Federal. Mas, a respeito da eficácia da decisão, o novo Código de Processo Civil deu um largo passo no tocante a essa ordem processual, exatamente no art. 995, que passo abaixo a transcrever:

"Art. 995 – Os recursos não impedem a eficácia da decisão, salvo disposição legal ou decisão judicial em sentido diverso." (grifo nosso)

Com tal redação, se o juiz da causa não atentar para os efeitos dos recursos interpostos pelas partes, especialmente na Justiça Comum, caso não lhes dê o efeito suspensivo, a execução se ativará até a final, pois ela teria capacidade para tanto. É o que já ocorria com o recurso extraordinário, na leitura do art. 497, do antigo CPC. Afinal, a eficácia é a capacidade de tornar efetiva a sentença por juiz competente.

A execução provisória está regulada no art. 899 da CLT e será efetuada por carta de sentença. Entendo que, a vista do disposto no "*caput*" desse artigo, o juiz deverá sempre dizer em que efeitos recebe e processa o recurso. Se nada disser, consoante entendo, o recurso como o ordinário deverá ser processado em razão da natureza do apelo. É bom que se diga que o recurso ordinário em sede trabalhista equivale à apelação civil, regulada pelos arts. 513 (art. 1009) e seguintes do CPC, sendo que o art. 518, dispõe "o juiz, declarando os efeitos em que a recebe, mandará dar vista ao apelado para resposta (grifo nosso). Então, não bastará a interposição do recurso, segundo entendo. A parte deverá outrossim requerer os efeitos que pretende que se dê a ele o Magistrado, que, na hipótese, estará obrigado a responder. Na omissão, até mesmo o recurso ordinário, possibilitará a execução provisória do julgado como alertei porque, para ele, não existe a ressalva do argumento do art. 520 (art. 1.003, § 5º) do CPC, nos casos apontados em seus incisos, quando a apelação será processada apenas no efeito devolutivo. Ora, é importante também ressaltar o inciso V do art. 520 do CPC e 35, da Lei n. 6.830/80, que trata dos executivos fiscais, *in verbis*:

"Art. 520 do CPC – A apelação será recebida em seu efeito devolutivo e suspensivo. Será, no entanto, recebida só no efeito devolutivo quando interposta de sentença que:

V – Rejeitar liminarmente embargos à execução ou julgá-los improcedentes, e o

Art. 35 da Lei n. 6.830/80 – Nos processos regulados por esta lei, poderá ser dispensada a audiência do revisor, nos julgamentos das apelações."

E, nos executivos extrajudiciais, segundo entendo, com permissivo do art. 889 da CLT, poder-se-á imitar o modelo previsto nos arts. 6º e 9º da Lei n. 6.830/80. Por isso, alhures aconselhei, que diante do princípio de celeridade processual, o credor já apresente seus cálculos na exordial e, na defesa, o devedor já poderá impugná-los com seus cálculos, e após, com a sentença de liquidação, o juiz executor poderá determinar a penhora, já que a citação ocorrerá antes, ou seja no início da ação executiva, ficando o devedor com o prazo de cinco dias após a penhora, ou garantia da execução, para apresentar embargos à execução, nos termos do art. 884 da CLT, fulcrando-os nas matérias contidas nos §§ 1º e 3º. Na 1ª instância, quando o processo baixava com o V. acórdão, determinava, de plano, que as partes apresentassem seus cálculos e, só depois, com a sentença de liquidação, determinava a citação da executada.

Agora, nos executivos fiscais, o prazo para embargá-los é de 30 dias contados da garantia à execução como previsto no art. 16 da Lei n. 6.830/80.

Quanto ao devedor civil, o prazo dos embargos à execução será de 15 dias, contados da juntada aos autos do mandado de citação conforme prescreve o art. 738 (art. 915) do CPC. Particularmente, entendo que o marco inicial para contagem do prazo de 15 dias será a partir da juntada do mandado de citação cumprido aos autos da execução de título extrajudicial, consoante se infere da leitura do artigo supramencionado. Já, na ação trabalhista, o prazo é de cinco dias, e conta-se da penhora ou da garantia à execução pelo executado, para se propor os embargos à execução, querendo.

Embargos à Execução e os Diferentes Prazos para sua Propositura e a Penhora. A Fazenda Pública e as Leis ns. 7.347, de 24 de Julho de 1985 e 9.494, de 10 de Setembro de 1997 e o Decreto-Lei n. 779, de 21 de Agosto de 1969. E suas Divergências Processuais

Questões que se nos apresentam com relevante interesse processual. É que no Direito Trabalhista, mesmo antes da ampliação de sua competência material pela EC n. 45, de 8.12.2004, bem como em especial, pelo art. 877-A da CLT, acrescentado pela Lei n. 9.958, de 12.1.2000, a execução de título judicial, por óbvio, começava com a citação do executado para pagar o débito em 48 horas sob pena de penhora (art. 880, da CLT). A essa altura, o valor devido ao credor já se encontrava apurado com fulcro no art. 879 e seus parágrafos da CLT.

Então, o prazo de 5 dias para se opor embargos à execução inicia-se a partir da penhora consoante se lê no art. 884 da CLT; todavia, para esse ato processual, a Fazenda Pública gozará do prazo de 30 dias, consoante o art. 1º-A da Lei n. 9.494/97. Sobre essa questão já me manifestei no comentário ao art. 1º-E, no tocante a revisão de valores contidos para a expedição de precatórios. Então, além das benesses contidas no Decreto-lei n. 779/69, ainda em seu art. 1º, dever-se-ia acrescentar o prazo de 30 dias, para embargos à execução, consoante o art. 1º-B, da Lei n. 9.494/97. E mesmo para impugná-los, o prazo será de 30 dias, consoante o art. 17 da Lei n. 6.830/80, subsidiária na execução das reclamações trabalhistas, consoante dispõe o art. 889 da CLT.

Agora, com o advento da execução de título extrajudicial, segundo entendo, há também que se liquidar o título antes da penhora. A liquidação, nesses casos, é imperativo legal, especialmente em procedimento inquisitório. Assim, a questão subsidiariamente será resolvida com apoio do art. 889 da CLT pela aplicação do inciso I do art. 7º da Lei n. 6.830/80, e pelo art. 736 (art. 930) do CPC, com a redação determinada pela Lei n. 11.382, de 6.12.2006, que permitem a propositura dos embargos à execução independentemente de penhora, depósito ou caução, o que foge à regra da execução judicial trabalhista a partir do disposto no art. 652 (art. 829), combinado com art. 736 (art. 914), ambos do CPC.

Portanto, mesmo nos títulos executivos extrajudiciais se fará antes a liquidação por cálculos já na petição inicial, semelhante ao modelo contido no art. 6º da Lei n. 6.830. Por isso, alhures aconselhei que, pelo princípio da celeridade processual, o credor já apresente seus cálculos na exordial e, na defesa, o devedor poderá impugná-los, com seus cálculos. Após, com a sentença de liquidação, o juiz executor já deverá determinar a penhora porque a citação aconteceu antes, no início da ação executiva, sendo que o devedor, se não for entidade pública, no prazo de 5 dias, deverá apresentar os embargos à execução nos termos do art. 884 da CLT, fulcrando-os nos §§ 1º e 3º quando se tratar de execução trabalhista comum. A penhora, portanto, já estará cumprida, para a defesa do executado inclusive no tocante aos cálculos. Na execução trabalhista, nunca se deverá perder de vista o disposto no art. 889 da CLT, que admite a subsidiariedade do executivo fiscal para cobrança de Títulos da Fazenda Pública. Como exemplo dos procedimentos, encontram-se neste trabalho os dois quadros sinópticos a serem examinados pelos leitores, inclusive com as matérias que poderão ser alegadas num e noutro caso.

Agora, nos executivos fiscais, os prazos para embargá-los e impugná-los será de 30 dias, contados da garantia à execução, como previsto no art. 16 da Lei n. 6.830/80. Todavia, o prazo dos embargos à execução do devedor civil é de 15 dias, contados da juntada aos autos do mandado de citação conforme prescreve o art. 738 (art. 915) do CPC. No particular, entendo que, nesse caso, o marco inicial para a contagem do prazo ocorre nos autos da execução tanto de título judicial como extrajudicial. Então, o prazo nessa hipótese, para propor os embargos ocorrerá antes de efetivada a penhora na forma do art. 664 (art. 839) do CPC. Destarte, pelo art. 652 (art. 829) do CPC, deverá antes ser citado o executado, para pagar a dívida em três dias. Daí começa a fluir o prazo dos embargos à execução. As matérias alegadas na defesa também são outras e estão contidas nos arts. 741 (art. 535) e 745 (art. 917) do CPC, quando a executada for a Fazenda Pública.

Na reclamação trabalhista, o entendimento não terá respaldo legal conforme se infere da leitura dos arts. 880/883 da lei consolidada. Então, no particular, há que se alertar as partes e o próprio juiz executor. Difere também no particular, o prazo para opor embargos à execução contra a Fazenda Pública, que seria de 10 dias, prazo esse que, consoante entendo, passou para 30 dias, na leitura das Leis n. 9.494 de 10.12.1997 e 8.213 de 24.8.1991, com da redação determinada pela Lei n. 9.528 de 10.12.1997, conforme verifiquei ao pé do art. 730 (art. 534 e 910) do CPC anterior, editado pela Editora Saraiva. Hoje, porém, a questão foi espancada pelo art. 910 do novo CPC, opondo-se os embargos à execução em 30 dias, embora o art. 730, do CPC, contenha incorretamente o prazo de 10 dias como vimos; o foro é o do domicílio do réu, consoante o art. 578 (art. 46, § 5º), do CPC. Demais, hoje, com a ampliação da competência material da Justiça do Trabalho, especialmente quanto ao disposto no inciso IX do art. 114, da Carta Magna, quando há que se observar se a causa de pedir e o pedido são extravagantes. O Decreto-lei n. 779, de 21.8.1969, com as regalias às entidade públicas perante à justiça do trabalho, a meu ver, padece de constitucionalidade por conferir a uma das partes benefícios processuais apenas pela condição de entidade pública, o que fere de frente o disposto no inciso I, do art. 125 do CPC, e ainda o inciso LXXVIII, do art. 5º da CF, até porque as entidades públicas possuem corpo jurídico preparado para defender seus interesses a qualquer momento, se já não bastasse a proibição da penhora quando a execução se processar consoante os incisos I e II dos arts. 730 e 731 (arts. 534 e 910) ambos do CPC. Por óbvio aqui, o princípio da equidade foi desrespeitado com a promulgação dessa lei processual. Também, "*data venia*" não concordo com o art. 745 A (art. 916), do CPC, que aniquila o entendimento do que é um título líquido certo, seja judicial ou extrajudicial, com prazo alargado ao executado para pagamento que extrapola o bom senso.

E, nesses casos, ao contrário das defesas trabalhistas incitas nos §§ 1º e 3º do art. 884 da CLT, as matérias poderão ser objeto de análise pelo juiz executor sob a ótica dos arts. 739 e 745 (arts. 917 e 918) do CPC, quanto aos devedores comuns, e no art. 741 (arts. 917 e 919), desse diploma processual, na execução contra a Fazenda Pública na qualidade de executada. Quanto a esta, poderão também ser arguidas, consoante entendo, as matérias que levarão à rejeição liminar dos embargos, e que estão previstas no art. 739 (art. 535) do CPC. Tudo isso agora poderá ser objeto de análise pelo juiz trabalhista.

Ainda, alerto para mais uma distinção entre a execução civil e a trabalhista. Pelo art. 652 (arts. 829 e 841) do CPC, o prazo para pagar é de 3 dias, e não de 48 horas, sendo que a execução civil prosseguirá segundo a sequência do procedimento contido na subseção II, do capítulo IV do título II, do CPC de 1973. A execução fiscal, regulada pela Lei n. 6.839/80, prevê citação para pagamento também em 5 dias, consoante o art. 8º.

Se nos apresenta também indispensável, por lei, a uniformização dos prazos nas mais variadas execuções, até por obediência ao princípio da equidade como acima relatei. *Data venia*, isso confunde, e poderá prejudicar os operadores do direito, de forma a levá-los a prejuízos processuais irreparáveis. Demais há processos que podem ser manejados pelas próprias partes independentemente da figura do advogado, a despeito de serem indispensáveis a boa ordem processual, ainda que sejam nomeados "*ad hoc*". Mas essas adaptações deverão ser objeto de lei processual, porque é arriscado inobservá-los sem respaldo legal.

Mas, na verdade, o que viola de frente o princípio da equidade mais que em outros casos, é a diferença de prazos para partes no mesmo litígio, especialmente no tocante a recursos e apresentação da defesa. Como, na verdade, poderá ocorrer na procedência parcial da ação, onde a entidade pública goza de prazo dobrado para recorrer, enquanto que na outra ponta geralmente se encontra, especialmente na área trabalhista, um hipossuficiente, por vezes, sem a presença de advogado. Isso, na verdade, se nos apresenta como uma incoerência legislativa, e não pode, e por certo não deverá permanecer, por se constituir em procedimento aberrante a uma boa e equilibrada ordem processual. Ademais, existem ainda os favores processuais impostos pela Lei n. 9.494, de 10 de setembro de 1997, de que já tratei no Capítulo LXIX.

Demais existe ainda o recurso "*ex officio*" ou oficial, para entidades públicas, como previsto no art. 475 (art. 496) do CPC, tanto na fase de conhecimento (inciso I), como na de execução, nos embargos (inciso II); assim, entendo que já seria suficiente o inciso V do art. 1º do Decreto-lei n. 779/69 com aplicação das disposições dos §§ 2º e 3º, do art. 475 (art. 496) do CPC, aplicando-se o princípio da paridade de tratamento indiferentemente aos credores trabalhistas ou civis da entidade pública.

Aqui, faço uma demonstração dos descompassos dos prazos que beneficiam entes públicos e, por vezes, privados, nos vários diplomas:

Para citação – 48 horas – art. 880 CLT;

3 dias – art. 652 (art. 829). CPC;

5 dias – art. 8º, Lei n. 6.830/80;

Para embargos à execução – 5 dias art. 884, CLT;

15 dias art. 738 (art. 915), CPC;

30 dias art. 16 – Lei n. 6.830/80.

Ainda, temos que lembrar os prazos contidos no Decreto-lei n. 779, de 21 de agosto de 1969.

Vale aqui a observância que já passei nesse trabalho. A garantia das partes num contexto ambíguo como esse, na dúvida, ingressar com a pressa processual no prazo mais curto, deixando a discussão processual quando já não puder aproveitá-lo por já tê-lo ultrapassado pelo decurso do tempo.

LXXIV

O Acidente do Trabalho. Sua Caracterização. A Súmula Vinculante n. 22 do Supremo Tribunal Federal

Antes, devemos elucidar que a caracterização de acidente do trabalho é muito ampla e envolve também a doença profissional, conforme se lê nos arts. 130 a 136 do Decreto n. 2.172, de 5.3.1997, a despeito de ter sido revogado pelo decreto n. 3.048, de 6 de maio de 1998, que aprovou o Regulamento da Previdência Social, dá bem a ideia de seu alcance. Então, com relação ao tema ora abraçado, cabe aqui a transcrição do art. 341, do focado texto legal:

"Art. 341 – Nos casos de negligência quanto a normas de segurança e saúde do trabalho, indicadas para proteção individual e coletiva, a Previdência Social proporá ação regressiva contra os responsáveis."

Na verdade, é tão extensa a especificação que nela estão também caracterizados os acidentes ocorridos no percurso do trabalhador de sua residência ao local de trabalho, e vice-versa, bem como incluídos os períodos legais destinados à refeição e descanso do empregado, ou em viagem a serviço da empresa. *Vide* art. 133, incisos e alíneas do indigitado diploma legal. Assim, segundo entendo, todas as espécies de acidente do trabalho, inclusive a doença profissional, poderão acarretar danos moral ou patrimonial ao empregado, consoante a norma contida no inciso IX do art. 114 da CF, por ser clara e não excepcionar quando adota a seguinte expressão: "decorrentes da relação de trabalho".

Porém, cabe aqui esclarecer que a Justiça do Trabalho é competente para apreciar indenizações por danos moral e material decorrentes de acidente do trabalho, segundo a Súmula Vinculante n. 22 do STF, autorizado pelo art. 8º da Emenda Constitucional n. 45/2004. E, para maiores esclarecimentos remeto ao leitor o Capítulo n. XXIV.

LXXV

Ação Acidentária e o Rito Processual. Execução Aparelhada. Competência. Procedimento Judicial. A Indenização Acidentária e a Comum. A Súmula n. 229 do Supremo Tribunal Federal

Pelo art. 129, inciso II, parágrafo único, da Lei n. 8213 de 24.7.1991, a ação acidentária observará o rito sumaríssimo que se processará perante a Justiça Comum, e seu procedimento judicial está isento de pagamento de custas e verbas decorrentes da sucumbência. Porém, as Súmulas ns. 236 do STF e 178 do STJ não isentam a autarquia seguradora de seu pagamento. A questão está também regulada no art. 1º do Decreto-lei n. 779/69, inciso VI.

O rito sumaríssimo, no Código de Processo Civil, não existe. Rito sumaríssimo, segundo entendo, encontramos apenas nos juizados especiais civis e criminais, criados pela Lei n. 9.099, de 26.9.1995, com a autorização do inciso I, do art. 98 da Constituição Federal. Entretanto, o § 2º do art. 3º dessa lei exclui do Juizado Especial, dentre outras, as causas fiscais, de acidentes do trabalho e de interesse da Fazenda Pública. Talvez, então, o melhor seria adaptar-se ao rito sumário da alínea "h", do art. 275 do CPC (antigo) ou sumaríssimo do art. 852-A da CLT

Pela sua relevância, transcrevo aqui o art. 129, inciso II e seu parágrafo único da Lei n. 8.213, de 24.8.1991:

"Art. 129 – Os litígios e medidas cautelares relativas a acidente de trabalho, serão apreciados:

Inciso II – na via judicial pela justiça dos Estados e do Distrito Federal, segundo o rito sumaríssimo, inclusive nas férias forenses, mediante petição instruída pela prova de efetiva notificação do evento à Previdência Social, através de Comunicação de Acidente do Trabalho — CAT.

Parágrafo único – O procedimento judicial de que trata o inciso II deste artigo é isento do pagamento de quaisquer custas e de verbas relativas à sucumbência."

Resta-nos agora, esclarecer que pelas Leis ns. 8.213/91 e 9.494/97, o prazo a que se refere o art. 730 (art. 910) do CPC, é de 30 dias, para citar-se a devedora, para opor-se embargos à execução, consoante os arts. 534 e 910 do novo CPC, querendo, na fase de execução de sentença. Vide, respectivamente, art. 130 e art. 1ºB, das respectivas leis.

As Súmulas ns. 235 do STF, e 15 do STJ confirmam que a competência para apreciação da ação acidentária é da Justiça Comum, como dispõe o § 2º do art. 643 da CLT. Aliás pela disposição do § 3º do art. 109 da CF, ficam fora da Justiça Federal expressamente as causas decorrentes de acidente de trabalho, entre outras. Nem seria outro o entendimento diante do exposto no art. 12 da CLT.

Quanto ao procedimento sumário, está ordenado nos arts. 275 a 281 do CPC, obviamente com os benefícios processuais contidos na Lei n. 8.213/91, que "Dispõe sobre os planos de benefícios da Previdência Social e dá outras providências". Porém, repito, a lei refere-se ao rito sumaríssimo. O rito sumaríssimo na justiça do trabalho está previsto no art. 852-A, da CLT. E na justiça comum pela Lei n. 9.099, de 26.9.1995, que criou os juizados especiais, com as exceções do § 2º do art. 3º desta lei.

A indenização acidentária não exclui a do direito comum de responsabilidade do empregador no caso de dolo ou culpa grave, segundo a Súmula n. 229 do Supremo Tribunal Federal e agora por exigência da própria Lei Maior do País. A Súmula ao contrário do inciso XXVIII do art. 7º da CF, fala em culpa grave, que necessita de avaliação apurada do julgador, competindo sua apuração na instrução processual. Nesse caso, por óbvio, não estamos tratando da culpa objetiva aceita na Justiça do Trabalho, que independe de apuração em juízo e é de responsabilidade da Previdência Social, caso não haja ação ou omissão do empregador. Neste ponto, cabe menção à disposição contida no inciso XXVIII do art. 7º combinado com o inciso VI do art. 114, ambos da Constituição Federal. E a competência conforme disposto no § 2º do art. 643 da CLT.

Os danos serão de duas ordens por lesões física e moral ao acidentado, que compõem o patrimônio do trabalhador. Mas sempre por culpa grave ou dolo do empregador para a segunda indenização, e, como disse, por conta do arbítrio do magistrado.

Doutro lado, a subida dos autos com recurso deverá ser aparelhada; e se nos apresenta como execução aparelhada aquela que não comporta mais discussão quanto a matéria discutida. Tem-se por cumprida, quando a sentença for condenatória, ou cominatória. Assim, não se poderá, por óbvio, dar por aparelhada uma execução trabalhista em que não tenham ocorrido o trânsito em julgado da sentença e sua liquidação.

No tocante ao vício de vontade, no geral, ela decorre da prática de fato omissivo ou comissivo por imprudência, imperícia ou negligência, por culpa grave ou dolo do empregador quando se tratar da 2ª indenização acidentária, ou seja, aquela em que se apurará a culpa grave ou dolo, que causou o resultado prejudicial embora, por vezes, não desejado pelo empregador. Então, é dentro desse contexto jurídico que o juiz irá aferir a intensidade da culpa, que no geral, irá decorrer de erro grosseiro e previsível. E, como o entendimento da Corte se refere à culpa grave ela poderá assumir nível quase equiparado a do praeterdolo, isto apenas para se aquilatar o nível de responsabilidade do empregador, já que a figura do praeterdolo não é reconhecida na legislação pátria. Em consequência, a culpa grave, ao nosso entender, decorreria de erro grosseiro e previsível do agente e que ocasiona resultado funesto e que poderia ser evitado se o empregador houvesse agido com cautela regular, própria de um homem comum. Citamos, como exemplo, o fato do empregador colocar seu empregado, sem o devido preparo, para operar uma máquina perigosa, causando-lhe o resultado infausto. Então, pelo visto, segundo entendo, a culpa grave no direito brasileiro equivale ao ato praeterdoloso ou ao dolo eventual, para se atender à responsabilidade contida no inciso VI do art. 114 da CF. Há, então, a necessidade "*in casu*" da apuração do "*animus*", ou seja, a vontade na configuração dessa culpa. Porém, a culpa grave exigida para a segunda indenização a cargo do empregador ao nosso ver se afasta da disposição contida no inciso VI do art. 114 da CF, e do art. 186 do Código Civil Brasileiro, bem como não a vi na menção ao Decreto n. 2.172, de 5.3.1997, que no art. 156 proclama apenas:

> "Art. 156 – O pagamento pela Previdência Social das prestações por acidente do trabalho não exclui a responsabilidade civil da empresa ou de terceiros." (*In Legislação Previdenciária* de Iara P. Fontoura e Emílio Sabatovski, Juruá, 2. ed.)

Na verdade, cito o artigo apenas para demonstrar o entendimento do legislador ordinário em casos que tais.

Em conclusão, entendo respeitosamente que a mencionada Súmula restringe direito protegido por lei vigente como demonstrado, porque o decreto mencionado em seu art. 156 não menciona a exigência da culpa grave do empregador para a segunda indenização, salvo melhor juízo. Demais, a própria Constituição Federal também não faz essa assertiva no inciso VI, do art. 114. Porém, existe a súmula retro referida do Supremo Tribunal Federal a nos afinar com a Corte.

Nesse tópico, vale acrescentar que a imperícia como forma de culpa do empregado não autoriza o empregador a despedi-lo por falta grave, pois o art. 482 da CLT inclui apenas a desídia na alínea "*e*", e, nesse caso, a lei se refere tão somente ao resultado do trabalho desenvolvido pelo empregado. Doutro lado, autoriza o empregado a reclamar contra o empregador dano moral ou material, conforme se apresente a situação jurídica no momento do acidente, ou seja, as circunstâncias que acabaram por provocar o acidente. No caso de culpa recíproca do empregado e do empregador, esse último poderá responder pelo acidente, a despeito da concorrência do empregado no desfecho do infausto.

No tocante aos atos ilícitos contidos no art. 186 do Código Civil Brasileiro, promulgado em 2002, há referência aparente apenas à negligência e a imprudência, que no direito do trabalho aparecem como desídia inserida na alínea "*e*", do art. 482 da CLT.; isso se justifica porque, no direito do trabalho, a imperícia não configura falta grave, como disse. Contudo, no âmbito do direito civil, devo alertar, como já expliquei, que a imperícia poderá causar efeitos jurídicos gerando obrigação e direito, e pode estar incluída no art. 186 do Código Civil, pela expressão utilizada pelo legislador ao propor a seguinte expressão: "aquele que por ação ou omissão voluntária violar direito e causar dano a outrem, ainda que exclusivamente moral, comete ato ilícito". Na verdade, reza exatamente assim no art. 159 do Código Civil Brasileiro de 1916.

Portanto, a imperícia poderá ser levada em conta, especialmente fora do âmbito do direito do trabalho.

Outras considerações sobre a questão focada poderemos examinar no subtítulo consistente aos danos materiais e morais estudados em outros subtítulos.

LXXVI

O Novo Código de Processo Civil

O novo diploma processual, anunciado pela Presidente da República, trará por certo novas medidas com vistas à celeridade e economia processuais, dois princípios que nunca devem ser olvidados ou subestimados pelos militantes do direito. Já expliquei que os prazos são os motores que movimentam os atos jurídicos processuais, e o novo legislador, segundo soube, mexeu nos pontos nevrálgicos das questões atinentes, conforme li na *Folha de S. Paulo*, do dia 17.3.2015, com o subtítulo "Presidente sanciona mudanças que aceleram as ações judiciais". Assim, consoante entendo, deu-se prevalência aos seguintes temas: conciliação, ou seja, nenhum processo terá tramitamento sem que as partes sejam antes convocadas para tentarem um acordo; quanto aos prazos, serão contados apenas os dias úteis; e a decisão antecipada será proferida liminarmente, se o caso for repetitivo, ou se o réu dificultar o andamento do processo; e a ordem cronológica de chegada dos processos deverá ser observada. Nessa última hipótese, ainda não sei como se dará a aplicação dessa regra, porque há variedade processual, e cada ação terá a complexidade de seu procedimento diferente de outra, e assim observar-se-á os procedimentos de cada ação, ou até avaliando se o réu é recalcitrante em seu comportamento reprovável. Noto que há, com razão, uma preocupação na horizontabilidade das decisões no tocante à ordem cronológica e à identidade nas decisões, atentando-se para jurisprudência quanto às ações repetitivas e aos recursos indevidos. Aí, teremos que verificar como podemos aplicar subsidiariamente esses princípios salutares à Justiça do Trabalho, sem esquecermos que os prazos serão os motores que ajudarão, e muito, na celeridade da ação, tratando-as consoante já discorremos nesse trabalho. Outra novidade, que gostei pelo alcance de seus resultados, é a decisão coletiva. Processos que sejam instaurados pelos mesmos fatos, numa determinada vara ou em varas distintas, com uma única decisão todos estarão julgados, segundo entendi da proposição, mesmo que não estejam apensados, formando um litisconsórcio, vamos dizer, especial. Para isso, a súmula vinculante já está resolvendo a questão de cima para baixo, a partir de um acórdão do STF. Mas, a decisão coletiva é uma realidade processual, com certeza mais avançada. Por outro lado, a decisão coletiva, nesses casos, terão interesse concreto. Não se cuida apenas de interesses abstratos. Como exemplo, recorro mais uma vez ao art. 81 da Lei n. 8.078, de 11.9.1990. Aqui nos referimos, com certeza aos interesses ou direitos individuais, como definido no inciso III, do focado artigo. Não se cuidará, portanto, de direitos ou interesses difusos, nem de direitos transindividuais regulados nos incisos I e II do mesmo artigo, mas também de direitos individuais.

Importante será saber como o novo Código de Processo Civil cuidará das execuções e as ações de competência de alçada, onde estão envolvidas as grandes massas da população.

Porém, pela sua importância, devo esclarecer que nesta obra trabalhamos mais com a aplicação de princípios e preceitos fundamentais, e que estarão, por certo, em todos os procedimentos processuais modernos. Os atos processuais, como já expliquei, serão realizados nos prazos e procedimentos previstos em lei. Os prazos, segundo as regras do art. 218 do novo CPC. O procedimento comum, segundo os arts. 318 e seguinte, os procedimentos especiais, segundo os arts. 539 a 549, do mesmo diploma legal.

Hoje sabemos que o legislador criou, no novo Código de Processo Civil, na sessão V, a conciliação e os mediadores judiciais segundo os arts. 165 e seguintes.

Quanto à falta de correspondência de certos artigos do Código de Processo Civil em vigor com o novo, dever-se-á tratá-los com fulcro nos §§ 1º e 2º, do art. 2º da Lei de Introdução ao Código Civil Brasileiro, implantado pelo Decreto-lei n. 4.657, de 4.6.1942. Exemplo típico dessa análise encontramos no art. 1.056, exatamente no Livro Complementar, que trata das "Disposições Finais e Transitórias do Código de Processo Civil de 2015", pela Lei n. 13.105, de 16.3.2015, e que entrará em vigor "após o decurso de 1 ano da data da publicação oficial", consoante está disposto nos arts. 1.045 e 1.046 e a Lei n. 13.105, de 16.3.2015, que instituiu o Código de Processo Civil, publicada no *Diário Oficial* do dia 17.3.2015.

O art. 1.056 é de grande relevância ao se referir ao art. 924 que trata da prescrição intercorrente, inexistente no processo trabalhista. Porém, hoje temos a ampliação da competência da Justiça do Trabalho, advinda da alteração do art. 114 da Constituição Federal, de modo que a certos processos o juiz poderá aplicar a regra do art. 267 (art. 485), III, do CPC, segundo entendo.

Doutro lado, observem-se ainda o que dispõem os arts. 924 e 925, que cuidam dos casos de extinção do processo de execução, se acolhidas as hipóteses dos incisos I, II, III, IV e V. No tocante à prescrição intercorrente, ela só atuará quando a ação não resulta de relação de trabalho, como ocorre na hipótese do inciso VII do art. 114 da Constituição Federal, quantos aos executivos fiscais, conforme está disposto no § 4º do art. 40, da Lei n. 6830, de 28 de setembro de 1980. Em consequência ela é inaplicável aos processos trabalhistas, conforme afirmei alhures neste trabalho. A prescrição intercorrente precisa de autorização legal que rege a matéria vinculada na ação.

Então, se a relação é de trabalho, a prescrição a ser invocada se encontra no inciso XXIX do art. 7º da CF, como exemplo no caso de ação por danos material ou moral.

Oportuno lembrar ainda que a disposição referente a prescrição trabalhista contida no art. 11 da CLT restou revogada pela Constituição Federal, conforme já referimos, pelo inciso XXIX, do art. 7º.

O novo Código de Processo Civil não faz menção aos processos de rito sumário ou sumaríssimo. Na verdade, no novo CPC há procedimentos comuns a contar do art. 318, e procedimentos especiais a contar do art. 539, com os respectivos tramitamentos; ele criou ainda o procedimento da tutela antecipada nos arts. 303 e seguintes, bem como as tutelas de emergência, cautelar e de evidência. Fala também em procedimentos de jurisdição graciosa nos arts. 719 e seguintes, e nos processos de execução nos arts. 771 e seguintes. Finalmente quanto aos recursos cabíveis nos arts. 994 e seguintes. Outrossim, o novo diploma processual criou a figura da reclamação perante o Tribunal consoante, se lê nos arts. 988/993, em caso de irregularidades processuais relevantes, como preservar e garantir a competência do tribunal, bem como de suas decisões e as do Supremo Tribunal Federal nas repercussões.

Por fim, devo alertar aos leitores que constam nesta obra os artigos do Código de Processo Civil em vigor, e os correspondentes, entre parênteses, decorrentes da Lei n. 13.105, de 16.3.2015, publicada no dia 17 do mesmo mês e ano, a contar da data de sua publicação, consoante está expresso no *caput* do art. 1.046 dessa lei, *in verbis*:

> "Art. 1046 – Ao entrar em vigor este Código suas disposições se aplicarão desde logo, aos processos pendentes, ficando revogada a Lei n. 5.869 de 11.1.1973".

Diante dos termos supra, estranhamos que o Novo Código não institua a *"vacatio legis"*, que segundo Manoel Antonio Teixeira Filho, na obra *Comentários ao novo Código de Processo Civil*, às fls. 1.361, prescreve que "'a vacatio legis' é necessária para que todos tomem conhecimento do novo texto legal, e, a partir de sua vigência, submetam-se a ele", e, nesse passo, ele inclui na obra o art. 1.045, ainda às fls. 1.361, onde consta, *in verbis*:

> "Art. 1.045 – Este Código entra em vigor após decorrido 1 (um) ano da data de sua publicação oficial."

Deste emérito jurista, no particular, ouso divergir, pois entendo que os arts. 1.045 e 1.046, preenchem, no particular, *"vacatio legis"* para dele tomarmos conhecimento.

Quadros Sinópticos das Execuções Trabalhistas

1. Execução Trabalhista e Ação Executória de Título Judicial
2. Ação Executiva de Título Extrajudicial

Quadro Sinóptico da Execução Trabalhista Decorrente de Sentença Transitada em Julgado, ou de Acordo Homologado na Reclamação Trabalhista e Ação Executória de Título Judicial

1. Ao cálculo, inclusive da verba previdenciária, com intimação as partes consoante o disposto no art. 879 e seus §§ da CLT;

2. Apresentação dos cálculos, inclusive da verba previdenciária e honorários periciais e advocatícios, se houver, pelas partes no prazo estipulado pelo juiz, intimando-se a União (§ 3º do art. 879 da CLT);

3. Sentença de liquidação, intimando-se a União e citando-se a executada para pagamento em 48 horas da verba apurada na sentença (art. 879 §§ da CLT);

4. Pagamento da quantia incontroversa e prosseguimento quanto ao saldo restante apurado na r. sentença de liquidação;

5. Penhora pelo débito da parte controvertida, apurada na sentença de liquidação;

6. Embargos à execução, em 5 dias, pela executada, restritos à alegação de cumprimento da decisão ou do acordo (art. 884 da CLT);

7. Impugnação aos embargos à execução pelo exequente, ocasião em que poderá se insurgir contra a penhora e contra os cálculos, alegando o que de direito por embargos à penhora (§ 3º, art. 884, da CLT);

8. Dentro de 5 dias, o juiz executor proferirá sua sentença quanto aos embargos eventualmente opostos pelas partes e a União, julgando subsistente ou insubsistente a penhora;

9. Intimadas da decisão proferida, em 8 dias, as partes e a União poderão agravar de petição, sendo que a executada deverá garantir o recurso com o depósito recursal (*Vide* art. 19, II, da Lei n. 6.830 e 40, § 2º, da Lei n. 8.177/91), pena de deserção;

10. Intimadas as partes e a União, em 8 dias, poderão contrarrazoarem os agravos de petições;

11. Julgados os recursos pelo Colendo Tribunal Regional do Trabalho, através de uma das suas turmas, os autos baixarão para que seja cumprido o V. acórdão, ocasião em que o juiz executor determinará o levantamento do depósito recursal, por quem de direito e na forma estabelecida no julgado;

12. As custas observarão o disposto no art. 789-A da CLT, e os honorários periciais e advocatícios, se houver;

13. A seguir, ou autos serão arquivados.

LXXVIII

Quadro Sinóptico da Ação Executiva Trabalhista de Título Extrajudicial, Fiscal, Civil ou Trabalhista

1. Petição inicial do exequente, relativa à cobrança de crédito de título extrajudicial, líquido e certo, previsto em lei, além de verba previdenciária, juros da mora, correção monetária e honorários advocatícios, se houver, nos moldes do art. 6º da Lei n. 6.830/80, atribuindo-se valor à causa, para os devidos fins;

2. Citação do executado, sob pena de penhora, para que pague, em 48 horas, ou garanta a execução da verba pleiteada (art. 880 da CLT), com a ordem prevista nos incisos I, II, III e V, do art. 7º, da Lei n. 6.830/80, especialmente quanto à verba incontroversa;

3. Cumprida, ou não, a ordem expedida, determinar-se-á as partes o cálculo dos consectários legais, inclusive da previdência social no prazo estabelecido pelo juiz executor;

4. A seguir, por decisão, o juiz executor fixará o débito pendente e seus consectários, como juros da mora, correção monetária, honorários advocatícios, se houver, e o valor do crédito previdenciário, que conste ou não do título extrajudicial que, observando-se, no mais, o disposto no art. 293 (art. 322, § 1º) do CPC determinando, a penhora de tantos bens quanto bastem para o pagamento da verba apurada em liquidação, e intimando-se a União;

5. A contar da penhora, as partes e a União terão o prazo de 5 dias para embargarem a execução ou a penhora, conforme o caso, sendo que a executada poderá alegar, na hipótese, tão somente as matérias pertinentes à quitação e prescrição da dívida, consoante o § I do art. 884, da CLT, bem como as partes ainda poderão se insurgir contra a sentença de liquidação (§§ 3º e 4º do art. 884 da CLT); O exequente poderá interpor, querendo embargos à penhora nos termos do § 3º, do art. 884 da CLT; ocorrendo o mesmo com a União;

6. Impugnação aos embargos à execução pelo exequente ou à União no prazo de 5 dias;

7. Após, o juiz executor julgará os embargos à execução ou à penhora, se houver, numa única decisão, acolhendo, ou não, ainda que parcialmente, os pleitos formulados pelos embargantes (§ 4º dos art. 884 da CLT);

8. Desta decisão, as partes e a União terão o prazo de 8 dias para interporem agravo de petição, sendo que a executada agravante deverá garantir o apelo com o depósito recursal no valor previsto na decisão da ação incidente de embargos à execução, consoante as regras previstas no art. 40, § 2º, da Lei n. 8.177, de 1º de março de 1991, combinado com o art. 19, II, da Lei n. 6.830/80, pena de deserção;

9. Contrarrazões ao agravo de petição;

10. Julgados os agravos de petição pelo Colendo Tribunal Regional do Trabalho, os autos baixarão para se dê cumprimento ao V. acórdão, ou seja, o levantamento do depósito recursal por quem de direito, na medida determinada pela instância "*ad quem*";

11. A seguir, pagas as custas e os consectários legais, em conformidade com o art. 789-A, da CLT, os autos serão arquivados.

Resolução n. 221, de 21 de Junho de 2018, do Tribunal Superior do Trabalho (Secretaria-Geral Judiciária)

> Edita a Instrução Normativa n. 41, que dispõe sobre as normas da CLT, com as alterações da Lei n. 13.467/2017 e sua aplicação ao processo do trabalho.

O **EGRÉGIO PLENO DO TRIBUNAL SUPERIOR DO TRABALHO**, em Sessão Extraordinária hoje realizada, sob a Presidência do Excelentíssimo Senhor Ministro João Batista Brito Pereira, Presidente do Tribunal, presentes os Excelentíssimos Senhores Ministros Renato de Lacerda Paiva, Vice-Presidente do Tribunal, Lelio Bentes Corrêa, Corregedor-Geral da Justiça do Trabalho, Ives Gandra da Silva Martins Filho, Maria Cristina Irigoyen Peduzzi, Emmanoel Pereira, Aloysio Silva Corrêa da Veiga, Luiz Philippe Vieira de Mello Filho, Alberto Luiz Bresciani de Fontan Pereira, Maria de Assis Calsing, Dora Maria da Costa, Guilherme Augusto Caputo Bastos, Walmir Oliveira da Costa, Maurício Godinho Delgado, Augusto César Leite de Carvalho, José Roberto Freire Pimenta, Delaíde Alves Miranda Arantes, Hugo Carlos Scheuermann, Alexandre de Souza Agra Belmonte, Cláudio Mascarenhas Brandão, Douglas Alencar Rodrigues, Maria Helena Mallmann, Breno Medeiros e Alexandre Luiz Ramos e o Excelentíssimo Ronaldo Curado Fleury, Procurador-Geral do Trabalho,

considerando a vigência da Lei n. 13.467, de 13 de julho de 2017, a partir de 11 de novembro de 2017,

considerando a imperativa necessidade de o Tribunal Superior do Trabalho posicionar-se, ainda que de forma não exaustiva, sobre a aplicação das normas processuais contidas na Consolidação das Leis Trabalhistas alteradas ou acrescentadas pela Lei n. 13.467/2017,

considerando a necessidade de dar ao jurisdicionado a segurança jurídica indispensável a possibilitar estabilidade das relações processuais,

considerando que pende de apreciação pelo Tribunal Pleno do TST a arguição de inconstitucionalidade do art. 702, I, "f", da CLT,

considerando que a arguição de inconstitucionalidade dos arts. 790-B e 791-A da CLT pende de apreciação pelo Supremo Tribunal Federal na ADI n. 5.766,

considerando que foram revogados pela Lei n. 13.467/2017 os §§ 3º e 5º do art. 899 da CLT,

considerando que se trata de Instrução Normativa no sentido de aplicação de normas processuais da CLT, tem pertinência a decisão contida no Processo TST Cons – 17652-49.2016.5.00.0000, publicado no DEJT em 01/09/2016,

RESOLVE

Aprovar a Instrução Normativa n. 41, nos seguintes termos:

INSTRUÇÃO NORMATIVA N. 41/2018.

Dispõe sobre a aplicação das normas processuais da Consolidação das Leis do Trabalho alteradas pela Lei n. 13.467, de 13 de julho de 2017.

Art. 1º A aplicação das normas processuais previstas na Consolidação das Leis do Trabalho, alteradas pela Lei n. 13.467, de 13 de julho de 2017, com eficácia a partir de 11 de novembro de 2017, é imediata, sem atingir, no entanto, situações pretéritas iniciadas ou consolidadas sob a égide da lei revogada.

Art. 2º O fluxo da prescrição intercorrente conta-se a partir do descumprimento da determinação judicial a que alude o § 1º do art. 11-A da CLT, desde que feita após 11 de novembro de 2017 (Lei n. 13.467/2017).

Art. 3º A obrigação de formar o litisconsórcio necessário a que se refere o art. 611-A, § 5º, da CLT dar-se-á nos processos iniciados a partir de 11 de novembro de 2017 (Lei n. 13.467/2017).

Art. 4º O art. 789, *caput*, da CLT aplica-se nas decisões que fixem custas, proferidas a partir da entrada em vigor da Lei n. 13.467/2017.

Art. 5º O art. 790-B, *caput*, e §§ 1º a 4º, da CLT, não se aplica aos processos iniciados antes de 11 de novembro de 2017 (Lei n. 13.467/2017).

Art. 6º Na Justiça do Trabalho, a condenação em honorários advocatícios sucumbenciais, prevista no art. 791-A, e parágrafos, da CLT, será aplicável apenas às ações propostas após 11 de novembro de 2017 (Lei n. 13.467/2017). Nas ações propostas anteriormente, subsistem as diretrizes do art. 14 da Lei n. 5.584/1970 e das Súmulas ns. 219 e 329 do TST.

Art. 7º Os arts. 793-A, 793-B e 793-C, § 1º, da CLT têm aplicação autônoma e imediata.

Art. 8º A condenação de que trata o art. 793-C, *caput*, da CLT, aplica-se apenas às ações ajuizadas a partir de 11 de novembro de 2017 (Lei n. 13.467/2017).

Art. 9º O art. 793-C, §§ 2º e 3º, da CLT tem aplicação apenas nas ações ajuizadas a partir de 11 de novembro de 2017 (Lei n. 13.467/2017).

Art. 10. O disposto no *caput* do art. 793-D será aplicável às ações ajuizadas a partir de 11 de novembro de 2017 (Lei n. 13.467/2017).

Parágrafo único. Após a colheita da prova oral, a aplicação de multa à testemunha dar-se-á na sentença e será precedida de instauração de incidente mediante o qual o juiz indicará o ponto ou os pontos controvertidos no depoimento, assegurados o contraditório, a defesa, com os meios a ela inerentes, além de possibilitar a retratação.

Art. 11. A exceção de incompetência territorial, disciplinada no art. 800 da CLT, é imediatamente aplicável aos processos trabalhistas em curso, desde que o recebimento da notificação seja posterior a 11 de novembro de 2017 (Lei n. 13.467/2017).

Art. 12. Os arts. 840 e 844, §§ 2º, 3º e 5º, da CLT, com as redações dadas pela Lei n. 13.467, de 13 de julho de 2017, não retroagirão, aplicando-se, exclusivamente, às ações ajuizadas a partir de 11 de novembro de 2017.

§ 1º Aplica-se o disposto no art. 843, § 3º, da CLT somente às audiências trabalhistas realizadas após 11 de novembro de 2017.

§ 2º Para fim do que dispõe o art. 840, §§ 1º e 2º, da CLT, o valor da causa será estimado, observando-se, no que couber, o disposto nos arts. 291 a 293 do Código de Processo Civil.

§ 3º Nos termos do art. 843, § 3º, e do art. 844, § 5º, da CLT, não se admite a cumulação das condições de advogado e preposto.

Art. 13. A partir da vigência da Lei n. 13.467/2017, a iniciativa do juiz na execução de que trata o art. 878 da CLT e no incidente de desconsideração da personalidade jurídica a que alude o art. 855-A da CLT ficará limitada aos casos em que as partes não estiverem representadas por advogado.

Art. 14. A regra inscrita no art. 879, § 2º, da CLT, quanto ao dever de o juiz conceder prazo comum de oito dias para impugnação fundamentada da conta de liquidação, não se aplica à liquidação de julgado iniciada antes de 11 de novembro de 2017.

Art. 15. O prazo previsto no art. 883-A da CLT, para as medidas de execução indireta nele especificadas, aplica-se somente às execuções iniciadas a partir de 11 de novembro de 2017.

Art. 16. O art. 884, § 6º, da CLT aplica-se às entidades filantrópicas e seus diretores, em processos com execuções iniciadas após 11 de novembro de 2017.

Art. 17. O incidente de desconsideração da personalidade jurídica, regulado pelo CPC (arts. 133 a 137), aplica-se ao processo do trabalho, com as inovações trazidas pela Lei n. 13.467/2017.

Art. 18. O dever de os Tribunais Regionais do Trabalho uniformizarem a sua jurisprudência faz incidir, subsidiariamente ao processo do trabalho, o art. 926 do CPC, por meio do qual os Tribunais deverão manter sua jurisprudência íntegra, estável e coerente.

§ 1º Os incidentes de uniformização de jurisprudência suscitados ou iniciados antes da vigência da Lei n. 13.467/2017, no âmbito dos Tribunais Regionais do Trabalho ou por iniciativa de decisão do Tribunal Superior do Trabalho, deverão observar e serão concluídos sob a égide da legislação vigente ao tempo da interposição do recurso, segundo o disposto nos respectivos Regimentos Internos.

§ 2º Aos recursos de revista e de agravo de instrumento no âmbito do Tribunal Superior do Trabalho, conclusos aos relatores e ainda não julgados até a edição da Lei n. 13.467/17, não se aplicam as disposições contidas nos §§ 3º a 6º do art. 896 da Consolidação das Leis do Trabalho.

§ 3º As teses jurídicas prevalecentes e os enunciados de Súmulas decorrentes do julgamento dos incidentes de uniformização de jurisprudência suscitados ou iniciados anteriormente à edição da Lei n. 13.467/2017, no âmbito dos Tribunais Regionais do Trabalho, conservam sua natureza vinculante à luz dos arts. 926, §§ 1º e 2º, e 927, III e V, do CPC.

Art. 19. O exame da transcendência seguirá a regra estabelecida no art. 246 do Regimento Interno do Tribunal Superior do Trabalho, incidindo apenas sobre os acórdãos proferidos pelos Tribunais Regionais do Trabalho publicados a partir de 11 de novembro de 2017, excluídas as decisões em embargos de declaração.

Art. 20. As disposições contidas nos §§ 4º, 9º, 10 e 11 do art. 899 da CLT, com a redação dada pela Lei n. 13.467/2017, serão observadas para os recursos interpostos contra as decisões proferidas a partir de 11 de novembro de 2017.

Art. 21. Esta Instrução Normativa entrará em vigor na data da sua publicação. Ficam revogados os art. 2º, VIII, e 6º da Instrução Normativa n. 39/2016 do TST.

JOÃO BATISTA BRITO PEREIRA

Ministro Presidente do Tribunal Superior do Trabalho

Apêndice

LXXIX. Emenda Constitucional n. 45, de 8 de dezembro de 2004

LXXX. Art. 114 da Constituição Federal com os Acréscimos Previstos pela Emenda Constitucional n. 45, de 8 de dezembro de 2004

LXXXI. Lei n. 5.588, de 26 de junho de 1970

LXXXII. Lei n. 6.830, de 22 de setembro de 1980

LXXXIII. Lei n. 7.701, de 21 de dezembro de 1988

LXXXIV. Lei n. 4.725, de 13 de julho de 1965

LXXXV. Decreto-lei n. 779, de 21 de agosto de 1969

LXXXVI. Lei n. 7.347, de 2 de julho de 1985

LXXXVII. Lei n. 8.177, de 1 de março de 1991

LXXXVIII. Lei n. 8.073, de 30 de julho de 1990

LXXXVIX. Instrução Normativa n. 27, do Colendo Tribunal Superior do Trabalho, de 16 de fevereiro de 2005

XC. Lei n. 9.868, de 10 de novembro de 1999

XCI. Lei n. 8.866, de 11 de abril de 1994

XCII. Lei n. 9.099, de 26 de setembro de 1995

XCIII. Lei n. 9.494, de 10 de setembro de 1997

XCIV. Lei n. 8.177, de 1 de março de 1991

XCV. Lei n. 13.467, de 13 de junho de 2017

XCVI. Lei n. 13.545, de 19 de dezembro de 2017, com a instrução normativa n. 41

XCVII. Resolução n. 221, de 21 de junho de 2018, com a Instrução Normativa n. 41